ŒUVRES COMPLÈTES

DE

LAMARTINE

PUBLIÉES ET INÉDITES

HISTOIRE DE LA TURQUIE

VI

TOME VINGT-HUITIÈME

PARIS
CHEZ L'AUTEUR, RUE DE LA VILLE-L'ÉVÊQUE, 43.

M DCCC LXIII

ŒUVRES COMPLÈTES

DE

LAMARTINE

—

TOME VINGT-HUITIÈME

HISTOIRE

DE

LA TURQUIE

VI

HISTOIRE DE LA TURQUIE

LIVRE TRENTE-DEUXIÈME

I

Si jamais l'expiation, comme dans le drame antique, a suivi visiblement et de près la faute, c'est dans l'histoire de la race ottomane, à l'époque que nous sommes appelés à retracer. Du jour où les Turcs, sous Achmet III, tramèrent par une ambition immorale et contre nature le partage de la Perse, et se rapprochèrent ainsi, à l'orient de la mer Noire, de la nation qui les faisait complices avant de les faire victimes, ils n'ont plus d'alliés en Asie, et ils n'ont plus, à l'exception de la France, que des ennemis en Europe. La vengeance de leur race livrée aux Russes, et de leur religion trahie pour leur ambition, semble peser sur eux comme un châtiment céleste. Ils arrachent de leurs propres mains, dans la Tartarie, dans la mer Caspienne et dans le Caucase, les bornes providentielles qui les séparaient de la puissance russe, et, en rapprochant ainsi les deux empires, ils préparent imprudemment les froissements, les conflits, les chocs qui menacent d'agrandir l'un et de ruiner l'autre.

C'est ainsi qu'en remontant avec la sagacité de la conscience aux premières causes des revers et du démembrement d'un grand peuple, on trouve presque toujours à la source de ces calamités nationales une faute morale devenue une faute politique. On ne saurait trop le redire aux individus comme aux gouvernements, une bonne conscience est la meilleure des politiques, et, dans l'ordre privé comme dans l'ordre public, ce sont les hommes qui font leur sort, ce sont les peuples qui font leur destinée.

II

Pierre le Grand n'avait jamais écrit, comme on l'a faussement affirmé dans ces derniers temps, ce testament apocryphe dans lequel on lui fait prophétiser après coup les convoitises et les progrès de son empire encore au berceau vers l'orient. Ce testament est un de ces documents posthumes et rétrospectifs écrits, sous Catherine II ou Alexandre Ier, par un publiciste spéculatif de chancellerie pour flatter la fantaisie d'une czarine ou d'un czar, et pour caresser l'ambition d'une nation qui aime, comme toutes les nations conquérantes, à rattacher par quelque tradition mystérieuse sa grandeur future à ses obscurs commencements. Le testament de Pierre le Grand est le jeu d'esprit d'un diplomate qui anticipe sur les pensées d'homme d'État.

Mais si Pierre le Grand, si rudement repoussé dans le Nord par le *Fendeur de bois* et si majestueusement dépassé en Perse par Nadir-Schah, ne pouvait encore léguer sans folie la Turquie et la Perse à ses descendants, son empire, aussitôt après sa mort, venait d'acquérir tout à coup de si gigantesques proportions, que tout ce qu'on rêvait à Moscou pouvait faire trembler Ispahan et Constantinople.

Disons en peu de mots la croissance miraculeuse de cet empire ; il semblait se passer du temps.

III

Après la mort de Catherine, veuve de Pierre le Grand, les princes Dolgorouki, de race souveraine, chefs du vieux parti russe, et, à ce titre, ennemis des étrangers et des favoris dont Pierre Ier et Catherine avaient infesté la cour et l'armée, appelèrent révolutionnairement au trône l'impératrice Anne, nièce de Pierre, reléguée alors dans la petite souveraineté de Courlande (1727). Les Dolgorouki lui imposèrent pour condition l'exil ou le supplice de tous les étrangers dont la fortune humiliait la nation, et la soumirent à une sorte de contrôle aristocratique concentré dans leur famille.

Anne accepta le joug avec la résolution de le briser au

premier retour du peuple à elle ; une émeute nationale contre les Dolgorouki, ses geôliers, ne tarda pas à lui restituer l'empire. Neuf membres de cette ambitieuse famille, pères, oncles, fils, neveux, jetés sur le même échafaud, y périrent dans les tortures, en s'encourageant les uns les autres à la mort (1729).

Un jeune Courlandais, nommé Biren, gouverna aussi despotiquement l'empire que le cœur de sa maîtresse. Il méditait de s'élever à la souveraineté indépendante de la Courlande. Pour obtenir de l'électeur de Saxe, Auguste III, l'investiture de la Courlande (1733), Biren appuyait d'une armée russe la candidature de ce prince au trône de Pologne, donnée par Charles XII et par la diète polonaise à Stanislas Leczinski.

L'Autriche, qui possédait la Silésie, et qui convoitait de son côté les démembrements futurs de cette république, s'était associée à la Russie pour peser de deux poids sur les Polonais. Ces deux empires, l'Autriche, en vertu de son titre de roi de Hongrie, la Russie, en vertu de l'intervention de 1717 qui l'avait appelée en Pologne, affectaient, non sans raison, le droit d'intervenir dans l'élection de ces rois précaires, tour à tour protégés de l'une ou de l'autre cour.

La faible armée polonaise, vaincue sur la Vistule par soixante mille Russes, s'était dispersée en nommant dans sa fuite, dans une taverne, au milieu des bois, Stanislas pour roi. La France le soutenait par opposition à l'Autriche. Stanislas abdiqua en échange de la Lorraine, cédée à la France et viagèrement constituée en souveraineté pour ce roi détrôné de Pologne. La Pologne, contrainte, reçut pour roi Auguste de Saxe (1736), étranger imposé par les étrangers, en votant, selon sa coutume, l'infamie et la mort de tout Polonais qui accepterait à l'avenir un roi étranger : vains serments d'une nation dont chaque parti introduisait sans cesse l'étranger dans ses conspirations contre le parti contraire !

L'alliance précaire des Turcs avec Pierre le Grand pour démembrer la Perse empêcha le divan de s'opposer, comme il le devait par le traité du Pruth, à l'invasion des Russes en Pologne Mais à peine la Pologne fut-elle asservie à la coalition de l'Autriche et de la Russie, que l'impératrice Anne, liguée cette fois avec le héros de la Perse, Nadir-Schah, lança, par l'inspiration de son favori Biren, soixante mille Russes en Bessarabie pour reculer la frontière ottomane de la Pologne et pour prévenir le contact entre les Polonais asservis et les Turcs protecteurs de leur indépendance.

Un habile et féroce guerrier, le maréchal Munich, fait pour commander à des barbares parce qu'il était plus barbare qu'eux, ensevelit Oczakoff et ses vingt mille défenseurs sous les flammes et sous les décombres de cette ville, boulevard de l'empire; il pénétra ensuite dans la Crimée (1737) en tournant les lignes inexpugnables de Perecop ou d'Orcapi, lignes élevées de quarante pieds par la nature au-dessus de la plaine fortifiée par des épaulements artificiels et qui ferment sur une étroite langue de terre la presqu'île de Crimée aux invasions du continent. Après avoir ravagé et incendié rapidement la Crimée, les Russes, qui ne voulaient encore qu'étonner et épouvanter les Tartares, allèrent assiéger Azof. Le divan implora tardivement la médiation de la France.

« Vous nous avez pressés, dit le grand vizir Ismaïl-

Pacha au marquis de Villeneuve, ambassadeur de France, de prendre les armes pour soutenir les Polonais indépendants, et maintenant vous nous conseillez une paix humiliante sous l'impression de l'invasion des Moscovites?

» — Nous vous conseillions la guerre il y a quelques mois, répondit avec bon sens l'ambassadeur, pour le salut de votre empire, de la Pologne et de la France elle-même ; aujourd'hui qu'il n'est plus temps de secourir la Pologne et d'appuyer la France, nous vous conseillons la paix pour vous-mêmes. »

IV

L'Autriche, liée comme on l'a vu à la Russie par la conformité de convoitise en Pologne, faisait marcher quatre corps d'armée sur le territoire ottoman pour appuyer l'invasion russe et pour attirer le grand vizir Ismaïl-Pacha, jusque-là immobile avec son armée à Bender. Les musulmans s'indignaient à Constantinople de cette immobilité en présence de la Crimée envahie, des Tartares égorgés, d'Oczakof anéanti, d'Azof assiégé. Mahmoud, pour faire expier à son grand vizir l'impopularité qui montait jusqu'au sérail, envoya son silihdar-aga à Bender avec ordre de lui rapporter la tête du kiaya et de déposer Ismaïl.

Yegen, pacha à trois queues, fut nommé grand vizir. Son nom seul changea la fortune. Yegen, ancien kiaya, lieutenant de Ahmed Kiuperli, avait appris sous lui la guerre, et de son propre instinct la politique. Prompt et aventureux sur le champ de bataille, souple et prudent au sérail, il s'était attaché à la fortune du vieux kislar-aga qui dominait Mahmoud de concert avec la sultane Validé ; il savait que le véritable gouvernement était dans le harem et non dans le divan ; la vieillesse du kislar-aga lui faisait espérer qu'après avoir grandi par son crédit, il succéderait à son influence après sa mort.

« Homme orgueilleux et féroce, écrit l'ambassadeur Contarini à sa république en parlant de Yegen, ennemi acharné des Vénitiens, habitué à céder à ses emportements, mais dominé dans ces emportements mêmes par une justesse de jugement et une sagacité occulte qui fait tourner tout, même la colère, à ses desseins. »

Il se retourna, en effet, avec la rapidité de l'éclair contre l'armée autrichienne du maréchal Seckendorf, qui venait de surprendre Nissa et qui assiégeait Widdin, et le silihdar-aga qui lui avait apporté le sceau n'avait pas encore quitté l'armée, qu'il avait défait Seckendorf, repris Nissa, tué six mille Autrichiens sous les murs de la ville, débloqué Widdin, attaqué le prince de Saxe Hildebourg-Hausen dans ses retranchements, et refoulé au delà du Danube les restes de ces trois armées (1738). Son retour à Constantinople, après cette foudroyante campagne contre les Allemands, fut le retour de la victoire et de la confiance dans le sérail.

V

Après quelques semaines de repos, il repartit avec une seconde armée pour le Danube, reconquit Orsova, Semendria, et médita pour la campagne suivante la conquête de Belgrade sur les Autrichiens, qui n'étaient plus défendus désormais que par l'ombre du prince Eugène de Savoie. Son succès était certain, mais l'excès même de ses succès commençait à inspirer à la sultane Validé et à son protecteur, le kislar-aga, des ombrages sur leur propre influence. Un vizir trop popularisé par la victoire et trop nécessaire à l'empire pouvait se substituer à leur ligue.

Au moment où il partait pour Andrinople avec l'armée destinée à recouvrer Belgrade, le chef des capidjis du sérail lui apporta l'ordre de choisir, entre toutes les îles de l'archipel, celle qui lui plairait le plus pour sa prison. Il choisit Rhodes, et s'embarqua en déplorant le sort d'un gouvernement où trop bien servir sa patrie était un crime égal à la trahir. Ue soldat formé à son école, mais plus souple au kislar-aga, Élias-Pacha, reçut le gouvernement de l'armée.

VI

Elle ne s'aperçut pas qu'elle avait changé de général. La victoire avait rendu la supériorité morale aux Turcs. Après deux batailles faiblement soutenues par les impériaux, Élias-Pacha les précipita au delà du Danube et assiégea Belgrade. Cette ville était, comme toujours, le prix de la campagne. Les conférences ouvertes pour la paix ne furent contentieuses que sur la question de savoir si Belgrade serait démolie ou rendue aux Ottomans avec ses fortifications et ses canons.

« Comme il est vrai que je n'adore qu'un Dieu, dit le grand vizir, Belgrade sera rendue à mon sublime empereur fortifiée ; je n'accorderai la paix qu'à ce prix. »

L'ambassadeur français Villeneuve, présent aux conférences, concilia les deux puissances en faisant stipuler que Belgrade serait restituée dans l'état où était la ville en 1717.

La Servie et la Valachie autrichienne suivirent le sort de Belgrade. A l'exception de Témeswar, tout ce que l'Autriche avait démembré au traité de Passarowitz fut réintégré à la Porte; les victoires du prince Eugène furent effacées d'un trait de plume (1739). La Russie, par la médiation de l'ambassadeur de France, signa presque en même temps (1740) une paix aussi impérieusement dictée à l'impératrice Anne qu'à l'empereur Charles VI. Azof dut être démoli par les Russes ; il leur fut interdit de construire aucun vaisseau de guerre ou navire marchand sur la mer Noire, reconnue mer ottomane ; les czars n'y conquirent, au prix de cent mille de leurs vétérans morts sans gloire dans la dernière guerre, que la reconnaissance par la Porte de leur titre d'empereur.

Élias-Pacha, conquérant de Belgrade et de cette double paix, ne reçut à son retour, comme Yegen, son prédécesseur, que l'exil pour récompense. Toute gloire offusquait le sérail. Le caïmakam Ahmed remplaça ce glorieux vizir.

VII

La loyauté du caractère ottoman, sous Mahmoud Ier, racheta la déloyauté d'Achmet III dans le partage de la Perse.

La mort de l'empereur d'Autriche, Charles VI (1741), dernier héritier mâle de la maison de Hapsbourg, ne laissait que des droits contestés à Marie-Thérèse, sa fille. L'Allemagne refusait de reconnaître ces droits dans une femme et armait pour la détrôner. Le grand Frédéric, ce Machiavel héroïque de la Prusse, s'unissait aux princes allemands de la Saxe et de l'Espagne pour démembrer à son profit l'empire; la Sardaigne, pour s'emparer de Milan; la France elle-même, pour abaisser jusqu'au néant l'orgueilleuse maison d'Autriche, représentée par une faible femme. Mais cette femme était un héros. Mahmoud, vainement sollicité par la France, par la Russie et par la Perse, de grossir cette ligue et d'en profiter pour écraser l'Autriche, répondit par des paroles dignes d'un philosophe sur le trône des sultans.

« Un pacte tacite, disait le manifeste de Mahmoud Iᵉʳ aux puissances, rapproche tous les hommes; cet instinct fraternel est né de la conscience d'une origine commune. Les États divers ne sont que les membres d'une même famille humaine; et si l'harmonie est la loi conservatrice des nations, la paix est leur devoir religieux. La guerre est un remède violent auquel il ne faut avoir recours qu'à la dernière extrémité, que pour rendre la société à son système naturel et nécessaire, que pour la rendre à la paix. La paix est la source du bonheur public; la paix est agréable à Dieu; la paix est utile aux hommes; et c'est, après la vie éternelle, la seule fin que doivent se proposer les princes qui aiment la justice.

» En effet, quelle âme sensible, quel être humain ne frémit pas de tous les maux qui accompagnent la guerre? des ruisseaux de sang abreuvent les campagnes, les vainqueurs ne sont pas plus épargnés que les vaincus par l'ange de la mort; les hideuses maladies contagieuses suivent les pas des combattants, les attaquent, les abattent, les dévorent jusque dans les bras de la victoire, et les jettent enfin dans l'ignoble fosse où la mort les confond et les égalise avec les animaux eux-mêmes, et c'est ainsi qu'elle punit les hommes dégradés d'avoir imité la férocité des bêtes dans leurs fureurs insensées.

» L'affreux génie du mal, en poussant le cri de guerre, tranche de sa flamboyante épée les liens des nations, : plus de commerce entre les frères; le droit du plus fort redevient le code des enfants d'Adam; le sang ou les larmes des victimes attestent, sur ses tables d'airain, que chaque vertu a retrouvé son outrage, la faiblesse son bourreau, l'innocence son oppresseur, et la pudeur son sacrilége. C'est pour prévenir le retour de tant de crimes et de tant de malheurs, c'est pour remplir les vues de Dieu, que mon sublime empereur, qui n'est rien moins que l'ombre de ce Dieu sur la terre, invite les princes chrétiens à se réconcilier et leur offre sa puissante médiation. »

VIII

L'homme qui dictait de telles maximes au grand vizir Élias, après cinq victoires, et en présence d'une jeune souveraine dont il pouvait d'un mot renverser le trône, était le kislar-aga, confident et inspirateur du pacifique Mamoud Ier. Malheureusement pour l'empire, ce sage, âgé de quatre-vingt-dix ans, mourut peu de jours après avoir légué ainsi son âme à l'Europe. Il recommanda en mourant à Mahmoud de s'inspirer après lui des conseils d'un jeune esclave noir de Bornéo, son disciple. Le sultan, par déférence pour le mourant, donna sa place de kislar-aga à cet esclave, nommé Békir. Toute la vertu et toute la politique de l'empire semblèrent mourir dans le sérail avec l'eunuque.

Békir-Aga n'avait recueilli de son maître que les maximes. Les vices et les passions de l'esclavage promu à la tyrannie pervertirent sa politique. Ligué avec un Arménien cupide, nommé Yacoub, et avec un jeune esclave noir affranchi, Souleïman-Aga, il vendit à l'enchère toutes les dignités de l'empire, étala un luxe asiatique, et entassa des trésors dont il se flattait d'aller jouir en Éthiopie après la mort de son maître (1746).

Un de ses tschaouschs ayant fouetté, par son ordre, en plein divan, un molla ou juge de Constantinople qui avait osé condamner un de ses favoris, les oulémas indignés en appelèrent au grand vizir. Le grand vizir, également embarrassé de punir un favori absolu de Mahmoud, ou de laisser impunie une telle insulte aux oulémas, cherchait à pallier l'outrage. Mais le molla était à la fois un accusateur et un témoin inévitable. Le favori, pour le faire disparaître, le fit étrangler la nuit dans sa maison avec sa fille et ses esclaves, répandant le bruit qu'un incendie les avait surpris et consumés dans leurs lits. La maison en flammes s'était en effet écroulée sur les victimes du favori, mais les corps du molla et de sa fille attestaient qu'ils avaient été étranglés avant l'incendie.

Un cri d'exécration s'éleva de toute la capitale. Des fusées lancées par une main inconnue pendant les nuits

tombèrent sur les terrasses du sérail, symbole des accusations en lettres de feu que les peuples esclaves de l'Orient font écrire dans le ciel contre les mauvais princes.

IX

Mahmoud Ier, inquiet de ces symptômes énigmatiques du mécontentement du peuple, supposa qu'on lui demandait ainsi la déposition du grand vizir. Il le sacrifia ; les flèches de feu continuèrent de sillonner le lendemain le ciel ; le mufti lui révéla enfin la cause de l'irritation publique. Mahmoud, espérant sauver son favori par la constatation de sa disgrâce, sortit le lendemain du sérail comme pour une promenade sur la côte d'Asie. Békir, selon l'usage, accompagnait son maître ; mais au moment où le sultan posait le pied sur la grève, et avant que le favori fût descendu à terre derrière lui, les rameurs, repoussant du pied le rivage, ramèrent, par l'ordre du silihdar, vers la tour de Léandre, et y déposèrent l'eunuque prisonnier.

Mahmoud avait donné ordre de lui préparer un navire et de le transporter avec ses trésors personnels en Égypte. Mais la vengeance du peuple réclamait une satisfaction plus sanglante. Le sultan, par un reste de compassion, voulut assister lui-même à son supplice pour interdire les tortures aux bourreaux. Le noir, désespéré et sans respect pour la présence du padischah, se répandit en imprécations contre son maître, et, tirant son poignard de sa ceinture, se précipita sur les bourreaux, remplissant la salle du divan de sang et de carnage avant de tomber lui-même sous les coups de ses meurtriers. Son cadavre, exposé pendant trois heures sur la plate-forme du sérail, sembla avoir purifié l'atmosphère de Constantinople.

X

Mahmoud Ier, malgré ces exécutions imposées par le favori, acheva sa vie en paix, plaint et estimé de ses peuples. Quelques empiétements des Russes au delà du Borysthène (1749), dans les déserts interposés par la polititique entre les deux frontières, et la réforme religieuse des Arabes Wahabites au fond du désert, troublèrent seuls ses derniers jours.

Un acte de piété les avança. Ses infirmités précoces l'empêchaient de monter à cheval sans de vives souffrances. Il les surmonta, le vendredi 13 décembre 1754, pour se rendre à la mosquée de Sainte-Sophie; vaincu au retour par l'excès de la douleur, et soutenu sur son cheval par les bras tendus de ses serviteurs, ils ne descendirent de cheval, à la porte du sérail, qu'un cadavre. Sa vie s'était envolée avec ses prières.

L'Europe le regretta comme un prince pacifique, d'autant plus estimable d'avoir aimé la paix qu'il avait toujours été encouragé à la guerre par la victoire. La Turquie le vénéra comme un saint. Il était resté toujours fidèle à ce précepte d'humilité du Coran qui ordonne à tout homme vivant, prince ou sujet, de vivre de son travail. Bijoutier habile et tourneur consommé, il consacrait chaque jour après la prière à ciseler des ornements d'or et d'argent, ou à fabriquer des cure-dents d'ébène et d'ivoire. Le prix de ces ouvrages de ses mains, vendus au bazar, servait à sa nourriture. La nature lui avait refusé un héritier de son sang et de ses vertus.

XI

Son frère Othman III, fils de Mustafa II, prince âgé de cinquante-trois ans, mais que sa longue reclusion au fond du vieux sérail avait laissé vieillir dans une tardive enfance, monta sur le trône sans compétiteur. Le commencement indécis de son règne ne fut que l'éblouissement d'un captif qui voit, après de longues ténèbres, la lumière, et qui chancelle à chaque pas. Sept ou huit vizirs choisis et répudiés au hasard en quelques jours laissèrent enfin le pouvoir à un jeune favori, Ali-Pacha-Oghli, son silihdar-aga, devenu avant l'âge son grand vizir.

On accuse sans preuve Othman III d'avoir immolé ses neveux à la raison d'État. Il n'avait point d'enfants, et cette précaution sinistre était sans objet pour lui dans l'avenir. On attribua au poison la mort vraisemblablement naturelle de trois enfants d'Achmet III, élevés dans le sérail. Mustafa, le quatrième de ces orphelins, reçut, dit-on, également des mains du médecin une coupe empoisonnée qu'il refusa de boire et qu'il força le médecin, le poignard sur la gorge, à boire à sa place. Le médecin mourut de langueur quelque temps après, et Mustafa fut sauvé.

Ces chroniques populaires n'ont ni certitude ni vraisemblance. Si Othman avait ordonné la mort de ses neveux,

Mustafa n'aurait pas survécu à cet ordre pour régner après son oncle. L'ombre partout fait croire au crime ; mais la justice et la piété d'Othman III protestent contre ces atrocités sacriléges qui auraient anéanti après lui sa race.

XII

Deux héritiers restaient à l'empire, Mustafa et Abdulhamid son plus jeune frère. Le jeune grand vizir Ali-Pacha-Oghli fut soupçonné d'entretenir avec ces princes des intelligences secrètes, que les infirmités de corps et d'esprit de leur oncle firent considérer au sultan comme une anticipation sur sa mort prévue. On avait cru voir, disaient les rumeurs du sérail, le grand vizir sortant la nuit des appartements de ces princes. Othman III, averti, appela le mufti pour autoriser sa vengeance par un fetwa. Son ignorance faisait croire à tort à Othman qu'un semblable fetwa était nécessaire à sa conscience ; scrupule sans fondement, puisque le grand vizir est au nombre des hommes politiques exceptés du droit commun, et qui peuvent être frappés sans autre juge que la conscience du padischah.

A l'apparition de son perfide favori dans la salle du divan, le sultan, ne pouvant contenir sa colère enflammée par l'aspect du coupable : « Sors de ma présence ! » lui dit-il en saisissant une masse d'armes et en la brandissant sur la tête du vizir. Le mufti détourna le coup en représentant à son maître que le padischah ne devait pas s'avilir au rôle de bourreau.

Le favori, en se retirant, trouva entre les deux portes

des muets qui lui tranchèrent la tête et l'exposèrent dans un bassin d'argent, à la porte du sérail, avec cet écriteau : « Ainsi périssent les traîtres qui trompent l'amitié du padischah ! »

XIII

Méhémet-Raghib-Pacha (ou Méhémet *le Studieux*) fut appelé, non plus par une vaine faveur, mais par la désignation de l'opinion publique, au poste de grand vizir. Page du sérail à l'âge de dix ans, attentif aux leçons de maîtres habiles, parlant toutes les langues de l'Europe et de l'Asie, poëte et écrivain consommé pour son temps, surnommé par ses rivaux *le Studieux* par excellence, secrétaire de plusieurs congrès, rompu aux affaires, brave aux combats, élevé de grade en grade jusqu'au gouvernement orageux du Caire, où sa politique et sa vigueur avaient tour à tour assoupli ou abattu les mameluks circassiens, fléau du Nil, religieux et fidèle comme la conscience à ses devoirs envers le sultan, Raghib-Pacha semblait un présent de la Providence à un règne qui ne trouvait qu'un vieil enfant dans le padischah.

Un présage, que la superstition pouvait interpréter comme sinistre, attrista cependant les premiers jours de son ministère. Un de ces incendies qui effacent en quelques heures les villes de bois des Tartares à la surface du sol éclata au printemps de 1756 à Constantinople.

XIV

« Le feu prit à l'aube du jour, disent les annalistes de cette année mémorable, dans la partie basse de la ville qui fait face au faubourg de Péra et de Galata, dans une maison près des murs du sérail et des remises des bateaux du Grand Seigneur. Le gardien placé sur la tour du palais du janissaire-aga donna le signal de l'accident en frappant sur les gros tambours établis pour avertir le peuple. Les gardiens des quartiers parcoururent les rues aussitôt, en heurtant le pavé avec des bâtons ferrés, et ces tocsins vivants jetèrent le cri d'alarme : *Yanguen var!* (il y a incendie). Il faut l'avoir éprouvé pour se faire une idée du trouble que porte dans tous les cœurs cet accent sinistre quand il vient interrompre le silence des nuits et le sommeil des hommes. L'incendie fit de rapides progrès, parce qu'une loi de police défend de travailler à éteindre le feu avant l'arrivée des janissaires, des bostandjis et de leurs officiers; prévoyance commandée par la perversité humaine qui invite partout le brigandage à se mêler au désordre dans les désastres publics. Mais c'est un remède qui ne prévient un mal que pour en causer un plus grand.

» En effet, l'incendie naissant, n'étant pas arrêté dans son principe, devint un vaste embrasement. Un vent du nord poussa le feu le long des murs du sérail; il atteignit le palais du grand vizir. Tous les grands officiers de la Porte se trouvaient par devoir au milieu des travailleurs. Le sultan s'y rendit en personne; et c'est une obligation dont il ne se dispense que lorsque, dans des temps de trouble, il craint pour sa propre sûreté. Mais ni sa présence, ni sa voix, ni ses promesses ne purent limiter le malheur. L'énorme masse de Sainte-Sophie semblait devoir présenter une digue au torrent de feu. Le plomb qui couvre la coupole de cette montagne de pierres se fondit sous une atmosphère embrasée; le plomb liquéfié ruissela sur la foule des gardes et des travailleurs, et la terreur abandonna cet édifice à lui-même.

» Tous les efforts se bornèrent donc à circonscrire l'embrasement dans une enceinte de ruines abattues sous la hache. Le désastre allait du moins avoir des bornes connues; mais tout à coup le vent sauta du nord à l'est, et prit en travers la ligne de feu sur un front de plus de douze cents toises. Treize fleuves de laves se formèrent, se réunirent, inondèrent le centre même de la ville, et Constantinople n'offrit plus qu'un océan de feu. Chaque effort devint un malheur de plus. Qu'on se représente un corps entier de janissaires, victimes de leur dévouement, enveloppés par deux courants de flammes pendant qu'ils abattaient des maisons situées à la tête d'une des branches de l'incendie; les cris de ces malheureux tombant dans les bouches de ces volcans; ces cris recouverts eux-mêmes par les cris plus perçants encore du désespoir et de l'effroi que poussaient les femmes, les enfants, les pères de famille ruinés en un moment dans ce désastre affreux; qu'on se représente le fracas des édifices qui s'écroulaient, celui des poutres embrasées disparaissant comme sous des vagues; enfin, pour compléter la magnifique horreur d'un pareil tableau, le jour cuivré de l'incendie, découvrant, sous les dégradations de sa lueur sinistre, ici la terre envahie par des gouffres de feu, et plus loin, pour contraster, la mer tranquille et les vaisseaux à l'ancre.

» Tel fut le terrible incendie qui consuma, en 1756, les deux tiers de l'immense capitale des Ottomans, quatre-vingt mille maisons, et, entre autres édifices, le magasin entier des tentes de l'armée. »

XV

La mort d'Othman III suivit de près ce désastre de sa capitale. Enfant jusque dans la mort, il se fit porter, déjà expirant, dans son kiosque de la pointe du sérail, baigné par la mer, pour y recevoir de plus près le salut des canons de la flotte qui rentrait de l'Archipel. L'ébranlement des salves de ses vaisseaux, en passant sous les fenêtres du kiosque, achevèrent de rompre les fils de sa vie. Il expira au bruit des détonations et des acclamations qui lui souhaitaient la longue vie de ses pères (1757).

Raghib-Pacha, déjà menacé de déposition par le caprice inconstant de son maître, alla chercher dans la *cage aux Oiseaux* le prince Mustafa, suspendu depuis trois ans entre le trône et le sépulcre. Il portait à ce prince la fortune de son règne dans sa personne, un grand et vertueux ministre. Mustafa III, fils aîné d'Achmet III, avait quarante et un ans, une âme énervée par la longue anxiété de sa vie, un esprit incapable d'inspirations propres, mais accessible aux bonnes impressions d'un homme supérieur.

XVI

Le onzième jour après la mort d'Othman, Mustafa III ceignit le sabre d'Othman dans la mosquée d'Aïoub avec un appareil qui rappela les temps héroïques de la monarchie. Le peuple et l'armée, las des règnes précaires qui venaient de s'écouler, espéraient d'autant plus dans le nouveau padischah, que la conservation de ses jours, sous ses deux oncles, ses prédécesseurs, leur paraissait une protection miraculeuse de la Providence.

Le grand vizir et le mufti précédaient à cheval son magnifique cortége. « Derrière eux, dit le livre du cérémonial, marchaient trente-deux chevaux de main appartenant au sultan, richement harnachés, et dont douze portaient, appendus à leurs flancs, des boucliers ornés de pierres fines. Le sultan, entouré de ses gardes du corps, les peïks et les solaks, dont les premiers portaient des casques étincelants, les seconds de magnifiques panaches de héron, s'avançait ayant à son étrier gauche le grand écuyer, et à son étrier droit le grand chambellan. Le second écuyer tenait la rêne gauche de son cheval, et le porteur de l'étendard sacré du Prophète la rêne droite. Autour du cheval du sultan marchaient les autres seigneurs de l'étrier impérial, savoir : les deux chefs de la vénerie, les quatre plus anciens chambellans et le grand échanson.

» Au moment où le sultan descendit de cheval, les onze seigneurs de l'étrier cédèrent la place aux huit seigneurs de l'épaule, dont le privilége consiste à conduire le sultan en le prenant sous le bras. Dans cette occasion, l'aga des janissaires l'aida, conformément au cérémonial, à descendre de cheval, tandis que le grand vizir et le kislar-aga le soutenaient sous les aisselles. Derrière le sultan, deux pages de la chambre intérieure portaient, sur des coussins richement brodés, deux des turbans du souverain, symboles de sa domination sur deux parties du monde et sur deux mers, comme de son droit de protection sur les deux villes saintes, la Mecque et Médine.

» Pour éviter au sultan la peine de saluer le peuple, les porteurs de turbans avaient soin de les incliner constamment à droite et à gauche. Un des pages de la chambre intérieure portait le tabouret qui sert au Grand Seigneur à monter à cheval; un autre, l'aiguière pour les ablutions. Sur toute la route que prit le sultan, le khazinedar jeta de l'argent à la foule. Le cortége s'avança ainsi entre deux haies de janissaires, que Mustafa III salua en personne, honneur qui n'était pas accordé au peuple. Les troupes lui rendirent son salut en inclinant la tête sur l'épaule gauche, indiquant par là qu'au premier signe du maître elles étaient prêtes à la poser sur le billot.

» Le Grand Seigneur, en arrivant devant les vieilles casernes des janissaires, s'arrêta pour recevoir, des mains du colonel du 60⁰ régiment, une tasse de sorbet qu'il lui rendit ensuite pleine de pièces d'or. En souvenir de ce jour heureux, le colonel offrit trois moutons en holocauste à l'Éternel. Chemin faisant, Mustafa III visita le tombeau du conquérant, près de la mosquée fondée par lui, et fit sa prière au tombeau d'Aïoub, le porte-drapeau du Prophète. » La maigreur de ses joues, la pâleur de son teint, la mélancolie empreinte sur ses traits, rappelaient aux musulmans l'ombre livide du sérail où il avait attendu la mort ou l'empire, et intéressaient tous les cœurs à sa destinée.

XVII

Les premières années du règne de ce prince répondirent à ces espérances. Tous les actes du sultan furent des bienfaits envers ses peuples, des avances de paix aux puissances étrangères. Raghib-Pacha flattait habilement sa prétention de gouverner par lui-même en s'effaçant avec scrupule et en montrant toujours le sultan devant lui. Le padischah, tantôt déguisé sous d'humbles costumes, tantôt à cheval dans tout l'éclat du trône, parcourait jour et nuit les quartiers de la capitale pour surveiller l'exécution des mesures d'ordre, de religion et de police émanés de son divan.

XVIII

Le sultan, voulant distinguer son ministre entre tous, donna pour épouse au grand vizir Raghib une de ses sœurs, la sultane Saliha (1757).

Le récit de ces noces retrace trop vivement les mœurs ottomanes pour être étranger à l'histoire. Le *Livre des Noces*, ouvert au savant orientaliste Hammer, décrit en ces termes celles de Raghib :

« Les fiançailles eurent lieu devant le mufti, dans le palais de la sultane, situé près du faubourg d'Aïoub. La sultane y fut représentée par le kislar-aga du sérail, et Raghib par le ministre de l'intérieur. Le lendemain, le grand vizir envoya à la fiancée le kapidjilerbouloukbaschi, ou chef des gardiens de la porte du sérail, pour demander des nouvelles de sa santé, et lui remettre, de sa part, six plats d'argent avec leurs couvercles, une table du même métal, une tasse remplie de sucreries, trente autres remplies de lait et cinquante de fruits. Quinze jours après, la sultane se rendit en voiture, sans pompe ni musique (car elle était veuve), au palais du grand vizir, accompagnée de ses eunuques coiffés de leurs turbans ordinaires. Arrivée sous le portail du harem, Raghib-Pacha complimenta son auguste fiancée, et retourna immédiatement dans la salle d'audience.

» Après le coucher du soleil, le kislar-aga vint, conformément à un ancien usage, pour conduire la sultane dans les bras de son époux. L'étiquette de la cour veut que la princesse reçoive son fiancé avec une fierté et un dédain simulés, et refuse même de le regarder. Lorsque cette scène muette a duré quelque temps, elle se lève tout à coup en feignant un grand mécontentement, et se retire au fond de ses appartements. Les eunuques saisissent cette occasion pour ôter au fiancé ses pantoufles, qu'ils laissent sur le seuil de la porte.

» Cette cérémonie est considérée comme de la plus haute importance, parce qu'elle indique que le fiancé a pris possession du harem, que l'époux seul a le droit de visiter. Les eunuques se retirent aussitôt, tandis que le fiancé se rend seul dans l'appartement où la princesse, assise sur le sofa, occupe la place d'honneur. Il se jette à ses pieds, et reste agenouillé devant elle, les mains croisées sur la poitrine, en attendant dans le plus grand silence qu'un mot de la farouche beauté vienne le tirer de cette position. Enfin elle lui dit : « Apporte-moi de l'eau ! » Il lui présente alors l'aiguière à genoux, en lui demandant en grâce de vouloir bien lever son voile. Ce voile est brodé de fleurs et étincelant de pierreries. Les cheveux de la fiancée, qui forment sept tresses, sont enlacés d'or et de perles. A peine la sultane a-t-elle goûté à l'eau, que les esclaves apportent deux plats, dont l'un contient deux pigeons rôtis, l'autre du sucre candi, et les déposent sur des tables peu élevées, dressées au milieu de l'appartement. Le fiancé supplie sa fiancée, dans les termes les plus tendres, de daigner y goûter; mais celle-ci répond avec une hauteur et une fierté pudiques : « Je ne le veux pas. »

» Le nouveau marié, réduit au désespoir, a donc recours à d'autres moyens pour fléchir l'implacable beauté. Il appelle les eunuques, qui déposent à ses pieds de riches présents. Adoucie par la vue de ces magnificences, l'auguste fiancée permet à son époux de la prendre sous le bras, et de la conduire à table, d'après l'étiquette de cour. Le fiancé lui présente un morceau de pigeon rôti, tandis que sa fiancée lui met dans la bouche un morceau de sucre candi. Immédiatement après, on enlève la table; la sultane reprend son siége sur le sofa ; les eunuques se retirent, et les fiancés restent seuls pendant une heure, durant laquelle l'étiquette ne leur permet que l'entretien le plus cérémonieux. A ce moment, le fiancé sort du harem et se rend à la salle d'audience, où il reçoit les félicitations des vizirs et des autres grands dignitaires de la cour et de l'État ; de retour dans le harem, il est aussi félicité par les sultanes. Pendant toute la nuit, la musique, la danse et une exhibition d'ombres chinoises alternent pour égayer les hôtes. »

XIX

Raghib, exclusivement attentif à l'administration de toutes les parties de l'empire, qui prospérait sous ses lois, présentait sur chaque affaire au sultan une exposition ou une proposition écrite avec la précision de l'homme d'État. Dans les occasions solennelles, le grand vizir, se souvenant de son talent de poëte et d'écrivain, adressait à son maître, en style fleuri, des congratulations ou des vœux dont les archives ottomanes conservent les monuments. Le commencement de chaque saison de l'année, le changement de résidence d'un palais à l'autre, l'inauguration d'un aqueduc ou d'une fontaine, la construction d'un vaisseau de guerre, étaient les textes habituels de ces écrits, plus littéraires que politiques. Voici celui que Rhagib adressa à son maître le premier jour du printemps de 1757 :

« Que le Dieu Tout-Puissant, celui que nulle pensée ne peut se représenter, par la volonté duquel le printemps commence, et qui couvre d'une nouvelle verdure les jardins et les arbres délivrés des glaces de l'hiver, élève au plus haut point de splendeur le front resplendissant et orné du diadème de Sa Majesté Impériale, qui perce les ténèbres comme la flamme, et qui, semblable au soleil, pénètre l'empire de sa lumière bienfaisante, maintient dans sa route le monde sur lequel elle exerce sa domination !

que ce Dieu assiste Sa Majesté dans toute l'éternité, et l'entoure des rayons de sa grandeur ! qu'il maintienne les jours de Sa Majesté dans un solstice d'été continuel, pour qu'elle puisse veiller aux affaires de ses sujets, et diriger les forces de son peuple vers le but le plus élevé ! qu'il conserve votre auguste personne, qui est son ombre sur la terre ! qu'il alimente par la continuation du califat de Votre Majesté la moisson des espérances du monde ! qu'il donne un nouveau lustre et une nouvelle vie aux fleurs de la gloire et du bonheur, afin que votre auguste règne soit bienfaisant comme les jours du printemps, et surpasse la fête du solstice d'été en splendeur et en bienfaisance ! Amen, au nom du Prophète. »

Ces vœux de Raghib furent exaucés par la prospérité croissante et inaltérable de tout l'empire pendant les heureuses années de ce règne, partagé entre Mustafa III et lui, par la naissance d'une seconde fille de Mustafa schah-sultane et du premier de ses fils, le prince Sélim. Des illuminations, qui rendirent Constantinople et ses collines semblables à une terre de feu, célébrèrent ces naissances. Mustafa et son ministre les consacrèrent par des monuments de joie plus durables, la délivrance sans rançon de milliers de captifs chrétiens.

La fatalité abrégea cette félicité de l'empire par la mort du plus vertueux et du plus éclairé des hommes d'État qui eussent depuis longtemps présidé au sort des Ottomans. Raghib mourut âgé de soixante-cinq ans et dans toute la vigueur de son génie, pleuré de son maître et béni de l'empire (1760). On l'ensevelit dans ses œuvres, c'est-à-dire dans la cour de la bibliothèque publique fondée par ce ministre studieux, qui avait puisé dans l'étude les connaissances et la sagesse dont il voulait rouvrir ainsi les sources aux Ottomans. Il avait fait don de ses livres à cette bibliothèque, et il y avait fondé quarante noviciats gratuits pour les jeunes gens qui se consacraient aux lettres. Une belle fontaine verse ses eaux sur les dalles de la cour, afin, dit l'inscription dictée par lui, de *désaltérer la soif des hommes avides de science.*

Des inscriptions pieuses, philosophiques et poétiques font parler les murailles aux yeux des étudiants et des visiteurs. Raghib repose, à côté des deux femmes de son harem qui l'avaient précédé au tombeau, près de la fontaine dont le murmure semble endormir son fondateur. Des urnes de marbre, dans lesquelles végètent des plantes odorantes, rappellent aux hommes religieux le parfum de ses vertus.

Par un contraste bizarre et qui semble justifier la Providence, si souvent énigmatique dans ses décrets, pendant qu'on ensevelissait ainsi dans ses bienfaits le plus philosophe et le plus religieux des hommes d'État de l'islamisme, le corps de Nadir-Schah, assassiné par ses généraux et laissé comme le cadavre d'un animal immonde sur la poussière, était enlevé la nuit par un seul esclave, jeté en travers sur un chameau et conduit vers le Kurdistan, sa patrie. Mais la corruption du cadavre, trompant la pitié de son dernier ami, forçait l'esclave à ensevelir furtivement le corps du roi de Perse dans une dune de sable sur la route, et à niveler le sable sous sa main pour qu'on ne découvrît pas ce dernier asile. Ainsi le sépulcre du tyran de la Perse était recouvert d'obscurité comme son berceau.

XX

L'administration libérale de Raghib avait été profitable aux arts de la paix en Turquie. M. de Hammer, le plus compétent des historiens dans la littérature arabe et turque, énumère les mystiques, les philosophes, les historiens, les légistes, les poëtes, qui attestent à cette époque la civilisation intellectuelle de l'empire.

Les plus importants des ouvrages qui ont trait à la vie civile des musulmans sont les collections des fetwas et les formules des pièces judiciaires qui servent de règles aux juges, *les Inschas*, collections de modèles épistolaires qui guident les secrétaires du trésor, de la chancellerie d'État et les gouverneurs des provinces. Il faut mentionner aussi l'ouvrage intitulé *Trésor de l'art épistolaire*.

A côté de ces ouvrages figurent les traductions de plusieurs ouvrages philologiques arabes très-estimés, entre autres les séances de Hariri et de Hamadani, la missive intitulée *la Quiétude de l'homme obéissant*, *les Saillies d'Obeïd Sakani*, *le Jardin du prédicateur*, *les Prolégomènes philologiques de Schamakhschari*; des collections de facéties, de contés et d'anecdotes; les ouvrages intitulés *Fruit d'entretiens nocturnes pour le conseil des rois*, *Éclairs des hommes éloquents*, *le Titre de noblesse* (supériorité de l'homme sur les animaux); un abrégé du célèbre livre arabe intitulé *Éloge des humanités ou Guide dans l'étude des humanités*, et un autre ouvrage : *Conseils des Rois*. Mais de tous les ouvrages philologiques de cette période, *le Navire des sciences*, par Raghib-Pacha, est sans contredit un des plus précieux.

Les travaux des grammairiens se bornèrent à cette époque à l'interprétation et l'explication des principaux ouvrages qui traitent de la syntaxe arabe. La rhétorique et la grammaire persanes n'occupèrent que quelques auteurs. Un petit nombre d'ouvrages furent écrits sur l'astronomie, l'arithmétique, la logique et la médecine; des traductions et des commentaires des poëtes mystiques persans, Saïb, Ourfi et Schewket.

Les livres *de l'Unité, des Chevaux, des Événements, du Rossignol, de l'Échanson, de la Missive,* le *Livre d'Or* et le *Livre heureux* sont des poëmes didactiques, ainsi que l'ouvrage persan intitulé *le Livre du Conseil*, dont à cette période il ne parut pas moins de cinq traductions. Le poëme intitulé *la Rose centifole* chante les traditions du Prophète, et celui intitulé *le Confident des amants* est consacré au récit d'aventures amoureuses.

Quelques ouvrages biographiques et topographiques parurent encore vers cette époque : entre autres les biographies des poëtes, des muftis, des vizirs, des capitans-pachas, des calligraphes et des chanteurs ; les relations des voyages de la caravane des pèlerins, les descriptions de la Mecque, de Médine, de Damas, de Jérusalem et de Tébriz ou Tauris.

Les ouvrages de quelques polygraphes furent réunis en un seul corps d'ouvrage sous le titre de *Külliat*, c'est-à-dire œuvres complètes. Nous citerons encore *les Sources des Sciences* et un compendium de l'histoire littéraire, sous ce titre : *Méditations philosophiques sur les diverses classes des peuples*, c'est-à-dire des Arabes, des Persans et des

Turcs. Cet ouvrage n'est pas moins précieux pour l'histoire littéraire de ces peuples que l'est pour la bibliographie ottomane *le Nouveau Monument.* Cet ouvrage contient les titres de cinq cents ouvrages dont les auteurs ont écrit dans ce siècle. Ce dernier monument bibliographique de la littérature ottomane fut terminé dans l'année de la mort du célèbre grand vizir Raghib-Pacha. Lui-même mérita le nom, qui lui est resté dans le monde savant de sa patrie, de *Sultan des poëtes;* outre ses ouvrages historiques et diplomatiques, il laissa un *divan* ou collection de *ghazèls,* poésies philosophiques, et une autre collection de poésies rêveuses appelée *le Navire,* par allusion aux richesses de l'âme contenues dans ce recueil. « Les Ottomans, dit l'historien turc Wassif, égalent ce grand homme à Kiuperli comme homme d'État, à Ibn-Ayas comme historien, à Hafiz comme poëte, à Platon comme philosophe. »

Comme homme politique, il avait pressenti le premier, dans la nouvelle monarchie prussienne, que Frédéric II fondait dans le nord de l'Allemagne un contre-poids contre l'Autriche, vieille et puissante ennemie de l'empire ottoman. Le grand Frédéric, dont il admirait le génie lettré et militaire et dont il recherchait l'alliance, lui semblait devoir être bientôt l'arbitre et le médiateur entre les Russes, les Autrichiens, les Ottomans. Cette pensée juste ne périt pas tout entière avec Raghib. Elle serait devenue le gage de la paix et le salut de l'empire si Frédéric II, émule de Raghib comme poëte et comme écrivain, avait été son égal aussi en franchise, en désintéressement et en vertu. Mais le grand homme de la Prusse n'était qu'un politique; celui de l'empire ottoman était un homme de bien.

Nous verrons bientôt, dans la suite de ce récit, comment

la proie de la Pologne à partager détourna Frédéric et son successeur de la politique loyale et salutaire que Raghib assignait à ce souverain dans ses pensées.

XXI

Hamid-Hamza lui succéda dans le gouvernement de l'empire (1760). C'était le fils d'un marchand d'une bourgade d'Asie, nommée Deweli-Hissar. Longtemps secrétaire intime de Raghib, puis ministre des affaires étrangères, et chargé des détails de l'empire pendant la longue maladie de ce grand homme, Hamid-Hamza, désigné au sultan par le mourant, reçut le sceau comme un héritage. Le sultan espérait retrouver le génie de Raghib dans son disciple; il n'y trouva que ses traditions sans son génie.

« Il fut de ces hommes, dit Wassif, qui passent sur la terre sans y laisser ni trace de bien ni trace de mal. » Pendant son court ministère de six mois et pendant le ministère de ses nombreux et précaires successeurs, le divan continua à caresser la Prusse, dont un envoyé permanent obtint enfin de résider à Constantinople. La France, par l'inertie voluptueuse de son roi Louis XV et par ses molles complaisances pour l'Autriche, ne présentait plus à la Turquie le contre-poids et l'appui que l'empire ottoman avait trouvés jusque-là dans cette nation; l'Autriche devenait plus hautaine, la Pologne plus mobile, la Russie plus menaçante.

La défection de la France à l'alliance intime de la Porte, l'ambition de Frédéric II, la pression de la Russie sur Varsovie, la connivence du cabinet de Vienne dans les projets encore vagues, mais déjà couvés, du démembrement de la Pologne, enfin les intrigues prussiennes en Crimée avec le khan des Tartares, créaient en Occident une confusion d'intérêts, de langages, d'alliances, de dangers dans laquelle la candeur ottomane avait peine à discerner ses amis et ses ennemis. La Russie surtout avait grandi en quarante ans de trois siècles. La disparition de la France, et deux nouvelles grandes puissances, la Prusse et la Russie, surgies tout à coup comme des phénomènes dans le Nord (1770), étaient de nature à désorienter longtemps la diplomatie des Ottomans. Malgré les conseils de deux aventuriers français consultés par le divan, le comte de Bonneval devenu pacha, et le baron de Tott, employé à la fortification des Dardanelles et aux négociations, les Turcs n'avaient plus le génie de Raghib pour les éclairer dans ces ténèbres.

Essayons de les percer d'un regard rapidement jeté sur les cours du Nord, depuis la mort de l'impératrice Anne de Russie, nièce de Pierre le Grand, et depuis l'avénement du grand Frédéric en Prusse (1740). On verra que les mœurs, les révolutions et les crimes dans ces cours du Nord de l'Europe, sous l'apparente civilisation dont elles affectaient le nom, étaient plus barbares que la prétendue barbarie de l'Orient. On croit lire, dans les péripéties du trône de Russie et dans les tragédies de la cour de Berlin, les annales des deux races souveraines de Babylone.

XXII

Anne, parvenue au trône sur les cadavres de tous les étrangers et par la déposition violente des héritiers légitimes, avait légué, avant son dernier soupir (octobre 1740), le trône à un enfant de quelques mois, fils de sa nièce, la duchesse de Mecklembourg. Cet enfant, nommé Ivan (né en août 1740), reçut sur son berceau le serment de l'empire.

Biren, ce féroce favori de l'impératrice morte, croyait régner encore après elle par la terreur, sous le nom de cet enfant. Le général des troupes revenu de Crimée, l'ambitieux et cruel Munich, ameute ses soldats contre le régent, surprend le palais pendant la nuit, pénètre dans la chambre du régent, l'éveille en sursaut, l'épée sur la gorge, le garrotte nu dans ses couvertures, fait enlever sa femme outragée par ses soldats, et les envoie au fond de la Sibérie, cet enfer de glace des criminels d'État, habiter un cachot de bois qu'il dessine lui-même pour torturer lentement son ennemi. La mère d'Ivan, proclamée régente, usurpe le trône sur son fils et règne par Munich quelques jours. Mais quatre conjurations successives avaient appris aux prétendants et aux prétoriens du palais comment on escaladait dans une nuit l'empire sur les cadavres des enfants, des femmes et des favoris.

XXIII

Une seconde fille de Pierre le Grand, Élisabeth, indignée de voir le trône ravi au sang des Romanof pour devenir l'héritage du sang de la maison de Brunswick, conspire à son tour, rallie à sa cause soixante grenadiers, vétérans intrépides de l'armée de son frère, corrompt ou assoupit d'eau-de-vie les gardes, donne l'assaut au palais (décembre 1740), court au berceau d'Ivan, le soulève dans ses bras comme pour le jeter aux baïonnettes nues des soldats qui l'attendent sous les fenêtres, quand la nourrice de l'enfant, se précipitant aux pieds d'Élisabeth, la conjure d'épargner l'innocent et étend un coussin sur le plancher pour amortir sa chute.

Élisabeth, vaincue par les cris de la nourrice et par le sourire de l'enfant, qui tend les bras à ses meurtriers, se repent de son crime avant de l'achever, dépose l'enfant sur le coussin, et permet à la nourrice de l'allaiter. La mère, le père et l'enfant, promenés de prison en prison, tantôt sur les frontières, tantôt dans l'intérieur de la Russie, finissent par être ignorés ou oubliés de l'empire. Les étrangers, sacrifiés une seconde fois au vieux parti soldatesque et national, sont massacrés ou exilés par les grenadiers qui avaient assailli et emporté le trône. Lascy, Lowendahl, Keit, Mansfeld, Golofkine meurent ou s'évadent avec tout ce qui n'est pas du vieux sang russe. Munich, proscripteur et proscrit dans la même année, est envoyé en Sibérie occuper le cachot qu'il a lui-même construit pour Biren. Les deux ennemis, l'un allant et l'autre revenant, se rencontrent sur une route de Sibérie et se mesurent encore de l'œil. Des milliers d'étrangers périssent dans toutes les villes de la Russie, coupables d'être venus apporter la discipline, les lois ou les arts à ce peuple glorieux de son ignorance. Un Russe, formé à l'école de ces étrangers, Bestuchef, régna sur la politique comme premier ministre (1743); un autre Russe, le page Schouvalof, régna comme favori sur le cœur de sa souveraine. A la faveur de l'absence du roi de Saxe en Pologne, Auguste III, qui résidait à Dresde, la cour de Russie s'accoutuma, sous Bestuchef, à régner presque despotiquement sur la Pologne à Varsovie. Mille intrigues s'y formaient en silence pour s'élever au trône de cette république à la mort d'Auguste. La plus puissante de ces intrigues était celle des princes Czartoryski, descendants des Jagellons, dignes du trône par leurs souvenirs, plus dignes par le talent, le patriotisme, la richesse de leurs membres. L'Angleterre, la France, la Russie, l'Autriche, la Prusse, avaient chacune leurs brigues dans la république.

L'Angleterre proposait à la cour de Russie de solder cent mille Russes pour intervenir à main armée dans la prochaine élection d'un roi de Pologne. Elle préférait la domination moscovite dans Varsovie à la domination autrichienne ou à celle des Prussiens, qui auraient trop fortifié l'Allemagne. La France, sans politique et sans prévoyance à cette époque de sa monarchie, partageait en apparence les pensées de Londres. En secret, elle envoyait à Varsovie (1752) le comte de Broglie, négociateur confidentiel de Louis XV, pour susciter des obstacles à la Russie. Un parti patriotique se groupait sous ses auspices,

confiant dans le secours de la France et de la Prusse. A
l'heure du danger, la France ajourna indéfiniment le secours de ses armes. Les deux factions, celle de la maison
de Saxe et celle des Czartoryski, se combattaient dans les
confédérations et dans les diètes. Chaque parti était condamné à des intelligences et des protections de l'étranger.

XXIV

Un jeune Polonais, neveu et émissaire des princes Czartoryski, allait, par le conseil de ses oncles, combattre à
Pétersbourg la prédilection de l'impératrice Élisabeth pour
la cause de la maison de Saxe, et devenait bientôt lui-
même la cause involontaire et fatale de l'anéantissement de
sa patrie (1759). Cet agent était le comte Stanislas Poniatowski, fils d'une sœur de Czartoryski. On ne sait quelle
superstition domestique, fondée sur une prophétie d'un Italien familier de cette maison, promettait un trône à Stanislas Poniatowski. Cette prophétie, comme il arrive souvent
dans ces imaginations crédules du Nord, avait décidé du
sort de ce jeune homme; il rêvait dès son adolescence la
couronne de son pays. La nature l'avait doué d'une figure
et d'une séduction propres à réaliser ce rêve, si la couronne
des Sarmates devait être décernée par l'amour d'une
femme.

Cette femme existait à Pétersbourg : c'était celle qui fut
depuis Catherine II, la Sémiramis du Nord. Elle avait
épousé, à l'âge de quatorze ans, le grand-duc Pierre de
Holstein, qui réunissait en lui le sang de Charles XII et

celui de Pierre le Grand, et que l'impératrice Élisabeth avait appelé à Pétersbourg comme l'héritier du trône après elle. Cette princesse était Catherine d'Anhalt, fille d'un petit prince souverain d'Allemagne au service du roi de Prusse. Jamais princesse, disent ceux qui visitèrent à cette époque la cour de Russie, ne porta mieux qu'elle sur son front tous les signes de la séduction, de la majesté et du génie. La nature l'avait couronnée avant la fortune. Grande de taille, élégante de port, gracieuse de démarche, portant noblement une tête grecque sur un cou élancé et onduleux comme celui du cygne ou de l'aigle, le front large, les yeux bruns ou bleus selon le reflet de la lumière, le nez aquilin, les lèvres entr'ouvertes, les dents éclatantes, l'ovale du visage un peu allongé, le teint coloré des frissons du Nord, le timbre de la voix sonore et argentin, la parole prompte et toujours juste, la passion de plaire surpassant dans sa physionomie l'ambition de commander : tel est le portrait que les écrivains les moins prévenus nous tracent, en 1756, de cette princesse. Ses ennemis ne la représentent pas moins accomplie que ses flatteurs, où plutôt on ne pouvait la flatter, tant la nature l'avait flattée en la formant.

XXV

Le grand-duc qu'on lui avait donné pour époux était le contraste avec les grâces et les délicatesses d'esprit d'une telle femme. Difforme de traits, bizarre de caractère, froid de cœur, brutal de gestes, maniaque de goûts, puéril d'habitudes, moins militaire que soldatesque de prétentions, il ne rappelait Pierre le Grand, son aïeul, que par la rude écorce du barbare sans la séve de génie qui avait animé la souche de sa race. Il affectait pour le grand Frédéric de Prusse, ce parfait soldat de l'Allemagne moderne, une adoration fanatique, mais inintelligente, qui croyait s'approprier le génie tacticien de ce vétéran des rois en formant à son image une armée d'automates disciplinés. L'uniforme, l'exercice, la manœuvre, les ponctualités serviles de la caserne étaient ses seules occupations. Ces occupations lui faisaient négliger la grande-duchesse, trop supérieure à lui pour ne pas humilier un tel époux. Il lui préférait des attachements vulgaires, qui ressemblaient plus à la licence qu'à l'amour.

Sa favorite affichée était la comtesse Woronzof, femme orgueilleuse, qui se décorait de son déshonneur. Après huit années de mariage, aucun enfant n'avait assuré l'hérédité de la dynastie. L'impératrice régnante, Élisabeth, s'alarmait, pour elle-même et pour le trône, de cette stérilité qui pouvait désaffectionner les Russes de leur souverain et motiver quelque nouvelle surprise du trône. On assure qu'un amour clandestin et politique, ordonné plus qu'insinué par le chancelier Bestuchef à Catherine, donna un héritier illégitime à la maison régnante. La jeune princesse, à qui une clause de son contrat de mariage assurait l'empire dans le cas où elle survivrait à son mari sans avoir eu d'enfant, s'affligea plus qu'elle ne se réjouit d'une fécondité qui plaçait un fils entre son ambition et un trône. L'amour ne naquit dans son cœur qu'à l'apparition du beau Poniatowski à la cour de Russie. Les Czartoryski, informés de la passion naissante de Catherine pour leur neveu, et voyant de loin dans cette faveur de la future impératrice de Russie l'augure d'un trône en Pologne pour leur famille, parvinrent à faire nommer Poniatowski ambassadeur de Pologne à Pétersbourg (1764). Ce poste le fixait à' la cour d'Élisabeth.

XXVI

Surpris une nuit dans les jardins de la maison de campagne du grand-duc au moment où il attendait l'heure d'une entrevue furtive avec Catherine, Poniatowski, d'abord jeté par le mari outragé dans un cachot, puis relâché sans éclat par le grand-duc, enfin rappelé en Pologne à la requête d'Élisabeth et sévèrement proscrit de la cour de Russie, laissa Catherine, pendant sa longue absence, dans l'isolement et dans les larmes. C'est dans cette disgrâce et dans cette solitude que la grande-duchesse, concentrée dans sa douleur et dans son ambition avec quelques favorites ses confidentes, couva les grandes pensées et les grands crimes qui allaient signaler son caractère au monde.

XXVII

Élisabeth, sur son lit de mort (1761), avait exigé une réconciliation apparente du grand-duc avec sa femme coupable. Mais l'impératrice avait à peine rendu le dernier soupir, que Pierre III, possesseur incontesté du trône, menaça de répudier sa femme et de déclarer l'illégitimité de son fils. Catherine, reléguée dans une maison de campagne voisine de la capitale, attendait, dans les transes de l'incertitude, le sort que le czar, son époux, lui préparait.

Mais déjà en six mois d'un règne de caprice, plus semblable à un accès de démence qu'à un gouvernement, Pierre III avait mécontenté le vieux parti russe par ses imitations prussiennes, aliéné le clergé, scandalisé le peuple, fatigué l'armée, effrayé les grands sur leur existence, transformé Pétersbourg en caserne et le palais en scène d'orgies. Il se préparait à conduire cent mille Russes en Holstein, pour se montrer à sa première patrie dans l'appareil guerrier de maître d'un grand empire, et pour humilier le Danemark, qui avait jusque-là humilié le Holstein. Il avait fait revenir de Pétersbourg le prince Soltikof, désigné par la rumeur publique comme père du fils de Catherine ; il le pressait, dit-on, d'avouer ses relations coupables avec la princesse, il aspirait à faire condamner sa femme pour crime d'adultère, à la répudier et à épouser sa maîtresse.

Catherine n'avait plus de soutien à la cour, mais la pitié et le mécontentement publics lui créaient un parti immense dans le peuple et dans le clergé. Un amour caché, qui avait succédé dans son cœur aux larmes versées pour Poniatowski, lui en préparait un plus efficace dans l'armée. L'objet de cet amour était le comte Orlof, le plus beau des six frères d'une famille de pauvres gentilshommes du nord de Russie, où la taille, la force et la grâce dépassaient les proportions ordinaires de la race humaine. Orlof servait, ainsi que ses cinq frères, dans les régiments des gardes. Devenu aide de camp du grand maître de l'artillerie, puis capitaine trésorier de son corps, il avait fasciné les yeux de la grande-duchesse. Par l'intermédiaire d'une de ses confidentes, et dans une maison où nul ne pouvait soupçonner son rang, Catherine, sous un costume vulgaire et sous un nom supposé, avait eu des entretiens avec Orlof et lui avait inspiré la passion dont elle était animée elle-même pour lui.

Rien, pendant le long mystère de ces relations, n'avait révélé à Orlof l'objet anonyme de son amour; il n'avait jamais vu la princesse, que sa disgrâce éloignait depuis plusieurs années de la cour. Il la reconnut pour la première fois sur le trône, dans les cérémonies qui suivirent la mort d'Élisabeth. Muet d'étonnement et de terreur, son amour s'accrut de son respect; il continua à voir en secret comme impératrice celle qu'il avait adorée comme femme. Les dangers de Catherine, ses propres dangers, s'il était découvert, assuraient sa discrétion. Confident des outrages qui menaçaient l'impératrice, il avait ourdi avec elle la trame audacieuse d'une conjuration qui devait donner le trône ou la mort à Catherine. Le trésor militaire dont il disposait, la connivence de ses cinq frères, tous officiers ou sous-officiers déjà populaires dans les gardes, enfin les démences de l'empereur et le mécontentement des troupes lui achetaient ou lui enrôlaient d'avance des complices. L'audace de Catherine et la séduction de ses larmes devaient achever une révolution commencée par l'amour.

XXVIII

Un simple Cosaque, Rozamouski, devenu sous Élisabeth hetman de sa nation, favori de l'empereur et cher au peuple, fut sondé par Orlof, et promit de trahir, au signal convenu, la confiance que Pierre III plaçait en lui. La jeune princesse Dachkof, femme remuante, qui avait, comme tous les Slaves, le génie des conjurations, se chargea d'entraîner les chefs du clergé et l'archevêque de Novogorod, tout-puissant sur le peuple. Le comte Panin, politique consommé dans l'intrigue, gouverneur du jeune grand-duc et épris de la princesse Dachkof après l'avoir été de sa mère, fut lié à la conspiration par l'amour.

Des rumeurs sinistres, habilement répandues sur de prétendus soulèvements dans les provinces reculées de l'empire, commencèrent à alarmer l'opinion avant de l'agiter. L'inquiétude du peuple est partout le premier auxiliaire des conjurés et le plus sûr prélude des révolutions. Si le meurtre de l'empereur était nécessaire, les meurtriers mêmes étaient prêts; déjà deux officiers aux gardes, Passek et Bachekakof, avaient offert leur poignard à l'impératrice, qui avait refusé un si odieux secours. Ces deux assassins, néanmoins, avaient attendu Pierre III dans une petite île de la Newa, où il venait le soir se promener avec sa favorite. Le comte Panin avait conduit lui-même une troupe de conjurés dans les appartements de l'empereur, pendant son absence, pour leur faire reconnaître les issues, la chambre, le lit où ils devaient chercher leur victime. L'heure pressait, tant de confidents pouvaient ébruiter le coup avant qu'il ne fût porté. Une indiscrétion de Passek, qui laissa éclater son impatience de haine devant un soldat, instruisit Pierre de la conspiration. Il était alors à douze lieues de Pétersbourg, dans une de ses maisons de plaisance ; l'impératrice, pour mieux déguiser sa complicité, était elle-même à six lieues de la ville, retirée presque seule dans une autre maison impériale.

L'arrestation de Passek, connue à l'instant de la princesse Dachkof, la fait voler à Pétersbourg, déguisée en homme, pour prévenir par une explosion soudaine le retour de l'empereur et le supplice des conjurés. Elle presse Panin, elle harangue dans une chambre de caserne les principaux conjurés, elle fait partir pour la résidence de l'impératrice un frère d'Orlof surnommé le Balafré, avec un billet qui ne contenait que ces mots : « Venez, madame, ou tout est perdu ! »

Orlof le Balafré arrive par les jardins sans être aperçu au pavillon isolé habité par l'impératrice, la réveille, lui dit un seul mot et repart au galop pour la ville. Catherine s'élance dans une voiture de paysan que la princesse Dachkof lui faisait tenir tout attelée depuis quelques jours dans une chaumière voisine du château, soit pour fuir, soit pour régner, selon le sort. Les chevaux emportent l'impératrice, suivie d'une seule femme de service, vers Pétersbourg. Sa voiture traverse au galop la ville avant le réveil des habitants. Elle en descend sur une place d'armes qui règne devant les casernes ; les soldats, étonnés et à peine vêtus, se groupent autour d'elle ; elle se nomme ; ils tombent à ses pieds ; elle les harangue ; ils jurent de mourir pour elle. Elle est rejointe par le perfide hetman Rozamouski, qui entraîne ses Cosaques, par Volkonski, par Schouvalof, par Bruce, par Strogonof, tous initiés au complot et n'ayant plus à espérer de salut que dans son explosion. Ils veulent proclamer Catherine régente :

« Non! non! s'écrie Orlof, dont nul ne soupçonnait encore l'intrigue intime avec sa souveraine; gardons-nous de faire les choses à demi et de risquer le dernier supplice pour avoir à recommencer un jour. Je poignarderai de ma main le premier qui parlera de régence! »

Les hourras pour l'impératrice éclatent à ces mots dans les rangs des soldats; ils prennent les armes et, marchant à sa suite de caserne en caserne, ils entraînent, avant le lever du soleil, toutes les troupes et tout le peuple dans le courant unanime de la révolution. Catherine, escortée de son armée, remonte dans son chariot de campagne, se rend à l'église où le clergé la sacre, prend possession du palais, présente son fils du haut d'un balcon au peuple, et fait bivouaquer les régiments, avec des canons, sur toutes les avenues, pour interdire la capitale à l'empereur. Bientôt, se dépouillant de ses habits de femme, revêtant l'uniforme de ses gardes, elle monte à cheval et marche à la tête de l'armée au-devant du czar.

XXIX

Semblable aux empereurs romains surpris hors de la ville par une révolte du camp et par une déposition prélude de la mort, Pierre III, au château de plaisance d'Oranienbaum, flottait entre ces pensées contraires qui assaillirent

Napoléon lui-même à Fontainebleau, et qui, dans le choc des résolutions et des irrésolutions, laissent fuir l'heure, l'empire et souvent la vie. Il arrive toujours un moment où la fortune est plus forte que l'homme.

Pierre III, incrédule d'abord aux bruits d'écroulement qui lui arrivaient de Pétersbourg, avait pris ces rumeurs pour une panique de ses partisans; il était monté en voiture de promenade découverte avec sa maîtresse, les femmes de sa cour licencieuse, quelques familiers et l'ambassadeur de Prusse, pour aller confondre ces vains bruits par sa présence dans la capitale. Abordé en route par un aide de camp de confiance qui accourait lui annoncer la révolution, il pâlit, descend de voiture avec les femmes, y remonte seul, retourne précipitamment au château, parcourt en insensé les appartements déserts, se répand en imprécations contre l'impératrice, s'accuse à haute voix de ne l'avoir pas prévenue par la captivité ou par la mort, fait appeler à lui les régiments du Holstein, dont les soldats, ses compatriotes, lui semblaient plus incorruptibles que les Russes, dicte des manifestes incohérents à ses secrétaires, les fait copier par sa favorite et ses courtisans, et donne enfin au vieux maréchal Munich, à peine arrivé de Sibérie, le commandement des troupes réunies autour de sa personne.

XXX

Cependant l'armée de l'impératrice s'avançait, grossie sur la route de tout ce qui se détache de la cause des rois qui s'écroulent. Munich conseille à l'empereur de s'embarquer sur deux yachts de plaisir à l'ancre sous les murs des jardins, et de ramer vers Cronstadt, dont les murailles et la garnison encore intactes lui prêteraient vengeance ou refuge. Il suit un instant ce conseil, s'embarque avec sa cour, rame vers Cronstadt, et apprend, avant d'y aborder, que l'impératrice, plus résolue, a embauché la ville et la flotte.

« Il n'y a plus d'empereur, répondent les marins de Cronstadt à ceux qui leur crient du pont des yachts que l'empereur est à bord; levez l'ancre, ou nous allons couler vos barques sous nos boulets! Vive l'impératrice Catherine! »

A ces cris, Pierre pleure comme un enfant, et s'éloigne. « Le complot est général, dit-il avec abattement, je l'ai trop prévu dès les premiers jours de mon règne. »

Résigné avant d'avoir combattu, il espère une réconciliation avec sa femme, se fait descendre de nouveau à Oranienbaum, désarme les remparts, ouvre les portes, et écrit à Catherine pour lui demander, comme dernière grâce, de le laisser retourner seul dans le Holstein avec sa maîtresse la Fraïle Woronzof.

Catherine lui répond en lui imposant, avant tout, une renonciation à l'empire; il l'écrit et il la signe aussi lâche et aussi humiliée que ses ennemis pouvaient la lui dicter. On désarme ses soldats du Holstein, on le fait monter avec sa maîtresse dans une voiture, et on le conduit captif au château de Péterhof. En descendant sur le perron du château, au milieu de ses gardes de la veille, maintenant ses bourreaux, on le reçoit aux cris insultants de : « Vive Catherine! » on le force à se dépouiller lui-même de son uniforme, de ses décorations, de ses armes; on l'expose en chemise, demi-nu, à la dérision des soldats; on le sépare de sa favorite Woronzof, dont les vêtements déchirés et les cheveux épars accusent les lâches outrages des troupes à une femme sans défense.

Ainsi fut détrôné le petit-fils de Pierre le Grand (1762), pour une Allemande étrangère à la Russie, qui n'avait pour titre à l'empire que la pitié qu'elle inspirait, l'embauchement des troupes, son audace, son génie et sa beauté. Orlof régnait déjà sous son nom.

XXXI

Mais déjà aussi le remords de l'empire transporté et d'un souverain avili commençait à murmurer dans le cœur des troupes éloignées de la capitale et des marins de la flotte étrangers à la révolution consommée sans eux. Les Orlof tremblèrent qu'un repentir ne défît ce qu'une sédition venait de faire. Leur impunité était dans la mort de l'empereur.

L'un de ces frères, Orlof le Balafré, et un nommé Tieplof, parvenu d'intrigues, brûlant de parvenir plus haut par le crime, se présentent, le sixième jour de la révolution, comme pour consoler le prisonnier et pour dîner amicalement avec lui. On apporte, selon l'usage des Russes, des verres d'eau-de-vie aux convives avant de s'asseoir à table. Le verre offert à l'empereur était empoisonné. Il reconnaît la saveur du poison en vidant le verre, et rejette avec horreur, loin de lui, le second verre que les assassins veulent le contraindre à boire. Dans la lutte, Pierre tombe sous les mains d'Orlof et de Tieplof, qui cherchent à l'étrangler sans laisser sur son corps des marques accusatrices du crime. Impuissants à dompter sa résistance désespérée, ils appellent à eux les gardes complices qui se tenaient derrière la porte de sa prison. Deux jeunes officiers de dix-huit ans, Potemkin et le prince Baratinski, accourent au secours d'Orlof, se précipitent sur l'empereur, l'étouffent du poids de leurs genoux sur sa poitrine, et l'étranglent avec une serviette nouée et serrée autour du cou de leur empereur. Régicide barbare, où les courtisans sont devenus bourreaux !

XXXII

Quelques heures plus tard, Orlof, couvert de poussière et de sang, les cheveux en désordre, les habits déchirés comme un homme qui vient de lutter, et qui porte les traces de la lutte, entrait d'un pas précipité et convulsif dans le palais de l'impératrice à Pétersbourg. Catherine, en l'apercevant, se levait de table, l'entretenait un moment à l'écart dans son cabinet; puis, en ressortant avec la physionomie de l'étonnement et du deuil, annonçait que l'empereur venait d'expirer, d'un mal d'entrailles soudain, dans sa prison.

On ignore si elle avait ordonné ou permis le crime, mais elle hérita de la victime un empire, et elle récompensa les meurtriers. Maîtresse de la Russie par un complot, elle la conquit plus légitimement par un génie civilisé qui dépassa dans une femme le génie sauvage de Pierre le Grand. Son règne devait être fatal à la Pologne et aux Ottomans.

XXXIII

Mais dans le même temps où Catherine II conquérait un trône sur son mari par la sédition des troupes et l'assurait par la main de ses favoris, un autre souverain, le grand Frédéric, risquant vingt fois de perdre son royaume pour l'agrandir, vainqueur enfin à force de génie militaire de la coalition de la France, de l'Autriche et de la Russie, surgissait en Prusse pour la perte de la Pologne et pour le salut de l'empire ottoman.

Cet homme, quoique né sur les marches du trône, avait été trempé dès sa jeunesse par la barbare antipathie de son père dans ces disgrâces tragiques et dans ces désespoirs de fortune qui font les héros. Cette lutte avec la destinée avait fortifié son âme. Quoique roi de naissance, il était le parvenu de ses propres exploits. Il était en même temps le génie de la guerre moderne; il avait discipliné et aguerri tout un peuple en armée. Pour ressembler en tout à Philippe de Macédoine, il ne lui manqua qu'un fils comme Alexandre.

XXXIV

La guerre de sept ans (de 1756 à 1763) que ce prince soutenait contre toutes les puissances occidentales et contre la Russie elle-même, l'avait empêché jusque-là de porter son ambition d'agrandissement sur la Pologne. Il se félicitait, au contraire, de trouver entre la Russie et la Prusse ce vaste espace de la Sarmatie, occupé par un peuple peu sûr, mais brave, qui, s'il ne savait pas se gouverner, savait du moins combattre, et dont il n'y avait rien à craindre et beaucoup à espérer pour la Prusse.

Mais à peine Pierre III était-il monté sur le trône (1761), que sa fanatique admiration pour Frédéric lui fit abjurer la guerre qu'Élisabeth continuait contre le héros de l'Allemagne et qu'il signa un traité de paix et d'amnistie avec la Prusse. Ses armées, qui combattaient jusque-là avec celles de l'Autriche, désertèrent cette puissance et fortifièrent l'armée de Frédéric.

Ce changement de la politique de Pétersbourg contraignit la France, l'Autriche et l'Angleterre à la paix de 1763, et à la cession de la Silésie au grand Frédéric. C'est pendant le loisir de dix ans qui succéda à cette longue guerre que les cours de Pétersbourg et de Berlin, favorisées par l'ambition du nouvel empereur d'Autriche, Joseph II, conçurent le complot politique du partage de la Pologne.

Aucun scrupule ne pouvait faire hésiter un prince qui ne croyait pas en Dieu, une impératrice de Russie qui était montée au trône sur le cadavre de son mari, un empereur d'Allemagne qui n'enviait à Frédéric que sa gloire et à Catherine que son bonheur. D'ailleurs, il faut le redire en leçon aux peuples incapables de se gouverner, la perpétuelle anarchie tente la conquête.

XXXV

Cette pensée du partage de la Pologne ne s'avoua pas cependant du premier mot. Le traité de paix entre Frédéric et la Russie (1761) stipulait seulement relativement à la Pologne qu'on s'entendrait après la mort du roi Auguste de Saxe pour placer un Polonais sur le trône de Varsovie. C'était en ce moment y placer une anarchie plus certaine, car de tous les jougs, celui que les nobles sarmates supportaient le moins, c'était le joug de leurs compatriotes. Les Polonais, soupçonnant les clauses de ce traité et les projets de coalition de la Russie et de la Prusse contre leur existence, s'agitèrent par le pressentiment de leur perte. Le grand général Branicki et le général Mokranouski cherchèrent leur appui en France.

La marquise de Pompadour, favorite de Louis XV, inspirée par sa vanité, qui la flattait de fonder une politique, comme elle avait fondé une faveur, se laissa incliner à l'alliance autrichienne par le jeune abbé de Bernis, depuis cardinal ministre, et alors familier d'une maîtresse (1756). Elle abandonna les Polonais à leur sort pour complaire à la Russie, à l'Autriche et à la Prusse. A la place d'une politique à Varsovie, la France n'y conserva qu'une intrigue. La vieillesse du roi de Saxe et de Pologne y multipliait les compétiteurs futurs au trône bientôt vacant.

Pendant que Mokranouski demandait un roi à la France, Poniatowski, le candidat des Czartoryski, exilé, comme on l'a vu, par Élisabeth de Pétersbourg, apprenait la révolution de Péterhof et l'avénement de son amante à l'empire (1762). Il ne doutait pas que Catherine, libre enfin et souveraine, ne le rappelât à Pétersbourg pour le couronner à Varsovie selon ses promesses. Ses oncles, les Czartoryski, plus sages ou plus éclairés que lui sur les nouvelles affections de Catherine, le retinrent avec peine en Pologne. Il y apprit bientôt la faveur d'Orlof. Catherine, à la mort du roi Auguste de Saxe, voulut concilier son amour pour son ancien favori et sa reconnaissance pour Orlof en appuyant de ses armées et de son or l'élection de Poniatowski ; il devint roi de Pologne par la faveur d'une czarine (1764). C'était la Russie couronnée d'avance à Varsovie.

Les agitations et les guerres civiles de son règne, les confédérations des catholiques contre les réformés, des réformés contre les catholiques, les diètes, les complots, les tentatives d'assassinat, devaient lui faire expier cruellement son ambition, et préluder par la main de tous les partis au démembrement de sa patrie.

Nous ne devons raconter de cette lente agonie de la Pologne que ce qui touche plus immédiatement aux Ottomans. Un pressentiment secret semblait les avertir que l'union contre nature de l'Autriche, de la Russie et de la Prusse contre la Pologne, n'était que le prélude d'une coalition aussi ambitieuse, mais aussi impolitique, contre l'empire dont le vide ne serait comblé désormais que par le sang des puissances de l'Europe.

LIVRE TRENTE-TROISIÈME

I

Avant de reprendre, à quelques années de distance, le règne de Mustafa III (1760), une réflexion nous frappe et ne peut manquer de frapper tous les esprits. C'est que la nature joue aussi un grand rôle dans les choses humaines, et qu'en faisant naître dans telle ou telle contrée du monde un grand génie, un grand caractère, une grande ambition, elle change par ce seul fait l'état de tout un continent et le poids spécifique des nations entre elles. C'est la grandeur individuelle de l'humanité tout entière, qu'un seul homme, apparaissant ou disparaissant dans le drame si compliqué de la politique universelle, élève à l'instant dans une proportion démesurée la partie du globe où il est né, et abaisse dans une proportion inverse la zone de la terre prépondérante jusqu'à son avénement.

Or, la nature, en moins d'un siècle, venait de se montrer plus féconde dans le nord de l'Europe qu'elle ne l'avait été depuis Soliman le Grand en Orient. Quatre grands hommes (car la grandeur n'a pas de sexe), Pierre le Grand en Russie, Catherine II dans le même empire, Marie-Thérèse en Autriche, et enfin Frédéric le Grand en Prusse, étaient nés en Allemagne à des époques très-rapprochées, comme par un dessein concerté de la Providence, pour déchirer ensemble, dans la Pologne et dans l'empire ottoman, une proie commune après s'être déchirés d'abord longtemps entre eux et réconciliés ensuite pour un même crime. Malheur aux nations contre lesquelles la nature se déclare ainsi, en ne leur donnant que des hommes médiocres, et en leur opposant pour adversaires des hommes d'État ou des héros !

Ce fut le malheur de la Turquie depuis le commencement jusqu'à la fin du dix-huitième siècle. Le Nord était jeune, l'Orient semblait épuisé.

II

Catherine II, certaine désormais de la complicité du grand Frédéric et de l'Autriche dans l'anéantissement convenu à profit commun de la Pologne, était sûre aussi que ces deux puissances fermeraient les yeux sur ses envahissements projetés en Turquie. La permission, stipulée ou tacite, à cette impératrice de démembrer l'empire ottoman partout où son ambition orientale lui offrirait une proie à saisir, était pour la Prusse et l'Autriche la condition de leur part de la Pologne. La France, gouvernée, en sens inverse de son honneur et de sa politique, par les favoris d'une favorite, se contentait d'une paix honteuse après une guerre pleine de revers (1763); elle ne voyait rien, ou plutôt elle feignait de ne rien voir, pour ne pas sortir de la léthargie voluptueuse de son Sardanapale chrétien.

Mustafa III, privé des lumières de Raghib, ignorait l'accord secret de Frédéric II et de Catherine. Admirateur passionné de ce roi guerrier, dont les revers et les victoires avaient retenti jusqu'en Orient, il se félicitait de voir un héros contre-balancer dans le Nord le poids croissant de la Russie. Il contemplait souvent le portrait de ce grand homme suspendu par ses ordres dans une des salles du sérail. Trop probe pour soupçonner la duplicité sous l'héroïsme, il ne se défiait pas de l'intelligence déjà établie entre ce roi jusque-là ennemi des Russes et de l'impératrice de Russie. Bien qu'il eût eu souvent à se plaindre de la mobilité des Polonais, il croyait de son devoir comme de son honneur de veiller à l'intégrité de cette Pologne dont ses ancêtres avaient été, depuis l'origine de la monarchie, les alliés et les protecteurs.

III

L'élection de Poniatowski (1764), plus proconsul de Catherine que roi d'un peuple libre, l'avait indigné. Par les conseils secrets de la France et même de la Prusse, intéressées à contester l'ascendant exclusif de la czarine à Varsovie, le divan avait protesté contre cet asservissement mal déguisé de la Pologne. Quarante mille Russes, sous les murs de Varsovie, avaient pesé évidemment sur cette élection. Le sultan réclama de Catherine II l'évacuation de la Pologne. La czarine répondit avec l'impudence de la duplicité grecque qu'elle n'avait que six mille Cosaques en Pologne pour y protéger les libertés dont la Russie avait garanti l'exercice aux Polonais par la constitution même de la république. La France, par une diplomatie aussi contradictoire que sa politique, lui déconseilla alors la guerre.

L'insurrection des Wahabites, en Arabie, cette réforme fanatique de l'islamisme, que nous raconterons bientôt à son heure, détourna un moment ses regards de la Pologne. Il destitua même l'intrépide khan des Tartares de Crimée, Krim-Ghéraï, qui osait à lui seul s'élancer avec ses Tartares en Pologne pour y secourir les républicains polonais contre les Russes. Krim-Gheraï, en passant à Constantinople pour se rendre à Brousse, lieu de son exil, s'entretint seul à seul avec Mustafa, et tenta de lui inspirer son courage.

« Vous avez raison, lui répondit le malheureux Mustafa en levant les yeux au ciel; mais, mon frère, que puis-je faire tout seul? Ils sont tous amollis ou corrompus; ils ne connaissent, ils n'aiment que leurs maisons de plaisance, leurs musiciens, leurs harems; je travaille à rétablir l'ordre, à ramener mon peuple à ses antiques mœurs; personne ne veut m'aider. »

IV

La décadence des caractères depuis la mort de Raghib préludait à la décadence de la politique. Un rejaillissement accidentel de l'anarchie de Pologne décida fatalement la guerre de 1768. Une des armées de ces confédérés polonais, qui combattaient les Russes au nom de leur parti politique, pendant la neutralité forcée et honteuse de leur roi, entra, poursuivie par les Russes, sur le territoire ottoman, sous prétexte d'y demander asile à un territoire neutre. Reçus dans la petite ville de Balta, voisine de la forteresse de Choczim, les Polonais en ressortirent pour attaquer un détachement russe, et pour lui faire violer, en se retirant, le sol ottoman.

Les Russes, en effet, poursuivirent les Polonais au delà de la frontière, et incendièrent dans la poursuite la ville turque de Balta, abandonnée à leur vengeance par les Polonais. Cette fuite simulée des Polonais confédérés et cet incendie sans provocation d'une ville turque, allumèrent la guerre avec l'étincelle qu'ils avaient fait jaillir en pleine paix.

Le divan frémit; le grand vizir Hamza-Pacha, jeune et bouillant caractère, qui venait de succéder à Mouhsinzadé, suspect de partialité pour les Russes, fit appeler devant lui l'envoyé de Catherine, Obreskof. Assis, contre l'usage, sur un divan, et les jambes étendues nonchalamment sur le tapis, Hamza laissa l'ambassadeur debout écouter ses griefs et ses injures.

« Voici lui dit-il, en tirant un papier de son sein, le traité par lequel ta souveraine s'engage à réduire à six mille hommes le nombre des soldats qu'elle entretient en Pologne. Combien y en a-t-il?

» — Trente mille, répondit Obreskof.

» — Traître, reprit le grand vizir, parjure, ne viens-tu pas d'avouer ainsi ta perfidie? Ne rougis-tu pas, devant Dieu et devant les hommes, des atrocités que commettent tes compatriotes dans un pays libre? Ne sont-ce pas vos canons qui viennent de renverser un des palais du khan des Tartares? »

Obreskof fut conduit prisonnier au château des Sept-Tours. Le khan disgracié naguère, le belliqueux Krim-Ghéraï, fut rétabli dans sa dignité. Le sultan le rappela de Brousse, lui fit ceindre de nouveau le sabre, l'arc, le carquois, le décora du panache de héron, et lui donna le cheval de bataille, insignes de sa souveraineté. Quarante têtes coupées des Monténégrins rebelles, envoyées à la Porte, furent étalées en signe de victoire sous les pieds du cheval.

Soit excès, soit défaut d'énergie dans Hamza-Pacha, il fut remplacé (1768) par Mohammed-Emin, surnommé le fils du marchand de mouchoirs, devenu gendre du sultan. Le prince de Valachie, Alexandre Ghika, corrompu par la Russie, fut déposé, et Grégoire Ghika, dévoué à la Porte, installé à sa place.

V

Un mouvement militaire immense et unanime sembla arracher l'empire à sa longue inertie et rappela en peu de jours l'ancien patriotisme. Tout s'ébranla et marcha vers Andrinople, où le sultan devait alors passer l'armée en revue au départ. Les possesseurs de grands et petits fiefs, les *youruks* nomades, les enfants des conquérants, quatorze ortas de janissaires, trente de djébedjis, quatre de canonniers, deux de toparabadjis, des milliers de volontaires, semblèrent voler d'eux-mêmes aux frontières de Pologne. Cent cinquante pièces de canon furent embarquées sur la mer Noire, sous les yeux du sultan, quatre mille spahis des provinces d'Asie traversèrent le Bosphore à Scutari, quarante mille hommes se rassemblèrent comme avant-garde en Moldavie, dix mille mulets traversèrent les montagnes, chargés de munitions et de vivres; l'arsenal maritime lança deux vaisseaux de guerre destinés à la mer, nommés *la Victoire* et *la Conquête,* noms fortunés ; le trésor rempli par Raghib fournit et versa des millions de ducats d'or pour les besoins de la campagne; des lettres furent rédigées aux confédérés polonais, pour leur annoncer que l'empire se levait à leur appel, des assurances de paix données à toutes les autres puissances.

L'ambassadeur de France, M. de Saint-Priest, envoya le baron de Tott en Crimée, pour diriger, par les mains de cet aventurier qu'on pouvait avouer ou désavouer selon les circonstances, les préparatifs du khan des Tartares

Krim-Ghéraï. Les offres obliques de médiation de la Prusse et de l'Angleterre furent poliment déclinées par le grand vizir. Enfin, le 27 janvier 1769, les queues de cheval furent arborées au sérail, et l'étendard sacré déployé le 20 mars, pour porter la victoire avec son ombre à l'armée. Le fanatisme de la patrie et de la foi, allumé par l'outrage des Russes à Balta, et par l'agitation sacrée que le grand vizir avait surexcitée dans les musulmans, bouillonna jusqu'à la fureur dans la populace à l'aspect de l'étendard vert du Prophète.

L'ambassadeur d'Autriche (internonce), M. de Brognard, curieux d'assister au cortége du sangiak-chérif, s'était rendu la veille avec les officiers de son ambassade, sa femme, ses filles et quelques Européennes dans une maison voisine de la *porte des Canons*, par où devait défiler le cortége. L'iman du quartier, informé que des *giaours* infidèles venaient souiller de leurs regards la relique sacrée, voulut expulser de la maison l'ambassadeur et sa suite. La populace, attroupée sur ses pas à la porte, couvrit d'injures et d'outrages la famille de l'envoyé chrétien; la soldatesque, mêlée à la populace, menaça de ses armes les hommes et les femmes, et les força de se jeter, pour échapper à la mort, dans la demeure d'un Arménien voisine du cimetière.

L'ambassadeur et sa famille y passèrent la nuit; mais, obstinés malgré le danger à contempler cette pompe religieuse et nationale, ils entrèrent avant le jour dans la boutique d'un barbier et se crurent à l'abri des regards du peuple derrière le grillage d'une fenêtre basse. L'ombrageuse populace, ameutée par le clergé, les entrevit et les assaillit de huées et d'imprécations. Un émir fanatique à turban vert, prétendu descendant de Mahomet, ajouta à la fureur de la multitude en s'arrêtant avec des signes d'horreur devant la boutique en s'écriant que des giaours profanaient, par leurs regards, le drapeau du Prophète, et en appelant sur eux la vengeance des bons musulmans.

A ces mots, la foule, forçant les portes de la maison comme pour punir un sacrilége, se précipite sur les chrétiens réfugiés dans les plus secrets asiles, les en arrache, déchire leurs vêtements, traîne par les cheveux les filles et la femme enceinte de l'ambassadeur, qui mourut peu de jours après de son saisissement; les boutiques sont pillées; plus de cent femmes chrétiennes outragées ou égorgées jonchaient de leurs cadavres les environs de la *porte des Canons*. Les janissaires arrivent trop tard pour enlever aux fanatiques émirs leurs nombreuses victimes et pour sauver d'un massacre populaire les Grecs consternés. La rage des émirs ivres de superstition fut telle, dit l'annaliste ottoman lui-même, que plusieurs de ces forcenés mordaient avec les dents les barreaux de fer des grillages qui leur disputaient d'autres victimes, tant le fanatisme assoupi est dangereux à surexciter et tant ses explosions sont terribles quand le patriotisme s'y mêle.

L'envoyé autrichien, témoin des efforts du grand vizir et du sultan pour refouler la populace et la soldatesque, n'accusa pas le gouvernement d'un désastre dont le fanatisme seul était coupable, et reporta bientôt après, à Vienne, avec les regrets de Mohammed-Émin, l'assurance d'une paix perpétuelle. Le baron de Thugut, destiné à jouer un rôle si ambigu et quelquefois si double dans les négociations de la cour de Vienne avec la Porte, fut envoyé à Constantinople par le prince de Kaunitz pour y remplacer le ministre outragé.

VI

Pendant ce soulèvement général de la Turquie d'Europe et d'Asie contre les Russes et en faveur des confédérés de Pologne, le khan de Crimée, Krim-Ghéraï, partait à Balta avec cent mille Tartares, et, remontant les rives du Dniéper, inondait la nouvelle Servie. Les provinces méridionales de la Russie étaient en feu sur ses pas. Le baron de Tott, militaire éclairé et écrivain pittoresque, retrace dans ses mémoires les mœurs de ces hordes *Balai de Feu*, des descendants de Timour et de Gengis-Khan :

« La nourriture, dit-il, se composait de viande mortifiée sous la selle comme celle des Tartares et du khan, d'une boisson fermentée faite de lait de jument, principaux aliments des Tartares, de jambons de cheval fumés, de kaviar, de boutraga, etc. Cependant, en sa qualité d'hôte, Ghéraï buvait l'or liquide du Tokay dans des tasses de ce métal précieux. Il avait pour vêtements des fourrures de loup blanc de Laponie, doublées d'écureuil de Sibérie, et logeait sous une tente qu'il nommait plaisamment *une maison tartare*. Celle du prince, doublée d'étoffe cramoisie, pouvait contenir plus de soixante personnes; elle était entourée de douze autres plus petites où logeaient les officiers de sa maison, et ces treize tentes étaient protégées par un mur de cinq pieds de hauteur. Du haut d'une butte en terre, le khan pouvait embrasser d'un coup d'œil l'ensemble de son armée marchant sur vingt colonnes et au centre de laquelle était placée sa tente ; quarante escadrons le précédaient composés chacun de quatre cents cavaliers, ayant quatre hommes de profondeur et disposés en deux rangs ; à la tête de chacun d'eux, on voyait vingt drapeaux. Le grand drapeau du khan et les deux étendards verts flottaient confondus avec les drapeaux des Cosaques Inad, qui, dès le règne de Pierre le Grand, avaient déserté l'empire russe sous la conduite du Cosaque Ignace, et depuis avaient pris le nom d'Ygnad ou Inad, c'est-à-dire les mutins. L'influence de ces derniers détermina alors les Cosaques Zaporogues à secouer le joug du commandant de la forteresse d'Élisabeth.

» Les Tartares déployèrent, dans le cours de cette expédition, leur talent incroyable pour conserver et surveiller le butin dont ils s'étaient emparés. Une demi-douzaine d'esclaves, deux douzaines de bœufs, cinq ou six douzaines de moutons, devenaient souvent la proie d'un seul homme. Des sacs pendus à l'arçon de la selle contenaient des enfants dont on ne voyait que la tête ; une jeune fille était placée devant le cavalier, la mère derrière, le père et le fils sur des chevaux de main, les bœufs et les moutons trottaient devant ; un œil infatigable veillait sur tout ce butin et jamais ne le perdait de vue. Du reste, il régnait dans l'armée une discipline sévère. Des Noghaïs, ayant outragé une image de la croix, reçurent cent coups de bâton devant la porte de l'église où avait été commis le méfait ; d'autres, ayant pillé sans permission un village polonais, furent attachés à la queue de leurs chevaux et traînés ainsi jusqu'à ce que mort s'ensuivît. »

Un mois après son retour de cette expédition, Krim-Ghéraï mourut empoisonné par le médecin grec Siropulo, agent du prince de Valachie. En vain Tott l'avait mis en garde contre l'empoisonneur. Lorsqu'il sentit que la mort était proche, il donna ordre à ses musiciens de jouer, et expira ainsi, bercé par les accents d'une mélodie funèbre. Le grand vizir reçut la nouvelle de sa mort à Selymbrie, deuxième campement de l'armée turque après Constantinople. Son fils, le faible et stupide Dewlet-Ghéraï, fut aussitôt proclamé à sa place, par le divan, khan de Crimée (1769). Un hiver hyperboréen, semblable à celui qui pétrifia au retour de Moscou l'innombrable armée de Napoléon, interposa ses glaces et ses neiges entre les Russes et les Tartares; mais les provinces de la nouvelle Servie n'étaient plus qu'un désert sans habitants; quarante mille femmes en selles, esclaves, suivaient les hordes des Tartares, rentrant lentement dans leurs steppes. Les plus jeunes et les plus belles étaient envoyées en présent aux grands de l'empire, à Constantinople, comme des victimes expiatoires de l'incendie et du pillage de Balta.

Le grand vizir, Mohammed-Émin, qui attendait ces auxiliaires à Bender, leur avait préparé un pont de bateaux pour passer le Dniester et opérer leur jonction avec lui. Ils dédaignèrent ce chemin artificiel des peuples amollis de l'Occident. « Voilà, s'écrièrent-ils, comment les Tartares passent les fleuves ! » Et, lançant leurs chevaux dans le Dniester, où flottaient encore les glaçons de cet âpre hiver, ils abordèrent à la nage la rive opposée.

VII

L'invasion et la rapidité du fléau avaient surpris Catherine. Moscou découvert tremblait au récit de ces trois cent mille Turcs et Tartares, réunis par la vengeance sur le Dniester et prêts à incendier la Moldavie.

L'armée du prince Galitzin, de vingt-cinq mille hommes seulement, après avoir vainement tenté de s'emparer de Choczim par la corruption du pacha qui commandait cette forteresse, se hâtait de repasser ce fleuve et de s'enfermer dans l'intérieur de la Pologne. Cette fuite des Russes parut au grand vizir une satisfaction suffisante à l'empire; il écoutait déjà les propositions de paix de Catherine, quand le Grand Seigneur, indigné de ses lenteurs, lui envoya l'ordre d'entrer en Pologne. Cent mille confédérés polonais l'y appelaient à la délivrance de leur infortunée patrie; les trois cent mille Turcs, sans général, sans administration, sans vivres, n'entrèrent en Moldavie que pour la dévorer et pour y périr en grand nombre eux-mêmes de faim et de maladies par l'impéritie du grand vizir.

Pendant qu'il restait de sa personne dans le camp, à Bender, indécis sur la direction qu'il donnerait à ses armées, le comte Potocki, ambassadeur des confédérés polonais, vint implorer l'entrée d'un corps auxiliaire en Pologne (1769). Mohammed-Émin, plus orateur que soldat, répondit en plein divan par une harangue héroïque à la harangue également solennelle de l'orateur polonais.

Après avoir, selon l'historien Wassif, reproché à la Pologne sa mobilité, son asservissement alternatif à ses voisins et sa lenteur à expulser les Russes :

« Quant à moi, dit-il, fidèle à ma mission, je ne cesserai, ni à présent, ni plus tard, ni été, ni hiver, de poursuivre l'ennemi partout où il pourra se trouver, et de l'anéantir avec mon sabre victorieux ; je suis le gendre et le fils de Sa Majesté le souverain du monde, dont l'harmonie est maintenue par lui ; je suis son serdar et son autre lui-même ; je suis dans mes expéditions un second Alexandre, maître de la victoire ; ma marche est plus prompte que l'éclair ; si votre amitié est pure et exempte de toute incertitude, faites savoir à votre république qu'elle range à part, comme des élus, tous les Polonais qui ne suivent point l'ennemi. Pour toi, tiens-toi prêt avec les tiens à suivre au delà du Dniester Mohammed-Pacha de Roumélie, nommé séraskier en Pologne.

» Ne craignez rien, dit-il ensuite à ses pachas qui se plaignaient de la disette et des maladies putrides causées par les miasmes du fleuve ; mon nom est Émin ! c'est-à-dire le nom de l'ange Gabriel, le messager des bonnes nouvelles, et l'étoile du padischah ne pâlira pas sur sa tête. »

Il fit rédiger alors, sous l'inspiration des confédérés polonais appelant le fléau de la guerre dans leur patrie, un manifeste contre la Pologne au roi et à la diète. Il fut convenu que soixante mille Turcs envahiraient la Pologne pour se réunir aux confédérés contre Poniatowski et les Russes.

VIII

Cependant le prince Galitzin, fortifié de trente mille hommes, s'était avancé de nouveau vers Choczim et l'avait débloqué à l'approche d'un détachement de l'armée du grand vizir. Fier de cette retraite des Russes, et voulant s'en attribuer l'honneur, le pacha douteux de Choczim, Kahreman-Pacha, osa paraître au camp de Bender pour recevoir les félicitations du serdar.

Au moment où ce traître descendait de cheval devant la tente, il fut entouré, sous les apparences du respect, par les officiers du grand vizir, désarmé et garrotté par eux. Son écuyer, voulant défendre son maître, tua d'un coup de pistolet le *gardien de la nappe*; mille coups de poignard percèrent à l'instant le serviteur et le maître, et les trésors du pacha de Choczin furent distribués aux victimes de sa rapacité.

A peine Mohammed-Émin avait-il fait ainsi justice du crime, que le sultan fit en lui justice de l'ineptie. Un cri général de l'armée l'accusait de la stérilité de la campagne, dont un seul homme, Moldovandji-Pacha, avait mérité jusque-là tout l'honneur. Mustafa III envoya au camp son second écuyer Feïzibeg, avec ordre de déposer le grand vizir et de l'amener à Andrinople avec le prince de Moldavie, Callimachi, et l'interprète de la Porte, Drako. Ils y furent décapités en arrivant. La tête du grand vizir, envoyée à Constantinople, fut exposée sur un bassin d'argent à la porte du sérail avec un écriteau où la foule lisait avec satisfaction ses prétendus crimes :

« Ceci est la tête de l'ancien grand vizir Mohammed-Émin, que son orgueil a empêché d'attaquer l'ennemi, qui a perdu son temps en allées et en venues, qui a soustrait les vivres de l'armée, a refusé au khan des Tartares, devant Choczim, les secours dont il avait besoin; qui a accordé trop de confiance à l'interprète de la Porte, naguère décapité, et a été châtié comme il le méritait. »

A côté de la tête du prince de Moldavie, placée auprès de son cadavre et entre ses deux pieds, on lisait ce qui suit :

« Cette tête est celle du réprouvé Gligori Callimachi, vayvode de Moldavie, qui s'est approprié cent bourses destinées à l'achat des vivres, et a trahi l'empire. »

Près de la tête de l'interprète de la Porte (placée en arrière de son cadavre), on lisait :

« Ceci est la tête de l'interprète et raya Nicolas Drako, qui a été décapité pour trahison et intelligences secrètes avec le vayvode de Moldavie. »

Le seul crime de l'infortuné Mohammed-Émin était son incapacité à conduire la formidable armée qu'il avait su lever avec une énergie digne de l'ancien patriotisme de sa race. Les crimes de Callimachi et de Drako n'étaient que la confiance du grand vizir en eux.

IX

La voix de l'armée et du peuple nomma Ali-Moldovandji, le libérateur de Choczim, à la place du grand vizir décapité. Son origine était obscure, et son premier métier infâme : chef d'une bande de brigands qui ravageait la Moldavie, il revendait au marché des esclaves de Constantinople les filles raviés à leurs familles pour en faire des courtisanes de caserne. Entré dans le corps des bostandjis, et parvenu par son aptitude au grade de bostandji-baschi, de gouverneur de Roumélie et de vizir, son instinct militaire, sa sûreté de coup d'œil dans le conseil, sa promptitude dans l'action, avaient fait de lui l'idole de l'armée.

A peine investi du commandement suprême, par la mort d'Émin (1769), il entraîna l'armée ottomane et les Tartares au delà du Danube et du Dniester, grossis par les pluies du printemps. Le débordement de ces fleuves le surprit au milieu du passage des troupes. Soixante mille Russes, épiant dans les forêts voisines de Choczim le mouvement trop précipité du nouveau et trop confiant vizir, écrasèrent sous les murs de cette ville la tête de l'armée, pendant que le fleuve engloutissait le centre sous les ponts effondrés, et que l'arrière-garde, épouvantée, fuyait vers le Danube. Choczim ouvrit ses portes à Galitzin ; l'armée ottomane s'évanouit aussi promptement qu'elle avait surgi du sol de l'empire. Les Russes, commandés par Romanzof, habile successeur de l'heureux mais faible Galitzin, couvrirent de leur armée triplée de nombre la Moldavie et la Valachie. Moldovandji, puni pour la faute de son armée et des éléments, fut déposé et relégué dans l'humble poste de commandant du château des Dardanelles. Khalil-Pacha, fils sans mérite d'un ancien vizir, écuyer du sultan, puis gouverneur de Roumélie, fut appelé par la faveur au gouvernement du divan.

Mais pendant qu'il méditait le rassemblement d'une seconde armée, et la vengeance contre les Moldaves et les Valaques, trop empressés à fraterniser de culte avec les Russes de Romanzof, une pensée plus perfide et plus vaste surgissait dans le conseil de Catherine II, et allait transformer en guerre intestine et en commotion profonde de l'empire ottoman la guerre des frontières que Romanzof continuait pour elle sur le Danube. Nous voulons parler de l'insurrection grecque du Péloponèse, fomentée par l'or et les armes de la Russie prenant pour complices les plus généreux instincts de l'homme asservi, la religion et la liberté, et préparant, dans les montagnes de Sparte et dans les forêts du Pinde, le démembrement des îles et du continent grec, détaché par l'Europe de l'empire ottoman pour les prédestiner à la Russie.

C'est de cette époque, et non du prétendu testament de Pierre le Grand, que date, dans le cabinet de Pétersbourg, le plan de rogner l'empire ottoman par ses deux extrémités, la Grèce et la Crimée, de franchir le Caucase, d'envahir la Perse, d'insurger la Grèce et de cerner Constantinople, comme les Turcs avaient cerné Byzance jusqu'à ce que l'empire, ébranlé sous le trône des Ottomans par des commotions religieuses au centre, livrât enfin aux Moscovites le soleil, les mers, les îles, les plaines et la capitale de l'Orient. La race et la religion n'étaient ici, dans le conseil de Catherine II, que les spécieux prétextes de l'ambition et de la gloire; car, à la même heure où elle affichait la pensée d'émanciper la Grèce chrétienne, elle exécutait sans hypocrisie et sans remords le premier partage de l'asservissement gradué des Sarmates chrétiens (1770).

Si l'histoire pouvait douter que la pensée de l'anéantissement des Turcs, en Europe et en Asie, fût exclusivement politique, il suffirait de voir où et par qui cette pensée fit explosion dans le monde moderne. Née dans une cour sceptique en Russie, encouragée par un souverain athée en Prusse, caressée par un empereur philosophe, Joseph II, à Vienne, applaudie en France dans les correspondances de Voltaire, de Diderot, de d'Alembert, de tous les écrivains antichrétiens du dix-huitième siècle, elle fut chez Catherine une pensée d'avenir pour sa nation et pour sa mémoire; elle fut pour Frédéric II une pensée d'extension plus vaste en Pologne; pour Joseph II une pensée d'adulation à l'impératrice de Russie pour élargir sa part d'usurpation dans le partage; enfin, pour Voltaire et pour les philosophes français, elle fut une pensée de civilisation tendant à ruiner par la main de la Sémiramis du Nord les mosquées de Mahomet en Orient, et ruiner par les mêmes mains, en Occident, les autels du Christ.

Tels furent en réalité les véritables motifs de la propagande russe dans le Péloponèse; la philosophie y ralluma de ses propres mains le fanatisme pour y raviver la liberté. Ce n'était plus la religion qui constituait les Turcs en hostilité avec l'esprit européen, c'était la civilisation. Catherine II, en feignant de prendre en main cette cause et d'ouvrir l'Orient au génie de l'Europe, s'assurait la popularité parmi les philosophes ennemis du christianisme, pendant qu'elle briguait la popularité parmi les Grecs superstitieux.

X

L'esprit des Grecs du Péloponèse se prêtait de lui-même à cette déception. La tolérance même des Turcs, qui leur avait laissé, à l'époque de la conquête, leur nom, leur religion, leur patriarche, leurs prêtres, leur pouvoir municipal, leur sol, leurs villes, leurs villages et leur commerce, avait contribué ainsi à leur conserver dans un esprit national ce principe de vie que l'oppression comprime pendant des siècles, mais qu'il ne brise pas tant qu'une race conquise ne se fond pas avec la race conquérante. Un instinct vague, exprimé par une prophétie populaire qui datait de la prise de Constantinople, faisait croire aux Grecs que l'empire ottoman serait détruit par une nation d'hommes aux cheveux blonds, et que ces hommes blonds, venant de la mer Noire, seraient les restaurateurs de la Grèce.

Les Russes, sous Élisabeth, pendant la première guerre de Munich en Crimée (1736), commencèrent à entrevoir les auxiliaires secrets que cette communauté de religion et de vagues espérances de liberté pouvaient leur créer dans le cœur même de l'empire ottoman. Élisabeth attira les premières migrations des Grecs en Russie; ses agents visitèrent, sous prétexte de religion, les monastères grecs du mont Athos, Thébaïde de l'empire ottoman. Là, des monastères bâtis sur des rocs escarpés, dans des gorges inaccessibles et construits comme des forteresses de la conscience d'un peuple, donnent asile, depuis la conquête et sous la protection des sultans, à une population nombreuse de moines où le patriotisme n'est pas moins vivace que la religion. Véritable république alpestre, inviolable par tradition aux troupes ottomanes, centre des lettres grecques, école de théologie, pépinière des évêques et des patriarches, l'esprit du mont Athos se répand rapidement sur la Grèce entière par les prêtres, les pèlerins, les missionnaires, les lettrés, les quêteurs, qui descendent périodiquement de la sainte montagne, comme les prophètes antiques, pour aller souffler les doctrines et les opinions sur le continent et sur les îles.

Un prêtre russe, après avoir visité le mont Athos comme agent secret d'Élisabeth, se rendit dans les montagnes de Maïna, groupe de cimes et de vallées que forme le cap avancé du Péloponèse, à l'extrémité de l'Adriatique, sur l'Archipel, et où une population, descendant des Spartiates, rebelle à la servitude, conserve la sauvage énergie de ses ancêtres. Ce prêtre apprit aux pasteurs armés de Maïna qu'un grand peuple, ami de leur race et suscité par la Providence, professait dans les déserts du Nord la même religion qu'eux et aspirait à leur restituer l'antique indépendance. Ces germes du nom et de l'influence russes fructifièrent rapidement dans ces montagnes; la servitude rend crédule, et la communauté de culte dans les races superstitieuses est un traité tacite d'alliance qui n'a pas besoin d'être écrit pour être sacré.

XI

A peine Catherine II fut-elle affermie sur le trône par la main de son favori Orlof (1762), que cette pensée d'insurger les Grecs s'offrit à son esprit avide de grandeur comme éminemment propre à populariser et, pour ainsi dire, à sanctifier son usurpation aux yeux des Russes, en montrant un but religieux à leur ambition, jusque-là profane, en Orient. Elle lui fut suggérée par un aventurier grec, devenu officier d'artillerie dans ses troupes, qui vivait dans la familiarité d'Orlof. Ce Grec, né en Thessalie, se nommait Grégoire Papas-Oghli, c'est-à-dire Grégoire, fils de papas ou de prêtre. Orlof l'envoya en Thessalie sonder les dispositions de ses compatriotes; il lui fournit, sous prétexte de commerce, deux navires chargés des plus riches présents pour les églises du Péloponèse. La mission toute politique de l'émissaire d'Orlof eut le succès qu'on obtient toujours d'un peuple avide et asservi, quand on lui montre l'or et le fer dans une même main pour l'appeler à l'indépendance.

Papas-Oghli revint à Pétersbourg animer Orlof par la perspective d'une prompte et générale insurrection de sa patrie. Mais Orlof, qui avait osé, pendant l'absence de son émissaire, porter son ambition jusqu'au trône et aspirer à la main de sa maîtresse, était retombé par cet excès d'audace au rang des favoris déchus, non du pouvoir, mais du cœur de leur souveraine. Il rêvait un royaume personnel en Orient, en compensation de celui qui lui était refusé au nord. L'impératrice, qui avait déjà fait de son premier amant un roi en Pologne, était flattée de faire de son second favori un roi de la Grèce. Elle l'autorisa, aussitôt après la guerre ouverte sur le Dniester avec les Turcs, de préparer pour l'Adriatique une expédition navale et un débarquement pour tenter l'insurrection de la Morée et pour confondre sa fortune personnelle avec l'indépendance de la nation grecque.

Déjà depuis quelques années un jeune *caloyer*, ou moine mystérieux, parcourait les montagnes des Monténégrins, race indomptée de l'Albanie, gouvernée par un évêque. Ce moine inconnu, nommé Stephano, protégé par l'évêque, suivi par une escorte d'hommes armés, se faissait passer pour l'empereur de Russie lui-même, échappé miraculeusement au poignard de ses assassins et réfugié dans ces montagnes. Prodigue de promesses, d'illusions, de présents que lui fournissait la Russie, il prêchait ouvertement l'insurrection contre les Turcs. Descendu des montagnes avec une bande armée dans les environs de Cattaro, sur le territoire vénitien qui confine à l'Albanie turque, il y agita les sujets grecs de la république de Venise et tenta d'allumer la guerre entre les Vénitiens et les Turcs. La république réprima ces tentatives. Stéphano remonta avec ses bandes dans la haute Albanie et noua des intelligences avec la Servie et la Bosnie. Les habitants des montagnes de la Chimère se joignirent à lui. Le pacha de Bosnie ayant tenté de le faire étrangler par un capidji, Stéphano, informé de la mission du capidji, le fit enterrer vivant, se concentra et se fortifia sur les cimes des monts Acrocérauniens ou monts des Tempêtes, sources de l'Achéron et du Cocyte, et patrie des Mirmidons, ces soldats d'Achille.

Douze mille Albanais, conduits par les pachas de ces contrées, s'élancèrent sur les monts Acrocérauniens pour en escalader les rochers et y étouffer l'insurrection dans son germe (1765). Trois cents têtes d'insurgés furent envoyées à Constantinople. Stéphano, errant de caverne en caverne, échappa aux Turcs et resta caché dans les montagnes de la Chimère pour y attendre les jours promis par Papas-Oghli. Les Grecs de tout le Péloponèse, désarmés et saccagés par les Albanais, se soumirent à l'oppression ou se réfugièrent dans les îles vénitiennes.

XII

Cependant Papas-Oghli, revenu de Pétersbourg en Grèce, après avoir visité les vingt villages de Maïna pour concerter avec les fils belliqueux des Spartiates le soulèvement de leur peuple à l'aspect des voiles russes, réunit à Trieste tous les principaux révolutionnaires de la Morée pour y combiner d'avance le mouvement général de la Grèce. Alexis et Théodore Orlof, deux des frères du favori, arrivèrent à Venise, sous prétexte de visiter l'Italie, à la fin de 1768. Alexis Orlof, l'audace et le crime de la famille, était celui qui avait prêté sa main pour étrangler Pierre III ; Théodore, le plus jeune et le plus efféminé des cinq frères, était plus apte à la diplomatie et aux lettres qu'à la guerre. Un jeune noble de l'Ukraine, nommé Tamara, principal ressort de l'agitation russe dans l'Albanie, Papas-Oghli et un grand nombre de jeunes officiers russes, répandus d'avance sur les côtes d'Italie et de Grèce, se rendirent au congrès insurrectionnel des deux Orlof.

Pendant qu'ils nouaient ou renouaient à Venise les fils de leurs intrigues dans le Péloponèse (1769), des vivres, des soldes, des munitions, des armes, des instructions militaires étaient jetés par eux toutes les nuits sur la côte.

XIII

Au même moment, une première escadre, composée de sept vaisseaux de ligne, de quatre frégates et de nombreux navires de transport chargés de quinze cents hommes de débarquement, sortait de Cronstadt, au mois de septembre 1769, pour franchir la Baltique avant l'époque où les glaces bloquaient les rivages de cette mer. Orlof, l'ancien favori, pour tromper les Turcs, fit répandre le bruit que cette escadre avait pour mission de croiser au printemps suivant dans la mer Baltique pour intimider les Suédois. L'amiral Spiritof, vieux marin russe de l'école de Pierre Ier, la commandait. Beaucoup de militaires grecs, recrutés dans les îles de l'Archipel, s'y mêlaient aux matelots russes.

Cette flotte fut promptement suivie d'une seconde expédition navale de dix vaisseaux, frégates ou corvettes, commandés par un Écossais, consommé dans la navigation et dans la guerre, nommé Elphinston. Sa vieille expérience n'avait pu déguiser à l'impératrice Catherine son dédain pour les vaisseaux fragiles et pour les matelots novices qu'on lui confiait.

« Je ne connais que la flotte ottomane qui soit aussi mal armée et aussi mal commandée que la vôtre, disait-il à l'impératrice.

» — Ne vous en alarmez pas, lui répondait l'orgueilleuse Catherine. L'ignorance, chez les Russes, est celle de la première jeunesse; l'ignorance des Turcs est celle de la vieillesse de leur marine. »

Les deux escadres réunies hivernèrent dans les ports anglais de la Manche. L'Angleterre, qui soupçonnait leur but, malgré son intérêt à écarter la Russie de ses mers, se prêta complaisamment à l'expédition des Russes, par opposition à la France, qu'elle savait favorable aux Turcs.

XIV

Alexis Orlof avait achevé d'ourdir toute sa trame d'insurrection en Grèce, lorsque, au commencement de novembre 1769, les escadres russes apparurent sur la côte du Péloponèse. Toute la Méditerranée s'émut à l'aspect du pavillon qui avait contourné l'Europe pour apporter la guerre civile à son ennemi au cœur de ses provinces. On comparait Orlof à Annibal, quand, après avoir franchi la mer d'Afrique pour débarquer en Espagne, il rembarquait son armée en Espagne pour venir affronter les Romains dans les champs de Rome.

Mais déjà la défaite de Mohammed-Émin et de Moldovandji à Bender et à Choczim, l'invasion russe en Crimée, la prise d'Azof, l'occupation de la Moldavie et de la Valachie par Romanzof, désintéressaient, par l'immensité de leurs succès, les Russes de l'expédition maritime des Orlof.

Théodore Orlof, après avoir croisé longtemps dans l'Adriatique, pour provoquer, par la vue de ses pavillons, l'explosion tardive du continent grec, jeta l'ancre, en février 1770, dans le golfe de Coron, au pied des montagnes escarpées des anciens Spartiates. Les deux Mauromikali, pères de ces grands chefs de Maniotes que nous avons vus de nos jours soulever leurs villages pour la liberté de leur patrie, descendirent sur la côte pour se concerter avec Théodore Orlof. Ils refusèrent néanmoins de soulever leurs compatriotes avant qu'une ville et un port du rivage, emportés par les Russes, ne leur offrissent un point d'appui solide ou un refuge assuré contre la vengeance des Turcs. Ils lui désignèrent la ville et la citadelle de Coron.

Le petit nombre des Russes qui débarquèrent empêcha Orlof de surprendre et de livrer ce gage aux Maniotes.

XV

Pendant ces conférences à bord de l'escadre entre Théodore Orlof et les Mauromikali, l'évêque de Montenegro, la croix à la main, parcourait les villes de la grande côte, provoquant le massacre des Turcs et promettant deux séquins par tête des tyrans. Le primat grec, Benaki, affidé des Russes, réunissait à Calamata les conjurés de tous les districts, et lançait, de concert avec les Orlof, trois colonnes insurrectionnelles dans les trois groupes de montagnes du Péloponèse, où les habitants indécis flottaient encore entre la terreur des Turcs et la défiance des Russes. La légion de Sparte, composée d'une poignée de Russes, d'insulaires et de montagnards, descendait dans la vallée de l'Eurotas, surprenait la ville moderne de Misitra, bâtie des débris de Lacédémone, y égorgeait ou y emprisonnait les familles turques.

Théodore Orlof, pendant cette incursion, assiégeait la citadelle de Coron, mollement défendue par une poignée de Turcs (1770). A l'exception des forteresses de la côte, tous les détachements ottomans, dispersés dans le Péloponèse, s'étaient, par l'ordre du pacha, repliés sur la ville centrale de Tripolizza, dont Épaminondas avait voulu faire la capitale de la Grèce. Le pacha, enfermé lui-même au fond du golfe d'Argos, dans la ville inexpugnable de Napoli de Romanie, pressait par ses dépêches l'armement de la flotte ottomane, pour purger l'Archipel et l'Adriatique des escadres russes.

Le Péloponèse tout entier s'ébranlait au cri de liberté, de nationalité, de religion, sous les pas des Russes. Les quatre cent mille Grecs qui habitaient Constantinople déguisaient à peine leur frémissement de joie au bruit de cette puissance hyperboréenne qui semblait descendue du ciel sur les montagnes de leur patrie. Tous ceux qui peuplent, au nombre de douze millions d'hommes, les îles, les côtes de la mer Noire, de la mer de Marmara, de la Méditerranée depuis Azof jusqu'à Trébizonde, depuis Trébizonde jusqu'à Smyrne, depuis Smyrne jusqu'au pied du Liban, tournaient sans cesse leurs regards vers ces mers pour appeler de leurs vœux le seul soulagement des peuples esclaves, le changement de tyrans.

Missolonghi, Corinthe, Athènes, s'armaient secrètement à la voix de leur primat, pour accomplir partout, au premier bruit des pas des Russes dans leurs districts, les *Vêpres Siciliennes* de la Grèce. Les montagnards du mont Ida, dans l'île de Crète, descendaient en armes au nombre de dix mille sur la côte pour assiéger leurs geôliers dans leurs villes. Les îles vénitiennes elles-mêmes de l'Adriatique secouaient violemment le joug de la république, et demandaient des canons aux Russes pour foudroyer les Vénitiens enfermés dans leur forteresse.

XVI

Mais déjà la mésintelligence, le reproche et l'aigreur envenimaient dans le Péloponèse la fausse fraternité des Grecs et des Russes. L'insignifiance du nombre des troupes de débarquement, et l'impuissance des Russes devant les faibles murailles de Coron, décourageaient les Maniotes; ils voyaient dans les Russes des provocateurs plutôt que des soutiens d'une insurrection dont l'expiation prochaine pèserait sur les seuls enfants de la Grèce.

« Tu ravages nos terres, tu compromets nos familles, disait Mauromikali à Théodore Orlof, et tu ne sais pas même renverser les murs d'une forteresse ni tuer nos ennemis! Quand tu aurais, comme tu le prétends, à tes ordres les innombrables armées de ta souveraine, tu n'en serais pas moins un esclave; et moi, chef d'un peuple petit, mais indompté et libre, fussé-je le dernier de ma peuplade, ma tête aurait encore plus de prix que la tienne. »

Mauromikali, posant à ces mots la main sur ses pistolets, allait faire feu sur Orlof, quand ses lieutenants se jetèrent entre les deux chefs. Alexis Orlof, jaloux d'avoir été devancé par son frère, cingla enfin de la côte d'Italie avec six vaisseaux et quatre frégates, et foudroya au fond du golfe voisin ce port et cette citadelle de Navarin, destinés à devenir bientôt après le tombeau de la marine ottomane, égorgée par l'imprévoyante coalition des puissances qui voudraient la ressusciter aujourd'hui.

La présence d'Alexis rend la confiance aux Grecs : ils menacent Tripolizza, ils assiégent Modon, mêlés aux Russes, ils font retentir le rivage entier de l'Adriatique de leur cri prématuré d'indépendance, quand les Albanais, meute acharnée des Ottomans, fondent du haut de l'Épire sur le Péloponèse, brûlent Missolonghi, dont la population compromise et abandonnée par les Russes se réfugie sur les barques et vogue vers les îles vénitiennes. Tout ce qui n'a pu fuir est massacré par les Albanais; Patras, surpris par eux dans la nuit, pendant la solennité du vendredi saint, est égorgé aux pieds de ses autels.

Les Albanais, traversant alors l'isthme de Corinthe, et reprenant la route de Tripolizza, accourent sous les murs de cette ville au moment où les trois mille Spartiates de Misitra, guidés par les Russes, touchaient à cette capitale. Ils fondent sur la petite armée lacédémonienne de Psara, égorgent trois mille Maniotes, ravitaillent la citadelle de Tripolizza, purgent la ville par les supplices de tous les Grecs suspects d'intelligence avec les Orlof, et campent au nombre de dix mille hommes dans la plaine de Tripolizza, prêts à voler à leur gré de cette position centrale sur Navarin, sur Modon ou sur Misitra. Mohammed-Pacha, l'ancien grand vizir qui les commandait, général aussi patient qu'impétueux, selon l'heure, voulait attendre dans ce bassin fortifié par la nature le moment où la flotte ottomane sortie des Dardanelles, et contournant le cap Matapan, promontoire du continent grec, à l'embouchure de l'Adriatique, viendrait bloquer les escadres russes dans les golfes de Navarin et de Modon ; ses Albanais, fondant au même instant sur les Russes enfermés dans leur propre piége, les foudroieraient à la fois sur la côte et sur les vaisseaux.

XVII

L'escadre russe de l'Écossais Elphinston, arrivant la dernière d'Angleterre, entrait dans le golfe de Misitra au moment où la flotte ottomane, commandée par Hassan-Pacha, apparaissait à l'orient du Péloponèse aux vedettes russes placées en observation sur les montagnes pour les reconnaître. Les Albanais de Tripolizza, informés au même instant par leurs sentinelles du nuage de voiles turques qui couvrait l'Archipel, s'élancent par la gorge de Nizij vers la plaine de Coron.

Mauromikali, soumettant sa colère à son patriotisme, défend avec ses Spartiates le défilé de Nizij contre dix mille Albanais. Forcé enfin dans la dernière maison encore debout de cette bourgade où il combat, lui vingt-deuxième, contre une armée, ses vingt et un compagnons succombent un à un sous les boulets des Turcs ; il tombe lui-même avec son petit-fils sous les balles, et ne livre le seuil qu'après sa chute. Les Albanais s'étonnent de ne trouver vivants dans cette forteresse qu'un vieillard et un enfant, Mauromikali et son petit-fils, digne héritier du sang des trois cents des Thermopyles.

XVIII

Les Albanais, maîtres enfin de ce défilé, débouchent dans la plaine de Maïna, et s'avancent vers Modon pour débloquer la ville. Les Russes, assaillis dans leurs batteries, se replient en déroute vers Navarin, emportant sur leurs baïonnettes leur commandant blessé. Les Grecs des campagnes voisines, fuyant le fer et la flamme des Albanais, se pressent en foule avec leurs femmes, leurs enfants, leurs troupeaux, sous les murs de Navarin, suppliant les Russes de leur ouvrir les portes pour les sauver du massacre.

« Vous nous avez promis de nous affranchir, crient-ils du pied des remparts à Alexis Orlof, enfermé dans la ville, nous ne vous demandons que de nous abriter contre la mort. »

Alexis reste sourd. Ce peuple sans asile en cherche un sur les flots. Il se jette dans toutes les barques de la côte, et se réfugie sans armes, sans vivres et sans abri, sur l'écueil nu de Sphactérie, séparé de la rade par les vagues. Les cinq mille victimes de l'inhumanité d'Orlof périssent lentement de faim et de froid, entourés, dit le récit grec, des cadavres flottants de leurs enfants repoussés par le flot des deux rives (1770).

XIX

Alexis Orlof, sans tenter de défendre Navarin au delà du temps nécessaire au rembarquement des Russes, se réfugie, avec Benaki, Papas-Oghli et quelques primats grecs, sur ses vaisseaux, fait sauter les fortifications minées de Navarin et cingle vers le cap Matapan pour y rejoindre Elphinston et son frère Théodore Orlof, dont les escadres voguaient à la rencontre de la flotte turque signalée dans l'Archipel. Vingt mille familles grecques de l'intérieur et de la côte vont chercher asile dans les îles vénitiennes. Le pacha, contenant la vengeance des féroces Albanais, affecte d'imputer aux Russes seuls les torts et les malheurs de l'insurrection provoquée par eux. Il publie une amnistie générale, rappelle les familles fugitives dans leurs foyers, leur restitue leurs terres et leurs maisons, et rend la sécurité au Péloponèse.

Telle fut la première et déplorable intervention des Russes dans le sort de la Grèce. Les peuples de cette race héroïque apprirent, par cette leçon terrible, qu'on ne reçoit pas la liberté d'une main étrangère et intéressée, mais qu'on la reprend avec ses propres armes et qu'on la rachète avec son propre sang. Les Polonais l'apprenaient de même et du même peuple : l'indépendance n'est pas un don, c'est une conquête.

La mer allait changer la fortune, jusque-là si rebelle aux Russes.

XX

Le capitan-pacha, inhabile à saisir ce que le hasard lui offrait, en enfermant les Russes dans la rade de Navarin entre ses Albanais et ses canons, avait perdu le temps sur la côte orientale du Péloponèse, en s'enfonçant avec ses vaisseaux dans le long défilé d'eau qui s'insinue comme un fleuve jusqu'au pied de Nauplie, dans le golfe d'Argos. Il avait laissé six vaisseaux, à l'entrée de ce défilé, attendre son retour pour doubler ensemble le cap Matapan. Hassan commandait ce détachement de la flotte ottomane, ainsi exposé en mer à l'attaque des trois escadres russes réunies.

XXI

Hassan-Pacha, Nelson des Ottomans, avait protesté en vain contre cette lenteur dans la marche et contre cette dissémination téméraire de la flotte. Hassan avait le génie de la mer, un autre avait le commandement. Il s'était soumis en gémissant sur l'impéritie ou sur la lâcheté du capitan-pacha. Le courage et la fortune d'Hassan-Pacha, devenu depuis capitan-pacha lui-même, ont retenti si haut et si loin sur trois mers, que l'histoire aime à s'arrêter sur son origine.

C'était un jeune esclave persan enlevé dans son enfance par les Turcs dans la campagne contre Nadir-Schah, et vendu par le janissaire qui l'avait pris à un pêcheur de Rodosto, petit port turc voisin de Constantinople, sur la mer de Marmara. Parvenu à l'adolescence, maltraité par un maître avare, et tenté de la liberté par la mer dont les vagues inspirent l'idée et l'occasion de fuite, il rama une nuit vers l'embouchure des Dardanelles, vogua vers Smyrne, et s'y enrôla dans les troupes recrutées alors pour la régence d'Alger. Admis dans la garde du dey d'Alger, remarqué par sa figure persane éclairée du génie de sa nation, devenu célèbre parmi ses camarades par plusieurs combats contre les lions du désert, dont la chasse était sa passion, présenté au dey pour ses exploits, à demi dévoré deux fois par des lionnes auxquelles il avait enlevé leurs lionceaux, son intrépidité lui valut le commandement d'une des provinces. L'inimitié d'un vizir le condamna à mort. Il s'enfuit avec ses femmes, ses esclaves, ses trésors, dans une ville espagnole de la côte d'Afrique.

Accueilli bientôt en Espagne, il traverse ce royaume, réside en France, parcourt l'Italie, se rend à Naples, et s'embarque pour Constantinople. Le dey d'Alger le réclame, le grand vizir le fait jeter, sans attendre son extradition, dans un des cachots du sérail. Le sultan, informé de ses aventures dans le désert et de ses combats contre les lions, le visite sous un déguisement dans sa prison, et lui fait raconter ses chasses. Hassan reconnaît le padischah, tombe à ses pieds, lui demande protection contre ses persécuteurs, l'émeut, le frappe par son langage, en obtient le commandement d'un vaisseau de guerre, recrute son équipage d'hommes aussi aventureux et aussi intrépides que lui, se signale dans trois campagnes, s'élève en peu d'années au rang de troisième amiral de la flotte, et monte en cette qualité le vaisseau du capitan-pacha, comme amiral de pavillon.

Tel était l'homme destiné à voir anéantir sous ses yeux la flotte ottomane, et à la relever par son génie et son héroïsme au niveau des flottes de Barberousse ou de Mezzomorto. La mer est le patrimoine des aventuriers. Sur un élément si hasardeux, on ne triomphe qu'en donnant beaucoup au hasard.

XXII

Hassan avait devant lui dans l'Écossais Elphinston un digne rival en audace. Elphinston, sans mesurer sa faiblesse numérique, en apercevant les six vaisseaux de guerre d'Hassan et sans attendre les deux escadres attardées de Théodore et d'Alexis Orlof, fond sur la flotte d'Hassan. Hassan, abordé corps à corps par le vaisseau d'Elphinston, se voit soudain abandonné par les cinq autres vaisseaux de sa flotte, fuyant le combat sous le canon de Napoli de Malvoisie.

Devenu le seul but de tous les canons d'Elphinston, il y répond par le triple volcan de ses ponts, il repousse le sabre à la main les cinq abordages, couvre de cadavres russes l'espace compris entre les flancs de son vaisseau et ceux des ennemis, les évite, les tourne, les foudroie tour à tour, se dégage et s'abrite, mutilé, mais triomphant, sous le feu d'une batterie avancée de la côte hérissée d'écueils du Péloponèse. Elphinston, en voulant l'y suivre, y brise la quille d'un de ses bâtiments et s'éloigne de peur d'y perdre toute son escadre; il cingle, en réparant ses agrès, vers l'île de Cerigo, avant-garde des îles de l'Archipel, pour y rallier les deux escadres en une seule flotte.

XXIII

Au retour du capitan-pacha du fond du golfe d'Argos, Hassan le conjura de prévenir la jonction des escadres russes en les attaquant séparément dans les eaux de Cerigo et du cap Matapan. Le capitan-pacha sentait qu'il y aurait une inutile témérité à risquer la flotte et le continent grec dans une bataille navale, et qu'il fallait se replier sur Chio, où dix autres bâtiments sortant des Dardanelles feraient face, dans des passages étroits, aux amiraux russes.

Le pacha du Péloponèse, indigné de l'obstination du capitan-pacha à se coller au continent de Nauplie, le menaça de tirer sur ses vaisseaux, s'il ne reprenait pas la mer. Au lieu de voguer vers les escadres russes, le capitan-pacha louvoya entre les îles et le continent de l'Ionie, plus prompt à chercher une rade qu'un combat. Rejoint dans le canal de Chio par dix autres vaisseaux de guerre, qui débouchèrent enfin des Dardanelles, il mouilla sur ces mêmes vagues où la flotte d'Antiochus avait attendu jadis les galères romaines et décidé le sort de l'Asie.

La disposition de la flotte turque, à peu près semblable à celle de la flotte française, à Aboukir, devant les vaisseaux de Nelson, avait la protection de quelques batteries de terre, mais les désavantages de l'immobilité, tactique timide devant un ennemi mobile. Quinze vaisseaux à trois ponts, cinq frégates, sept bâtiments à un pont, quarante galères amarrées sur deux ancres, formaient un croissant concave dont les pointes s'appuyaient sur des bancs de sable infranchissables ou sur des écueils fortifiés. Devant ce croissant de bronze s'étageait l'île verdoyante de Chio, interposée entre le canal et la haute mer comme un long rempart naturel flanqué, au bord de la plage, des tours et des créneaux des forts vénitiens; derrière, la côte aride et dentelée de l'Asie Mineure s'infléchissait un peu pour former en face de Chio le petit golfe de Tchesmé, au fond duquel blanchissaient sur une plage basse les mosquées et les minarets de la petite ville grecque de ce nom. Un bassin de quatre lieues marines de largeur se ridait d'une brise légère du nord entre la flotte ottomane à l'ancre et le rivage de Chio; la rade de Tchesmé formait comme l'arrière-port de cette mer étroite. On dirait d'un cirque formé par la nature pour un spectacle naval, dont les pentes de Chio et de l'Ionie seraient les gradins.

XXIV

Les trois escadres russes, commandées pour l'action par l'amiral Spiritof, vieux marin sans expérience de la guerre navale, débouchèrent au lever du soleil, le 17 juillet 1770, des défilés formés par les îles Spalmadores, voguant à pleines voiles dans le canal. Elles ne formaient en tout qu'un groupe de neuf vaisseaux et quatre frégates, force inégale aux soixante bâtiments des Turcs.

Alexis Orlof, intimidé à l'aspect de ce rempart flottant

qui couvrait de canons la côte d'Asie, laissa son frère Théodore, l'amiral Spiritof, Elphinston et le contre-amiral anglais Greig, conseil de Spiritof, fondre sur les vaisseaux turcs, et, se tenant de sa personne sur une frégate hors de portée des boulets, parut se préparer pour la fuite plus que pour la victoire. Les premiers vaisseaux de Spiritof, courant obliquement sous toutes les voiles de la côte, foudroyèrent en passant les premiers vaisseaux turcs qui formaient la pointe du croissant, en virant de bord après leurs bordées, pour éviter le feu du centre, et en se repliant sur leur propre escadre pour recharger et pour revenir écorner encore le croissant.

A la première décharge du vaisseau amiral ottoman, qui était le second de la ligne d'embossage, un énorme boulet de marbre des Turcs pulvérisa le gouvernail du vaisseau russe monté par Spiritof, Théodore Orlof et Greig. Ce vaisseau, poussé par son aire sur la ligne turque, allait aborder de tout le poids de son vent le vaisseau du capitan-pacha. Ce timide général, imitant la pusillanimité d'Alexis Orlof, avait quitté son bord au commencement de la bataille, sous prétexte de surveiller de plus haut sur la côte les manœuvres du combat. Les Turcs, témoins de sa lâcheté, avaient pressenti dans cette prudence la conviction d'un désastre. Leurs ancres seules les empêchaient de fuir vers Lemnos. Mais le capitan-pacha avait laissé l'âme de la flotte dans Hassan-Pacha.

Hassan, voyant arriver sur lui le vaisseau désemparé d'Orlof, se toua sur ses câbles pour éviter son choc, puis, levant ses ancres et revenant sur les flancs du vaisseau sans gouvernail, jeta ses grappins et ne fit plus qu'un champ de carnage des deux ponts réunis. Son équipage, aussi intrépide corps à corps qu'il était expérimenté dans les manœuvres de mer, couvrit de feu l'équipage russe du haut des vergues et des haubans, et, s'élançant de tous les cordages et par tous les sabords sur le pont des Russes, s'y maintint dans une mêlée acharnée avec les ennemis. Sept fois les Russes, avançant et reculant comme un mur de feu et sous une pluie de grenades sur leurs propres planches, avaient refoulé Hassan et avaient été refoulés vers leurs dunettes; quand des plongeurs maltais, embarqués par Orlof pour cet usage, plongèrent sous la carène du vaisseau turc et le trépanèrent sous la vague pour le faire sombrer pendant que le feu dévorait ses mâts et ses voiles.

La fumée et la flamme qui enveloppaient les deux vaisseaux chassaient tour à tour les Russes sur le pont des Turcs, les Turcs sur le pont des Russes; chacune de ces citadelles flottantes changeait ainsi de combattants et de champ de carnage, sans changer d'acharnement. Les canons, trop rapprochés, se taisaient, et l'étouffement muet de ces deux colosses durait depuis près de deux heures dans une horrible attente, quand l'amiral Elphinston, arrivant tard en ligne avec l'arrière-garde, et voulant au moins sauver le vaisseau amiral russe, lui envoie sur trois chaloupes cinq cents hommes de renfort. Ces cinq cents Russes abordent le vaisseau d'Orlof par son flanc libre, rétablissent le combat, éteignent le feu, et précipitent Hassan et ses combattants dans la mer.

Mais Hassan, nageant vers les vaisseaux encore intacts de sa ligne, remplit trois félouques de soldats intrépides, rame vers le vaisseau délivré, dépouille ses habits et son turban mouillés, les jette à la mer, suspend ses deux pistolets par un cordon à son cou, saisit son sabre nu entre ses dents, et, s'attachant de ses mains libres aux cordages, escalade une seconde fois avec ses braves les flammes du vaisseau russe, et recommence le combat au pied de ses mâts embrasés.

Greig, Orlof et Spiritof, voyant leur vaisseau incendié par les voiles et dérivant vague à vague vers les écueils où il va s'échouer, se jettent dans les chaloupes, et, livrant sa proie à Hassan, voguent vers les vaisseaux d'Elphinston. Hassan, resté seul sur le pont brûlant avec un fidèle Algérien, son ami, et un Espagnol esclave blessé à ses côtés et respirant encore, précipite l'esclave avant lui dans la mer, le soutient en nageant d'une main sur les flots pendant que l'Algérien le soutient de l'autre côté. Ils sauvent ainsi le compagnon de leur gloire.

Poursuivi dans cette situation désespérée par un Grec monté sur un canot russe, qui espère venger sa cause sur le héros des Ottomans, Hassan, atteint par le Grec, le saisit par son sabre, l'entraîne hors de son canot et le poignarde sous la vague. Il aborde enfin sur une grève de la côte d'Asie.

Les deux vaisseaux, qui ne forment plus qu'un seul bûcher, se séparent sous le vent, et leurs mâtures tombent en charbons dans la mer. Le vaisseau russe échoue le premier, et éclate quelques minutes après avec un tonnerre et des débris qui font trembler la terre et bouillonner les vagues. Le vaisseau turc, porté par le courant sur le centre de la flotte embrasée, s'avançait comme un immense brasier flottant vers le centre de la ligne turque, poussé par la brise du nord qui portait sur eux sa fumée et bientôt sa flamme. Toute la flotte leva l'ancre pour l'éviter, et, longeant la côte d'Ionie sous ses basses voiles, contourna le cap à sa gauche, et s'enfonça comme dans un piége dans le golfe étroit de Tchesmé.

Les Russes, un moment écartés de la côte par la crainte d'être écrasés sous les débris des deux vaisseaux embrasés prêts à sauter, se réjouirent de cette manœuvre trop semblable à une fuite du capitan-pacha, et jetèrent l'ancre à la place des Turcs sur le champ de bataille maintenant désert.

XXV

Orlof et Elphinston, affaiblis eux-mêmes par la perte de eur principal vaisseau, laissèrent au capitan-pacha le temps de s'embosser fortement dans le fond arrondi du golfe, sous le canon du fort de Tchesmé. Aucune situation n'était plus propre à annuler le nombre et à préparer en un seul foyer un incendie naval.

Les soixante bâtiments turcs, entassés dans le creux d'une rade sans défense, avaient à peine l'espace nécessaire pour mouiller sur plusieurs lignes de profondeur. Orlof, tenté par la fortune, fait remplir trois brûlots de poudre et de combustibles, et les masquant par quatre vaisseaux, sous le commandement du contre-amiral Greig, les livre au souffle du vent de mer qui bat le matin la côte d'Ionie. Un des brûlots prit feu avant le temps, et avertit vainement les Turcs du péril; l'autre, monté par des esclaves exercés aux pirateries sur l'Adriatique, alla se cramponner aux flancs du vaisseau ottoman qui formait le centre de la première ligne. En quelques minutes, la flamme qui le dévorait se propagea sur trois autres vaisseaux contigus, et, brûlant jusqu'aux câbles, fit flotter ces quatre bûchers activés par le vent du large sur les restes de la flotte. La rade entière de Tchesmé ne fut en un instant qu'une mer de flammes sur une mer de débris. Au cri de terreur des équipages répétés par les spectateurs du rivage, les matelots et les soldats, se jetant à la nage ou dans les chaloupes, abandonnaient leurs bâtiments et se répandaient éperdus sur les deux plages.

Mais bientôt les canons chargés des batteries, éclatant à mesure que le feu descend sous les ponts, labourent cette foule épouvantée des boulets de leurs propres vaisseaux. La commotion du rivage au bruit de chaque vaisseau qui sautait successivement en l'air faisait écrouler les minarets, les maisons, les mosquées de Tchesmé. Smyrne, à vingt lieues de cette rade, sentit trembler la terre, Athènes en entendit le bruit, l'île de Chio, couverte de sa population, crut voir un volcan s'ouvrir sur la côte d'Ionie et engloutir dans le même cratère les Russes et les Ottomans. Les vaisseaux d'Orlof, quoique embossés sous l'abri d'un cap et par un ciel serein, éprouvaient le tangage d'une violente tempête, l'écume du golfe était noire de fumée et de débris; des cadavres à demi consumés y flottaient attachés aux tronçons des mâts et des vergues. Le soleil de juillet ressemblait à une lune d'hiver perçant à peine de son disque pâle le nuage de fumée que le vent brisait sur les côtes.

Les vainqueurs mêmes ne purent pousser un cri de joie devant leur triomphe. La rage d'un élément avait dépassé celle des hommes. Soixante-deux vaisseaux, frégates, corvettes, galères ou bâtiments légers s'engloutirent en cinq heures dans la rade de Tchesmé. Les Grecs de Chio et des îles crurent voir s'écrouler devant eux l'empire de leurs conquérants et se réjouirent de ces représailles de l'incendie de Byzance.

Ainsi périt la marine ottomane. Mais l'homme qui assistait à sa ruine s'échappait au même instant sur un débris pour la ressusciter.

XXVI

Constantinople, sans autre protection désormais que les châteaux mal armés des Dardanelles, frémit au récit de l'anéantissement de sa flotte. L'amiral Elphinston, qui possédait les deux génies de la guerre navale, l'audace et la promptitude, conjura les deux Orlof de profiter de la terreur des Ottomans pour braver les canons des Dardanelles, comme il avait bravé les batteries flottantes du capitan-pacha. Il leur jurait de franchir ce passage gardé par des chimères, et d'aller mouiller sous les murs du sérail pour dicter les lois de la victoire au sultan.

Le vent du midi, qui avait succédé au vent du nord, semblait changer de souffle au cri de la fortune des Russes et les poussait dans le canal interdit aux vaisseaux par un autre vent. Le cri d'un millier de Grecs punis de leur joie trompeuse à Smyrne, et à Chio, par les marins sauvés de l'incendie de Tchesmé, et massacrés dans des représailles populaires, implorait vengeance des amiraux russes. Les pachas et les begs exposèrent en vain leur vie pour sauver celle des victimes. L'intelligence avérée des Grecs avec les les Russes paraissait à la populace turque un crime digne de mort. Les îles et l'Ionie virent se répéter les forfaits du Péloponèse ; la présence des Russes provocateurs portait partout malheur à leurs amis.

Les Orlof cependant n'osèrent pas tenter le passage des Dardanelles. Ils se bornèrent à la facile conquête de l'île de Lemnos, qui, semblable à un immense navire à l'ancre devant l'embouchure du canal, paraît bloquer l'entrée et la sortie du détroit.

Mais Elphinston, indépendant des Orlof parce qu'il avait reçu à Pétersbourg son grade et sa mission de Catherine elle-même, résolut de confondre la timidité de ses collègues en montrant au monde, par son exemple, que les Dardanelles n'étaient un obstacle que pour les lâches ou pour les novices. Il avait étudié avec le coup d'œil d'un maître et d'un héros les chances et les difficultés de l'entreprise ; il voulut faire un jeu de guerre de ce qui paraissait un suicide aux Orlof.

XXVII

Le canal des Dardanelles, ainsi nommé du nom de Dardanus, le fondateur de Troie ou d'Ilion, est une étroite vallée d'eau calme qui s'ouvre tout à coup au-dessous des falaises mollement inclinées du cap Sigée décrit par Homère. Ce fleuve salé, qui coule tantôt de la Propontide (mer de Marmara) dans la Méditerranée, tantôt de la Méditerranée dans la Propontide, selon le courant, sépare, comme le Bosphore, la côte d'Asie de la côte d'Europe. Ses bords, peu exhaussés, s'inclinent en pentes douces sur les deux rives pour porter des villes et des villages qui baignent dans les eaux.

Les maîtres de l'Asie étaient forcés de tenter le passage de cette frontière liquide des deux continents pour aller ravager la Grèce. La tradition attribue au grand roi de Perse, Xerxès, la pensée d'y construire un pont et la démence d'avoir fait fouetter ses flots de verges pour punir les éléments de leur résistance aux rois. Les fables de l'amour l'ont immortalisé dans leurs vers par le souvenir de deux amants, Léandre et Héro, qui bravaient la nuit et les vagues pour se réunir sur ses bords. Un radeau aventuré dans les ténèbres y porta avec Soliman les premiers Turcs en Europe.

Le canal se rétrécit ou s'élargit dans ses sinuosités comme une rivière, selon l'inflexion de ses bords, de sept cents toises à quatre cents. L'invention de l'artillerie, dont les canons portent en se croisant bien au delà du milieu du canal, a permis aux Ottomans de le rendre infranchissable aux vaisseaux ennemis.

Mahomet II construisit les vieux châteaux aussitôt après la prise de Constantinople. Les deux langues de terre de Sestos et d'Abydos portent chacun un autre château dont les batteries plus rapprochées pourraient foudroyer tout ce qui passerait sous leurs canons ; mais la négligence des derniers règnes avait rendu ces châteaux et ces batteries de vains simulacres de terreur. Des pièces de canon énormes, étayées sur des murs en ruine pour vomir des boulets de marbre, menaçaient de faire écrouler les châteaux eux-mêmes sous leur détonation. D'autres batteries au niveau de l'eau étaient ensablées par la dune. Les meilleurs canonniers étaient partis pour l'armée de Pologne. L'ancien grand vizir Moldovandji-Pacha s'endormait dans la confiance de ses vieilles armes.

Elphinston lance sa frégate à travers l'impuissante fumée des châteaux, passe en plein jour sans être atteint, regarde si les Orlof, encouragés par son défi, osent le suivre, jette l'ancre impunément au delà des châteaux, attend vainement les escadres russes, commande à ses tambours et à ses trompettes de célébrer son triomphe, et, se faisant servir un festin sur le pont de son vaisseau, brave jusqu'à la nuit la fureur des Turcs rassemblés sur le rivage. Son retour fut aussi impuni que son passage. Le divan, humilié et averti, se hâta d'envoyer le baron de Tott, revenu de sa mission auprès du khan des Tartares, pour armer les Dardanelles d'après les principes de l'artillerie moderne. En quelques semaines de travaux, le canal fut inaccessible aux Russes.

Elphinston, indigné de l'inutile exploit qu'il venait d'accomplir, brisa dans un accès de rage son propre vaisseau sur un écueil du cap Sigée, et, abandonnant les Orlof à leur sort, alla les accuser à Pétersbourg. L'impératrice, prévenue contre lui par leur frère, le disgracia et le laissa avec ingratitude finir sa vie dans sa patrie.

XXVIII

Le château de Lemnos, toujours assiégé par les Orlof, allait enfin tomber dans leurs mains comme la clef des Dardanelles, quand le même homme qui avait sauvé l'honneur de la flotte résolut de sauver à lui seul la gloire de l'Archipel ottoman ; cet homme était Hassan.

Échappé à la nage de l'incendie de Tchesmé, nu, couvert de fumée et de blessures, il s'était rendu à Smyrne par terre, pour éviter la vengeance du capitan-pacha Djafar, jaloux de ses exploits, et devenu son accusateur. Hassan, dont l'intrépidité avait popularisé le nom sur la côte, recruta à Smyrne, de sa propre bourse, une poignée d'aventuriers aussi braves que lui, et dévoués à sa fortune ou à la mort. .

Arrivé à leur tête dans la plaine de Troie, au pied du cap Sigée, en vue de Lemnos, il les embarque la nuit sur une felouque à l'ancre, à l'ombre du promontoire. L'obscurité dérobe sa voile aux regards des Russes. Un vent du nord le pousse inaperçu en peu de bordées dans une anse de rochers, sur la côte escarpée de Lemnos ; il distribue à ses compagnons des sabres et des pistolets, ses seuls armes cachées dans la cale ; il repousse du pied sa barque aux flots, ne voulant plus d'autre asile que la mort.

« Camarades, dit-il à ses soldats, plus de salut pour nous que la victoire ; nous avons faim, nous trouverons des vivres dans les ports russes ; marchons ! »

Hassan les conduit aux tranchées, surprend, égorge, précipite dans la mer les quinze cents Russes, délivre le château, purge l'île, et voit les Orlof épouvantés couper leurs câbles pour abandonner l'île et la Méditerranée aux héros de Tchesmé. Après avoir renouvelé la garnison, il vogue vers Constantinople, et confond son accusateur, l'envieux Djafar-Pacha, en remettant au sultan Lemnos reconquis par un seul homme, et la mer libre de ses ennemis.

Mustafa III, qui le chérissait, le nomma au poste auquel la nature l'avait nommé d'avance, celui de capitan-pacha. Il devait monter plus haut encore, avant de tomber dans la chute de son ingrate patrie.

XXIX

Pendant que les escadres russes, épouvantées de l'énergie d'un seul homme plus qu'elles ne l'avaient été de la flotte entière du sultan, allaient hiverner, repoussées de partout, dans la rade de l'île de Paros, Romanzoff, passant le Dniester par l'ordre de Catherine, se trouvait cerné entre cinquante mille Tartares et cent trente mille Ottomans commandés par le grand vizir.

Emule du grand vizir, dont l'exemple était alors la loi de la guerre, Romanzoff, négligeant les Tartares et fondant sur les Ottomans avec des bataillons carrés hérissés de baïonnettes, qui s'ouvraient pour décharger leurs canons et qui se renfermaient pour les recharger, remportait la victoire de Cakoul (1770), où cinquante mille Turcs foudroyés jonchèrent le champ de bataille. Les débris de l'armée du grand vizir qui purent repasser le Danube refluèrent jusqu'à Constantinople.

Ainsi l'armée et la flotte s'anéantissaient à la fois sur le Danube et dans l'Archipel. Rien n'égalait le désastre, si ce n'est la religieuse impassibilité du sultan. Lui seul ne désespérait pas de l'empire, parce qu'il espérait dans la providence des musulmans. Il convoqua les vizirs, les pachas et les oulémas dans un conseil patriotique, et il ne craignit pas de sonder lui-même devant ses sujets les plaies de la patrie.

« Depuis mon avénement au trône, leur dit-il, j'ai gouverné par vos conseils : vous seuls m'avez empêché d'aller en personne commander mes armées. Le choix que j'ai fait successivement de deux grands vizirs incapables n'a pas répondu à mes espérances ni aux vœux de mes peuples. Vous aviez désigné vous-mêmes celui qui vient d'être vaincu. Si la gloire et l'intérêt de mon empire ordonnent la continuation de la guerre, je demande de nouveau à mener moi-même mes troupes aux combats. Les ressources ne manquent point encore à nos dangers. La France, notre alliée de tous les temps, ne se refuse pas à soutenir mes efforts : déjà l'on traite par mon ordre avec elle de l'achat d'un grand nombre de vaisseaux de guerre, et bientôt une flotte nouvelle aura remplacé celle qui vient d'être détruite par l'incendie et par la permission de la Providence. Les puissances chrétiennes donneront à l'empire du croissant des marques de bienveillance que le malheur des temps me force à ne pas dédaigner. Les cours de Vienne et de Berlin m'offrent leur médiation : toutes deux proposent de négocier la paix sur des bases que ne désavouent ni la gloire de mon trône impérial, ni la dignité du nom ottoman, ni la loi de notre saint Prophète. Les deux nations qui se combattent rentreraient dans les limites qu'elles reconnaissaient avant les hostilités, et les Russes s'engageraient à sortir de la Pologne. Ainsi le premier, le véritable, l'unique objet de la guerre se trouverait rempli, et la justice des nations et des souverains serait satisfaite. »

XXX

Ces accents, où respirait l'âme d'un grand homme, émurent l'empire sans le transformer. Les Tartares, contre lesquels Romanzoff s'était retourné après la victoire de Cakoul, fuyaient en Bessarabie; le général russe Panin pressait le siége de Bender (1771), défendu avec l'énergie du désert par un corps d'Arabes, commandé par Amin, pacha de Ninive. L'explosion du magasin de poudre ensevelit, pendant un assaut nocturne, vingt mille Russes et sept mille Arabes sous les décombres de la ville. Amin-Pacha ne rendit que des ruines et des cadavres aux Russes. Mais la possession de ce monceau de cendres assurait à Catherine l'entrée permanente de ses troupes en Moldavie.

Un de ses généraux pénétrait au même moment dans les gorges jusque-là inaccessibles du Caucase; un autre corps d'armée occupait Azof; ses amiraux construisaient dans les embouchures du Don une flotte prête à dominer la mer Noire et à porter ses armes dans la Crimée. Le prince Dolgorouki, après avoir séduit les tribus tartares de Budjiack, marchait avec eux sur les lignes de Pérécop ou d'Orcapi, pour pénétrer dans la presqu'île de Tauride; maître de Caffa, il subjuguait en trois semaines la Crimée entière; le khan vaincu et dépossédé s'enfuyait à Constantinople pour y mourir. Les trois cent mille Ottomans rassemblés à Schumla pour observer, du rempart de la Bulgarie, le Danube et la mer Noire, s'insurgeaient, pillaient ses tentes, mouraient de la peste et de l'indiscipline, cette peste des camps. La cour de Vienne commençait à s'alarmer d'un démembrement trop imminent de l'empire, qu'elle voulait bien humilier, mais qu'elle ne voulait pas effacer de l'Europe. Un congrès, provoqué par elle, à Foczani, en Moldavie (1772), sous la médiation du nouveau roi de Prusse, fut stérile par la généreuse obstination de Mustafa III à ne pas sacrifier les Tartares de la Crimée aux Russes, qui, sous le nom d'indépendance, demandaient leur asservissement.

XXXI

Le gendre du sultan, Mouhsinzadé, devenu grand vizir, contint, avec une sage temporisation, les Russes pendant la campagne de 1773. Silistrie, secourue par lui contre cinquante mille Russes de Romanzoff, brisa comme un écueil l'invasion des généraux de Catherine II. Widdin, reconquis par le grand visir, vit refluer les vainqueurs de Cakoul au delà du Danube. Varna, vainement attaqué, assigna une borne infranchissable à la conquête des Moscovites. Hassan-Pacha, devenu de capitan-pacha séraskier de l'armée de Varna, guida la cavalerie d'Asie avec la fougue et la dextérité d'un Persan.

La fortune sembla se repentir de ses infidélités à la vieillesse de Mustafa III; l'empire se redressait partout sous sa constance. Ses derniers regards virent fuir les Russes devant son gendre et devant Hassan. Il mourut en sage qui n'espère ni ne désespère trop des choses humaines (1774). Il appela auprès de son lit de mort son frère Abdul-Hamid, destiné à lui succéder ; il lui recommanda la religion, l'empire et son fils unique Sélim, dernier souci de son cœur sur la terre.

L'empire perdit en lui un de ces princes supérieurs par leurs vertus et par leurs lumières à leur siècle, et qui portent injustement devant l'histoire la faute du temps ; mais la postérité n'est faite que pour rectifier ces jugements iniques de l'histoire contemporaine. Elle vengera éternellement Mustafa III des railleries adulatrices de Voltaire à Catherine II, et des calomnies de cette impératrice ambitieuse contre le sultan juste et éclairé, qu'elle voulait dépouiller de ses vertus aux yeux de l'Europe littéraire, afin de le dépouiller plus impunément de son héritage. La plus douce attribution de l'historien est de restituer aux hommes la seule propriété des morts, leur renommée.

LIVRE TRENTE-QUATRIÈME

I

Il y a peu de spectacles plus contradictoires et plus douloureux pour le cœur des historiens et des peuples que l'avénement d'un nouveau prince dans la décadence d'une vieille monarchie. Les vœux qui s'attachent au règne d'un souverain jeune et innocent du malheur public font oublier un moment à la nation que la Providence l'appelle à gouverner les calamités passées, les angoisses présentes, les dangers de l'avenir. On se figure que la patrie a déposé pour jamais sa mauvaise fortune avec les dépouilles mortelles du souverain décédé dans sa tombe, et que son successeur apportera, avec un nouveau nom, une nouvelle destinée à l'empire. Mais à peine les regards du peuple et surtout des hommes d'État se sont-ils détachés du visage du jeune monarque et de l'éclat des cérémonies de son couronnement, que les pensées, découragées, se reportent sur les difficultés ou les fatalités du règne, et que le cœur se referme et s'alourdit dans la poitrine à ce contraste des hommes qui ont besoin de mieux espérer et des choses qui désespèrent.

Telle était l'impression de Constantinople au retour de la mosquée d'Aïoub, où le nouveau sultan, Abdul-Hamid, venait de ceindre le sabre d'Othman (1774).

II

Abdul-Hamid Ier était le quatrième fils du sultan Ahmed ou Achmet III. Son existence conservée au milieu des vicissitudes, des dépositions et des couronnements violents des trois règnes, attestait l'adoucissement des mœurs dans la famille d'Othman. Mais tout ce que la pitié de ses oncles lui avait accordé de la vie, c'était de vivre. Orphelin à cinq ans, oublié à cause de sa médiocrité même au fond du vieux sérail, il était parvenu à l'âge de quarante-huit ans sans avoir réellement vécu. Un orgueil puisé dans l'adoration de sa mère et dans la lecture de l'histoire de l'empire, où il n'avait cherché que la divinisation des princes de sa race par des historiographes adulateurs, était son caractère dominant. Il ne savait rien que sa grandeur ; ses devoirs lui paraissaient renfermés dans ses caprices; il croyait à l'infaillibilité innée d'un ignorant élevé par l'hérédité au rang suprême. Son intelligence bornée ne lui laissait voir de son vaste empire que ce qui l'entourait dans l'enceinte du sérail.

Le gouvernement était tout entier dans les mains de ses deux beaux-frères, le grand vizir Mouhsinzadé et le caïmakam Malek-Mohammed. Les deux sultanes, épouses de ces deux favoris de Mustafa III, Aazime, femme du grand vizir, et Seineb, femme du caïmakam, jalouses l'une de l'autre, se disputaient l'amitié de leur frère. Aazime, l'aînée des deux sœurs, l'emporta sur sa rivale, et fit confirmer son mari, le grand vizir, dans ses fonctions et dans le commandement de l'armée à Schumla.

III

La paix avec la Russie était la pensée et la nécessité du divan. Le grand vizir, dont les troupes indisciplinées remplissaient sans cesse le camp de séditions et de désertions impunies, s'était laissé enfermer dans Schumla par le corps d'armée du général Kamenski, qui avait franchi le Pamisus et qui interceptait les gorges de la Bulgarie. La situation de Pierre le Grand, dans *la Vallée malheureuse*, était maintenant celle du grand vizir dans ses propres retranchements de Schumla.

Les négociations, d'abord éludées par le grand vizir, s'ouvrirent à Kaïnardji, quartier général du maréchal Romanzoff. Il dicta les conditions de la paix, comme il avait conduit les opérations de ces trois campagnes. L'impérieuse exigence d'un côté, l'impérieuse nécessité de l'autre, ne permettaient pas de longues discussions; la paix de Kaïnardji était écrite avec l'épée des Russes. Une seule conférence de quelques heures suffit aux plénipotentiaires pour rédiger, non la paix, mais la capitulation de la Turquie.

Les articles patents conservaient l'indépendance de la Crimée, du Kouban, de la Bessarabie, démantelés de l'empire, la libre navigation de la mer Noire et de la Méditerranée, c'est-à-dire le blocus perpétuel de Constantinople; des conditions étaient imposées au gouvernement de la Porte, en Moldavie et en Valachie, sous le contrôle moral des Russes; le droit de protection des sujets chrétiens de l'empire attribué à l'impératrice et à ses successeurs. On passa sous silence la Pologne, première cause de la guerre. Ce silence était l'abandon de cette orageuse république à la pression arbitraire de Catherine. Enfin, un article secret imposait, pendant trois ans, à la Turquie, le payement d'un subside de seize millions, pour prix du rappel de la flotte révolutionnaire des Orlof de l'Archipel.

L'infortuné Mouhsinzadé mourut de douleur, sept jours jours après avoir signé, dans ce traité, le salut présent et la décadence future de son pays. Quand on sauve un empire au prix de sa dignité et de sa grandeur, il faut mourir ou par la responsabilité ou par le supplice. Les peuples humiliés veulent une victime au malheur. On croit que Mouhsinzadé prévint le glaive par le poison; ses victoires et ses talents méritaient mieux de la fortune. Il porta la peine de l'indiscipline et des séditions des janissaires. Selon la correspondance diplomatique du baron de Thugut, résident d'Autriche à Constantinople, l'orgueil d'Abdul-

Hamid s'abaissa tellement en quelques jours de règne, qu'il ordonna une fête au sérail pour célébrer le consentement des oulémas et du mufti à la renonciation de sa suzeraineté sur la Crimée.

IV

L'empire n'était plus qu'un nom hors de Constantinople ; ses feudataires et ses propres pachas le déchiraient eux-mêmes en lambeaux. Le prince des Tartares du Kouban, Héraclius, recevait avec orgueil un sceptre et une couronne des mains de Catherine II. Le pacha de Scutari, d'intelligence avec Venise, se formait une armée indépendante et bravait dans ses forteresses le cordon du sultan. Ali, pacha de Janina, déchirait une partie de l'Albanie et de la Macédoine pour s'en faire un patrimoine indépendant. Ahmed, pacha de Bagdad, défendait l'empire et méprisait le divan. Un vieux cheik arabe, de Safad, ville de la haute Palestine, dans la vallée du Jourdain, réunissait sous son sabre les Maronites du Liban, les Métualis de l'Anti-Liban, les Druzes de la vallée de Balbeck, les Arabes et les Bédouins de la Palestine, descendait dans les vallées, combattait les pachas d'Alep, de Damas, de Saïde, de Tripoli, et fortifiant Saint-Jean d'Acre en faisait la capitale de la Syrie révoltée.

En Égypte, l'autorité du divan était, depuis 1746, à la merci des chefs de janissaires ou des chefs de mameluks rebelles et maîtres du Caire. Après Ibrahim, qui avait régné dix ans, Ali-Beg, esclave abaze, puis page d'Ibrahim, chassait le pacha purement nominal du sultan, en 1766, battait monnaie à sa propre effigie, et refusait même le tribut à la Porte. Il s'emparait de la mer Rouge et de la Mecque, et s'alliait avec le cheik Daher, de Saint-Jean d'Acre, pour consolider mutuellement leur rébellion. Un de ses pages, le mameluk Mohammed-Beg, le trahissait, comme il avait trahi Ibrahim, et le tuait d'un coup de sabre dans une mêlée au milieu du désert de Gaza. Plus habile que ses prédécesseurs, l'esclave perfide d'Ali-Beg simulait la déférence pour les Turcs et rappelait le pacha au Caire pour y légitimer sa domination.

V

Abdul-Hamid oublia bientôt la honte du traité de Kaïnardji dans les spectacles et dans les voluptés du sérail. Énervé par la captivité et par les vices que son oisiveté sédentaire inspire, ses cinq cents femmes ne lui avaient pas donné un enfant. Son favori et son beau-frère, le caïmakam Malek-Pacha, le gouvernait par les grâces de sa figure et par la douceur de son caractère.

Un seul homme, le capitan-pacha Hassan, soutenait l'empire croulant par la main d'un aventurier du désert. Il osa descendre de sa flotte sous le canon de Saint-Jean d'Acre. Il emporta la place d'assaut (1778); il tua de sa main, d'un coup de pistolet, le vieux Daher, qui s'enfuyait à cheval de ses jardins pour regagner Safad, lui trancha la tête et l'envoya au sultan.

VI

Mais l'indépendance reconnue par le traité de Kaïnardji aux Tartares de Crimée n'était pour les Russes qu'un piége où devait succomber bientôt cette indépendance. C'était le droit de se vendre à l'or ou de se soumettre aux armes de la Russie.

Les émissaires de Catherine II, en Crimée, soulevèrent le khan Saïm-Ghéraï, leur partisan, contre le khan légitime Dewlet-Ghéraï, fidèle de cœur à sa race et aux Ottomans. Le sultan accueillit Dewlet-Ghéraï et promit de le venger. Catherine ordonna au maréchal Romanzoff de rassembler une armée sur le Dniester, pour intimider les Tartares amis des Turcs. Les Tartares, indignés de la présence des soldats russes dans la garde de Saïm-Ghéraï, les massacrèrent. Les Russes entrèrent dans la presqu'île et vengèrent leur protégé dans le sang des partisans des Turcs. La France s'interposa, par les ordres de Louis XVI à M. de Saint-Priest, son ambassadeur en Turquie (1779).

La guerre fut non étouffée, mais ajournée par d'insignifiantes concessions de la Russie. L'impératrice laissait mûrir l'anarchie de Crimée pour en cueillir plus facilement le fruit. Elle bâtissait Cherson, à l'embouchure du Dniester dans la mer Noire; elle apprivoisait peu à peu les rudes Tartares de Crimée aux mœurs des Moscovites et à la servitude par la main de Saïm-Ghéraï, qui jouait en Crimée le rôle que Poniatowski, son amant couronné, jouait en Pologne. L'un et l'autre endormait sa nation pour l'assouplir à la conquête.

Le nouveau favori de Catherine, Potemkin, parvenu à la domination par le caprice, voulait légitimer ce caprice par des exploits. Il s'approcha avec une armée de quatre-vingt mille hommes en Crimée, sous prétexte d'y soutenir Saïm-Ghéraï contre un de ses frères révoltés dans le Kouban. Hassan-Pacha, frémissant de honte pour sa patrie, débarqua de son côté dans l'île de Taman, avant-poste de la Crimée. Potemkin fit sommer Hassan d'évacuer l'île. Hassan, en sauvage descendant des Kurdes, trancha la tête de l'envoyé russe; le khan des Tartares ouvrit les portes de la Péninsule à Potemkin. Un lieutenant de ce général surprit Caffa et s'empara de Saïm-Ghéraï lui-même dans un piège semblable à celui où Napoléon prit à Bayonne la dynastie tout entière d'Espagne.

Un général russe, dont le nom devait être aussi fatal à la Turquie qu'à la Pologne, Souwaroff, subjugua les Tartares indépendants du Kouban. Le khan, prisonnier des Russes, envoya à Pétersbourg un carquois, un arc et un cafetan tartares, signes du pouvoir et de la nationalité abdiqués par lui au nom de sa race entre les mains de Catherine. L'acte authentique de la cession de la Crimée aux Russes accompagnait ces honteux présents. Saïm-Ghéraï, le vil trafiquant de l'indépendance de son peuple, reçut en retour un présent d'un million et demi, qu'on ne lui paya pas. L'auteur de la trahison mérite d'être lui-même trahi. Un manifeste de Catherine apprit au monde étonné et muet cette spoliation d'une partie de la famille de Gengis-Khan (1781). De misérables prétextes, qui se retrouvent sous la plume de tous les publicistes de la conquête, répondirent au murmure de l'Europe.

« L'inquiétude naturelle aux Tartares, disait l'impératrice, fomentée par des insinuations dont la source ne nous est pas inconnue, est cause qu'ils sont tombés dans un piége tendu par des mains qui avaient semé parmi eux le trouble et la division ; de sorte qu'on les a vus travailler à ruiner l'édifice que nos soins bienfaisants avaient élevé pour leur bonheur, en leur procurant la liberté et l'indépendance sous l'autorité d'un chef élu par eux-mêmes.

« Animée d'un désir sincère de confirmer et de maintenir la dernière paix conclue avec la Porte Ottomane, en prévenant les discussions continuelles causées par les affaires de la Crimée, nous réunissons à notre empire toute cette péninsule, l'île de Taman et le Kouban, comme une juste indemnité des pertes que nous avons faites et des dépenses que nous avons supportées pour maintenir autour de nous la paix et le bonheur. »

VII

Ce manifeste, où la violence dédaignait de se déguiser sous l'astuce, souleva Constantinople, comme il aurait soulevé l'Europe entière dans un autre temps. Mais, à l'exception de l'Angleterre et de la France, muettes par égoïsme, toutes les autres puissances occidentales étaient muettes par complicité. Chacune d'elles, en effet, avait un gage dans un crime politique qui ne lui permettait plus d'élever la voix contre un autre crime.

Le premier partage de la Pologne était accompli. L'Autriche, dans une négociation dérobée à la France et à l'Angleterre, s'était adjugé toute la rive gauche de la Vistule, la Russie-Rouge et la Volhynie. Trois mille lieues carrées étaient dévolues à Catherine II, deux mille cinq cents lieues carrées à la Prusse.

« C'est un acte de générosité, que, de concert avec les deux puissances voisines de la Pologne, la cour de Russie se prête à mettre fin à l'anarchie qui désole cette nation, à lui assurer une existence mieux réglée, plus heureuse et plus tranquille. Après la perte irréparable en hommes et en argent que lui cause une guerre injuste, dont les Polonais sont les seuls instigateurs, il doit paraître bien modéré que Sa Majesté Impériale de toutes les Russies se borne à n'exercer que des droits aussi incontestables que les siens, et à se procurer la réparation de dommages que jamais un État ne peut refuser à l'autre, et qu'ici rien ne soit aggravé par la vengeance la plus juste. »

Le lâche roi que Catherine II avait rejeté de sa faveur pour le placer sur un trône, Poniatowski, protesta mollement et remercia humblement l'impératrice.

VIII

Après une vaine agitation, que l'Angleterre s'efforça seule d'animer jusqu'aux armes, et que la France assoupit dans la crainte de déplaire aux trois puissances liguées du Nord, le divan légitima une seconde fois l'usurpation de la Russie par une cession plus explicite de la Crimée. Cet acte humiliant fut signé, en 1784, dans le kiosque *des Miroirs*.

Le servile Saïm-Ghéraï, qui avait ouvert son pays et vendu sa race, suivit quelque temps, comme un courtisan dépaysé, la cour de Potemkin, pour y mendier le prix de sa trahison. Négligé, oublié, traité par Potemkin en serviteur importun à qui on refuse son salaire, Saïm-Ghéraï se réfugia dans sa détresse à Constantinople. Abdul-Hamid le fit charger de chaînes et l'envoya en exil à Rhodes; le bourreau l'y attendait. Son supplice vengea les Tartares. Le sang de Gengis-Khan coula dans la boue.

Pendant cette exécution tardive et vaine du dernier souverain de la Crimée, Catherine II, semblable à la Cléopâtre du Nord, parcourait sa nouvelle conquête avec un cortége de rois, d'ambassadeurs et de courtisans de la fortune qui rivalisaient d'adulation auprès de cette femme perverse et grandiose, qui effaçait le souvenir de son ancien crime domestique sous le bonheur de ses crimes d'État. L'ambassadeur de France lui-même, le comte de Ségur, courtisan plus lettré que politique, assaisonnait ses flatteries des souvenirs de l'antiquité fabuleuse que rappelait à chaque pas cette Tauride à laquelle Catherine rendait son nom. Les Tartares, caressés et soldés par elle, devenaient l'avant-garde des Russes contre un empire du même sang qu'eux. Une inscription prophétique, à double sens, gravée sur une borne milliaire de la Chersonèse-Taurique, disait aux Russes : « C'EST ICI LE CHEMIN DE BYZANCE. »

C'est pendant ce voyage, en apparence pacifique, de Crimée, que Joseph II, le plus remuant et le plus inconsidéré des souverains d'Allemagne, signa avec Catherine le traité secret par lequel il s'engageait à tout permettre à la Russie contre l'empire ottoman, à condition de tout partager. Le soulèvement de ses propres provinces des Pays-Bas le rappela des confins de l'Asie à Bruxelles (1787).

IX

Cette pompe et ces armements de l'impératrice, en Crimée, avaient fait craindre au divan de plus rudes atteintes. L'idée de rétablir autour de la mer Noire et dans l'Archipel les républiques grecques, pour fomenter en Turquie l'anarchie que les confédérations républicaines des Polonais avaient créée en Pologne, avait été semée par les Orlof. Le désespoir décida le divan à prévenir cette explosion de ses propres États par la guerre. Le grand vizir Yousouf sonda l'ambassadeur de France pour savoir s'il aurait le concours de cette puissance. L'ambassadeur, M. de Choiseul-Gouffier, n'avait pas d'instructions suffisantes pour répondre autrement que par de vagues assurances d'amitié. Cent cinquante mille Ottomans s'avancèrent sur le Danube et le Dniester pendant que Hassan-Pacha voguait avec la flotte vers l'embouchure du Dniester. Une attaque combinée entre les troupes de terre d'Oczakof et les troupes de débarquement d'Hassan échoua contre la forteresse de Kilburn, défendue par Souwaroff.

Au bruit de cette attaque des Ottomans sur Kilburn, les Autrichiens, fidèles aux engagements de Joseph II envers Catherine, se massèrent dans la plaine de Semlin, en Hongrie, et tentèrent de surprendre Belgrade sans déclaration de guerre. Le fier Yousouf-Pacha, qui du métier de marchand de riz s'était élevé par son patriotisme jusqu'au rang de grand vizir, accepta énergiquement cet ennemi de plus.

Il partit pour Sophia, où s'assemblait l'armée du Danube. Yousouf, longtemps favorisé d'Hassan-Pacha, lui devait son élévation. La jalousie divisa ces deux soutiens de l'empire. Cette rivalité devint la fatalité de la campagne.

Les commencements furent heureux. Yousouf, à la tête de deux cent cinquante mille combattants, étagés sur la rive du Danube et du Dniester, depuis Belgrade jusqu'à Oczakof, osa passer le fleuve et marcher contre Joseph II, qui avait voulu essayer son génie et sa fortune militaires contre les Turcs. Ce prince se laissa tourner par les défilés de Slatina, et, chassé de position en position, il abandonna les populations du Bannat à l'impétuosité des Turcs. Des villes emportées d'assaut, des villages incendiés, des milliers de captifs enlevés à la Hongrie pour aller peupler les côtes d'Asie, au delà du Bosphore, lui firent expier en quelques jours sa témérité (1788). Il appela le maréchal Laudon, le vétéran des généraux de Marie-Thérèse, sa mère, et lui remit son épée. Ce prince, qui convoitait toutes les gloires, était destiné à échouer dans tous ses rêves.

X

Potemkin, Romanzoff et Souwaroff relevaient la ligue en Moldavie et sur le Dniester ; Choczim allait tomber devant eux le 17 octobre 1787. Potemkim assiégeait Oczakof avec cent mille Russes aguerris par les longues guerres de Pologne et de Crimée. Un corsaire américain, Paul Jones, entré au service de Russie, et le prince de Nassau, aventurier de terre et de mer qui cherchait partout un écho à son nom, commandant une flotte de quatre-vingts bâtiments légers, secondaient dans l'embouchure du Dniester les travaux du siége.

Hassan déboucha de la mer Noire avec vingt-cinq vaisseaux, quinze frégates, quarante-cinq bombardes, au commencement de mai 1788, offrant le combat à l'escadre russe. Souwaroff le foudroya au moyen d'une batterie de trente pièces de canon masquées par la dune et démasquées à la vue du pavillon turc. Les six vaisseaux de l'avantgarde d'Hassan coulèrent, le vaisseau qu'il montait luimême échoua pendant le combat ; sept autres de ses vaisseaux ou frégates s'ensablèrent également dans ce canal étroit et sans fond. Ses équipages, épouvantés par l'abordage des Russes et écrasés sous les boulets des batteries de terre, se jetèrent aux flots pour regagner la rive ; luimême, assis sur le rivage, la tête entre ses mains, et sa barbe blanche mouillée de ses larmes, assistait désarmé au désastre de ses vaisseaux. Il recueillit à la hâte ses débris, et rentra avec ses agrès brisés et ses vaisseaux décimés dans le port de Constantinople, pour y répondre de son malheur par sa tête.

Le sultan et le peuple ne le punirent pas de son courage. Il repartit peu de jours après avec une nouvelle flotte. Le prince de Nassau et Souwaroff qui l'y attendaient, mieux préparés encore à la lutte, anéantirent, le 2 août 1788, le dernier espoir maritime de l'empire. Quinze vaisseaux de ligne, dix-huit frégates, cinq mille tués, six mille prisonniers, furent les dépouilles de Potemkin.

Oczakof, défendu avec acharnement par trente-cinq mille Turcs, fut emporté, le 6 décembre 1788, dans un asaut où la brèche resta couverte de trente mille morts. Le massacré du reste de la garnison et des habitants dura trois jours après la reddition de la ville. Vingt mille habitants, femmes, enfants, vieillards, égorgés par les Russes de Potemkin, égalèrent, dans les décombres d'Oczakof, les boucheries de Timour à Persépolis et à Bagdad.

XI

Le sultan Abdul-Hamid expira. (1789) au bruit de la chute d'Oczakof.

Son règne n'avait été qu'un long écroulement. Il laissait l'empire en détresse, le boulevard du Dniester renversé dans le sang, le Bosphore ouvert aux flottes russes, l'arsenal vide; l'Archipel travaillé par les complots de la czarine, le Nord relié en une seule ligue contre lui, la Pologne garrottée et démembrée, la Hongrie couverte des troupes de Laudon, sa dernière armée encouragée par de premiers succès contre Joseph II, tremblante maintenant aux noms de Potemkin et de Souwaroff; enfin la France, attentive aux premiers symptômes de sa révolution, détournant ses regards de la Turquie pour les reporter sur elle-même. La révolution à combattre ou à accomplir était devenue la seule politique de la France.

Jamais l'empire ottoman n'avait eu tant d'ennemis et si peu d'amis. L'ignorance du divan était le seul rideau qui empêchât les Turcs de voir l'excès de leurs périls, et, pour comble de malheur, un prince malheureux, le Louis XVI des Ottomans, Sélim, allait monter au trône.

XII

Abdul-Hamid laissait deux fils au berceau, Mustafa et Mahmoud. Mais, les lois de l'empire n'admettant pas cet interrègne qu'on appelle régence dans les monarchies héréditaires de l'Europe, le sultan Sélim III, son neveu, était appelé à lui succéder.

Sélim avait vingt-cinq ans à la mort d'Abdul-Hamid. Son oncle l'avait élevé plutôt comme l'aîné de ses enfants que comme le rival de ses propres fils. Le trône ne le surprenait pas dans l'ignorance des affaires publiques. Abdul-Hamid lui confiait depuis longtemps les mystères du sérail et les soucis du divan. Il se complaisait à former dans Sélim un prince doux et paternel, qui fût à son tour le tuteur indulgent de ses fils. La nature de Sélim se prêtait d'elle-même à ces leçons et à ces caresses.

Sa figure gracieuse, modeste, recueillie, portait dans la majestueuse régularité des traits l'empreinte extérieure de l'ordre qui régnait dans ses pensées; la sagesse y devançait le temps. Un front pensif, des yeux habituellement baissés, comme s'il recueillait la méditation sous de longues paupières, un nez aquilin comme celui d'Othman, une bouche réfléchie, qu'on découvrait à peine à travers les ondes d'une barbe noire et bien peignée, des joues colorées des teintes d'un sang riche mais calme, une peau basanée sous sa couleur chaude et grainée de marques de petite vérole, une stature un peu courbée, plus appropriée à la prière et au divan qu'au cheval; enfin une ombre de mélancolie native répandue sur sa physionomie comme un souvenir ou comme un présage des malheurs de l'empire et de ses propres malheurs : tels étaient les traits de Sélim III à sa première sortie du sérail, entouré de ses noirs, de ses eunuques et de ses vizirs, pour se rendre à la mosquée d'Aïoub.

Son costume relevait ces dons de la nature et de l'étude: « Il portait, dit un publiciste français souvent admis dans l'intérieur du sultan (**M. Prévost**), une pelisse blanche garnie de fourrures de zibeline, un turban vert autour duquel s'enroulaient des torsades de mousseline blanche; ce turban, échancré sur le front pour laisser éclater la majesté du visage, retombait en plis volumineux sur les joues; il était surmonté d'une agrafe de diamants dessinant une tige de plusieurs rameaux de feuilles et de fleurs étincelantes d'où s'élançait une aigrette en plume de héron; le manche d'un poignard persan incrusté de pierreries sortait à demi de sa ceinture et des plis de son cafetan entr'ouvert sur la poitrine. Abstraction faite du prestige de la toute-puissance, son aspect, dit le peintre, était resplendissant de naturelle majesté. »

XIII

Son premier appel au patriotisme des musulmans fit lever cent cinquante mille volontaires du fond de l'Asie, de l'Albanie, de la Bosnie et des provinces d'Europe pour voler au secours de la patrie découverte.

Ce n'était ni la foi, ni la patrie, ni la race qui s'affaiblissaient dans le cœur des Ottomans, c'était la science de l'administration et la discipline de la guerre qui n'étaient plus dans le gouvernement et dans les armées au niveau des progrès de l'Europe ; Frédéric II, Romanzoff, Souwaroff, le maréchal Laudon, avaient inventé un nouvel art de la guerre où le nombre et le courage individuel disparaissaient devant la tactique et devant le mécanisme des bataillons. Les janissaires, milice volontaire et insoumise, auraient rougi d'emprunter aux chrétiens les armes, l'ordre et la subordination sans lesquels toute armée n'est qu'une horde.

Sélim III les mécontenta, à son premier acte, en déposant le grand vizir Yousouf, vainqueur de Joseph II en Hongrie, et en remettant le sceau de l'empire au pacha de Widdin, guerrier renommé sur le Danube. Yousouf, disgracié, ne perdit du moins ni la vie ni la fortune. Il emporta dans son honorable exil les bienfaits de son maître et sa popularité dans l'armée.

Le pacha rebelle de Scutari, Mahmoud, éprouva un généreux remords de sa révolte impunie au moment où l'empire était appelé aux armes par un jeune prince innocent des griefs que ce pacha arguait contre Mustafa. Mahmoud envoya sa soumission à Sélim avec les têtes des négociateurs autrichiens qui étaient venus l'encourager dans sa révolte à Scutari ; il obtint son pardon au prix des dix mille Albanais, soldats aguerris dont il couvrit l'empire contre l'Autriche.

XIV

Hassan-Pacha, que son désastre naval dans le Dniester n'avait pu dépopulariser dans Constantinople, reçut du grand vizir le titre de séraskier et le commandement de l'avant-garde opposée aux Russes. Jaloux de poursuivre contre les Autrichiens les succès de son prédécesseur Yousouf, le grand vizir donna ordre à Hassan d'attaquer les Russes sur sa droite, pendant qu'il marcherait lui-même avec cent mille hommes contre le prince de Cobourg pour l'écraser avant sa jonction avec Souwaroff.

Informé de ce plan habilement conçu du grand vizir, le prince de Cobourg écrivit au général russe d'accourir au secours des Autrichiens, dont les avant-postes se repliaient déjà devant le nombre. Souwaroff était l'éclair des mouvements militaires; ravir le temps à l'ennemi était, pour lui, ravir la victoire.

« Je pars, » écrivit-il pour toute réponse au prince de Cobourg. Une heure après, son armée, négligeant pour quelques jours Hassan-Pacha, marchait ou plutôt courait pour rejoindre l'armée autrichienne sur les bords de la petite rivière le Rimnik. Le grand vizir, campé avec ses cent mille combattants sur la pente de ce ruisseau, croyait envelopper, le lendemain, les Autrichiens. L'attaque inattendue et impétueuse des Russes, avant le lever du soleil, le détrompa à peine de son illusion; il ignorait la jonction des deux armées.

Un officier russe d'état-major surpris par les avant-postes turcs ayant été amené dans sa tente, le pacha demanda au Russe quel était le général qui commandait devant lui.

« C'est Souwaroff, répondit le prisonnier.

» — Souwaroff est mort de ses blessures à Oczakof, » répondit avec incrédulité le grand vizir.

Souwaroff, au même moment, débouchait avec trente-deux bataillons carrés dans la plaine au delà du Rimnik, rompait sur ses baïonnettes croisées l'impétuosité des quinze mille spahis du grand vizir, emportait la position avancée et fortifiée des Turcs au village de Bokse, coupait dans leur centre et dans leur retraite vingt-cinq mille janissaires concentrés dans cette position et, livrant l'infanterie des volontaires turcs aux Autrichiens encouragés par son audace, enlevait, en combinant son attaque avec leurs charges, le camp même du grand vizir.

Trois heures après le lever du soleil, il ne restait des cent vingt mille Turcs du pacha de Widdin que vingt-sept mille blessés, dix mille prisonniers et soixante mille fugitifs abandonnant les tentes, les canons, les bagages, et entraînant le grand vizir lui-même dans leur course vers le Danube.

Souwaroff, à qui le prince de Cobourg ne disputa ni l'honneur du commandement ni la victoire, reçut de l'impératrice le surnom de Rimniski, du ruisseau, comblé de cadavres, témoin de sa victoire. De ce jour la Russie, qui ne croyait avoir dans Souwaroff qu'un héros, comprit qu'elle avait le premier général de l'Europe.

XV

Ce général, dont le nom et les exploits ont rempli, depuis la bataille de Rimnik, dix-huit années de son siècle, se révélait comme un météore, sans avoir été prédit aux armées russes autrement que par ses propres pressentiments et par son invincible instinct de la guerre.

Né en Livonie, pépinière des hommes d'État et des hommes de guerre de la vieille Russie, son père, noble, employé dans la diplomatie, le destinait à la même carrière. Sa nature se refusait à ces études; il n'aimait de l'histoire que le sang dont elle écrit sur des champs de bataille la gloire de quelques héros. L'obstination d'Annibal et la témérité de Charles XII étaient les deux types de son émulation. Il rêvait pour les armées russes une tactique appropriée à la sauvage énergie d'un peuple jusque-là barbare, qui devait étonner l'Europe au lieu de l'imiter. Cette pensée de génie fit l'originalité et la fortune du jeune Souwaroff.

Son caractère et son extérieur même se prêtaient à cette fascination de Souwaroff sur les soldats russes, et des soldats russes sur les autres armées de l'Europe. Des traits kalmouks, un œil de faucon, un geste étrange, une taille grêle, une voix stridente, un langage à la fois laconique et figuré, un fanatisme religieux, vrai ou simulé, qui couvrait ses habits de reliques, et qui le précipitait à genoux devant ses troupes pour chercher en haut l'inspiration et le sort des batailles; enfin une impétuosité calculée dans l'attaque, qui semblait, à l'exemple des Turcs, demander le martyre plus que la victoire, avaient fait en peu d'années de Souwaroff un cheik tartare, un delhi russe, une dérision des généraux, une idole des soldats. Une certaine démence, réelle ou jouée, qui se confond souvent avec le génie et qui achève la popularité dans la soldatesque, complétait l'homme. Sorte de Brutus moscovite, simulant l'idiotisme pour masquer la gloire de sa patrie et sa propre gloire, il avait juré de ne ressembler qu'à lui-même, pour que personne ne pût s'assimiler à lui dans son pays.

Catherine et ses favoris avaient respecté promptement en lui le caprice des soldats. Souple à la main de l'impératrice, il flattait en grondant la cour; il professait non pas le respect, mais la religion du trône. L'ancien esclave se retrouvait sous le héros; c'était le lion enchaîné de Catherine, caressant pour sa maîtresse, terrible à ses ennemis.

Soldat, caporal, sous-officier, officier tour à tour et lieutenant; colonel, sous Soltikof, dans les guerres d'Élisabeth contre le grand Frédéric; commandant, plus tard, d'une horde de Cosaques disciplinée; général en Pologne, opposé à Dumouriez, à qui les confédérés polonais avaient confié le commandement de leur armée, sous Landskroum, vainqueur de ce général, qui devait plus tard vaincre la coalition contre la France, appelé par Potemkin, en Crimée, commandant l'armée russe du Kouban; lieutenant de Romanzoff et de Repnin, en Moldavie, contre les Turcs; blessé presque mortellement à l'assaut d'Oczakof; rentré à Pétersbourg pour se remettre de ses blessures; récompensé par Catherine et renvoyé par elle avec un commandement en chef d'armée en Bessarabie; salut des Autrichiens, envié des généraux russes, terreur incarnée des Turcs, seul rival d'Hassan-Pacha, le Souwaroff des Ottomans sur les mers, tel était le vainqueur de Rimnik.

Son apparition sur la scène du Dniester et du Danube était la mauvaise fortune de Sélim III. Catherine, prévoyant en lui un favori de la victoire plus précieux qu'Orlof et Potemkin, favoris de cour, l'enivra de faveurs, comme Timour enivrait ses éléphants de vin avant les batailles; elle lui fit don d'une épée et d'une branche de laurier en diamants, avec la devise : « Au vainqueur du grand vizir. »

XVI

Souwaroff ne quitta point son armée pour aller jouir de son triomphe; il passa l'hiver à Berlat. Le prince de Cobourg était cantonné en Valachie (1790). La révolution française enlevait à Joseph II l'alliance de la France, où sa sœur, Marie-Antoinette, jeune épouse de Louis XVI, perdait son ascendant sur les affaires avant de perdre la vie sur un échafaud. Le Rhin, devenu pour Joseph II plus important que le Danube, le força de replier ses armées des frontières ottomanes. La révolution française sauva ainsi la Turquie d'une coalition redoutable.

Souwaroff, resté seul et inactif, fut rappelé par Potemkin au delà du Pruth. Potemkin, qui languissait à Bender dans la molle indolence d'un satrape, voulait envoyer à Catherine les clefs de la dernière place des bouches du Danube, qui couvrait encore la rive gauche de ce fleuve : c'était Ismaïl, le bouclier impénétrable jusque-là de la Turquie. Quarante mille hommes d'élite, commandés par le séraskier d'Hassan-Pacha, avaient juré de s'ensevelir sous le boulevard de leur patrie.

« On verra, disait-il, le firmament tomber sur la terre avant qu'Ismaïl tombe devant les Moscovites. »

Souwaroff ne comptait ni les ennemis ni ses soldats; un siége pour lui n'était qu'un assaut. Il comblait de ses morts les fossés, et rompait à coups de bataillons les murailles. Formant son armée en deux colonnes d'attaque, l'une du côté du Danube, l'autre du côté de la terre, il donna pour mot d'ordre : « *Ismaïl ou la mort!* » Le double assaut fondit sur la place pendant les ténèbres. Le jour n'éclairait pas encore les dômes des mosquées d'Ismaïl, que les remparts, escaladés sous un feu de volcan, étaient débordés par les Russes montés sur des étages de cadavres, et que Souwaroff, passant sur le corps du séraskier, mort sur la brèche, précipitait ses bataillons dans la ville. Chaque maison, comme à Saragosse, attaquée et défendue par le canon, s'écroulait sur ses assaillants et sur ses défenseurs.

Chaque race tenait son serment avec un égal acharnement d'héroïsme, les Russes de vaincre, les Turcs de n'être pas vaincus; soixante mille soldats de Souwaroff s'avançaient lentement, en huit colonnes, par des avenues de feu, vers le centre d'Ismaïl (décembre 1790). Les Turcs, les Tartares, les femmes, les enfants, au nombre de vingt mille âmes, s'y laissaient volontairement foudroyer par la mitraille, consumer par le feu, écraser sous les minarets. Les jeunes filles, le yatagan à la main, ou ramassant les fusils des soldats morts pour les défendre, s'enlaçaient corps à corps avec les Russes et les poignardaient sur les corps de leurs parents. Ces soixante mille habitants, combattants, victimes de toute nation, de tout âge, de tout sexe, prolongèrent pendant dix heures leur résistance et leur agonie.

Le massacre des blessés et le pillage des maisons dura trois jours et trois nuits. Souwaroff, aussi féroce dans le triomphe qu'intrépide dans l'assaut, livra les Turcs à ses soldats comme on livre des bêtes féroces à la meute. Cinquante mille Turcs périrent pendant cette longue et sanguinaire curée. La terre, profondément durcie par l'hiver, refusait la sépulture aux morts; une semaine suffit à peine à l'armée de Souwaroff pour traîner à la rive et pour jeter aux ondes du Danube trente-trois mille cadavres de combattants, tués sur la brèche ou dans les rues, dix mille chevaux mitraillés par le canon, et quinze mille cadavres de femmes, d'enfants, de vieillards, immolés après le feu.

Un seul Turc s'était échappé vivant d'Ismaïl en se jetant à la nage dans le Danube. Il apparut au grand vizir comme le fantôme de la ville et de l'armée.

XVII

Les dépouilles des Russes furent opimes : deux cent trente canons, deux cent quarante-cinq drapeaux ou queues de cheval, des collines de boulets et des bombes amoncelées dans les arsenaux, des voûtes pleines de barils de poudre, des provisions de siége, de riz, de sucre, de café, d'orge, dix mille chevaux persans, arabes ou tartares, luxe de l'armée ottomane, des millions de piastres monnayées, des armes, des tentes, des tapis, des harnais, des pierreries, trésors particuliers recueillis sous les décombres, payèrent aux Russes le prix de tant de sang. La gloire et l'honneur du nom de Souwaroff, associés au nom de Catherine, se répandirent dans tout l'univers. La chrétienté avait son Timour ; on oublia le crime, on ne parla que de l'exploit.

Les hommes sont lâches dans le jugement qu'ils portent des hommes. Ils encouragent les grands meurtriers de leur race en amnistiant les massacres pour mieux glorifier le combat. Ismaïl, réduit à un seul homme vivant par Souwaroff, est la gloire d'une boucherie plus que d'une victoire. Mais Catherine II avait embouché, depuis Voltaire, les organes de la renommée en France et en Allemagne. L'engouement donnait le vertige aux cabinets européens.

XVIII

L'émotion de Constantinople à la chute d'Ismaïl fit trembler Sélim III au fond du sérail ; il fallait une victime au peuple pour emporter la responsabilité du désastre et pour détourner la colère publique du nom du sultan.

Sélim, trop semblable à Charles Ier livrant son ministre Strafford dont il connaissait l'innocence, sacrifia le brave Hassan-Pacha, coupable seulement de l'impétuosité de Souwaroff. Hassan, vieilli dans l'héroïsme et dans la foi, donna sa tête comme il avait donné tant de fois son sang à ses maîtres. Aucun reproche ne sortit de ses lèvres ; il pria pour le sultan qui le tuait, résigné par sa vieillesse à la mort et par sa vertu à l'injustice (1791).

L'empire perdit en lui le seul homme de mer, le seul

homme de guerre et le seul homme d'État qui pouvait égaler le courage, le talent et la renommée aux périls de la monarchie. Mutilé dans tous ses membres par les balles ou par le sabre, il n'était plus, comme le Nelson des Anglais, qu'un tronçon d'homme animé du souffle du patriotisme. Ce sacrifice à la popularité, qu'on n'apaise jamais, fit mal augurer d'un prince qui jetait ainsi sa force et sa gloire au peuple.

Yousouf-Pacha, l'homme désigné par ses victoires sur Joseph II en Hongrie, fut rappelé de son exil pour gouverner une seconde fois le divan.

XIX

Mais Joseph II venait d'expirer (1790), trompé dans toutes ses illusions de réforme, de guerre et de gloire, et commençant à douter du résultat de ses complaisances envers Catherine contre les Turcs.

Léopold II, son successeur, prince grand sur un petit théâtre, petit sur une grande scène, avait quitté Florence pour venir gouverner l'Allemagne. Il aspirait à la paix avec la Porte, afin de reporter toute son attention et toutes ses armes vers les Pays-Bas, que la Révolution française entraînait dans son orbite. Il provoqua des conférences à Sistowa, sur le bord du Danube-Bulgare, entre le reïs-effendi, le marquis de Luchesini, ministre de Prusse, le chevalier Keïth, ambassadeur d'Angleterre, et ses propres plénipotentiaires. Une paix équitable et prompte fut signée, le 4 avril 1791, entre l'Autriche et la Porte. Toutes les conquêtes de Laudon, à l'exception de Choczim, laissé en gage jusqu'à la paix avec les Russes, furent restituées à la Porte.

Catherine, d'abord indignée de cette défection de ses alliés de Vienne et de Berlin, finit par céder à la lassitude de la guerre plus qu'à la modération. L'habile et gracieuse intelligence du marquis de Luchesini, le plus fin et le plus insinuant des diplomates italiens, naturalisés en Allemagne, l'amena à signer à son tour le traité de paix d'Iassy au mois de janvier 1792. Ce traité, qui ne rendait à la Turquie que la paix, n'était au fond qu'un désarmement. Les Russes retenaient Oczakof et ce continent disputé entre le Dniester et le Boug, où ils allaient bientôt construire Odessa, la Smyrne de la mer Noire.

XX

Cependant l'empire ottoman, épuisé d'hommes, d'armes et de vaisseaux, respira quelques années sous le règne de Sélim III.

Les tragédies nationales de cette grande guerre des idées modernes qui se combattirent en France, de 1791 à 1806, sous le nom des partis et des hommes, l'Assemblée constituante, l'Assemblée législative, la chute du trône, le meurtre juridique de Louis XVI, la Terreur, le Directoire, le coup d'État d'un soldat victorieux contre la république, le consulat de Bonaparte, ses guerres, ses victoires, son omnipotence sur le continent, sa lutte avec l'Angleterre, dernier point d'appui du levier de l'indépendance de l'Europe, tous ces événements, passés en un petit nombre d'années sur mer et sur terre, avaient détourné les regards de la Turquie de ses frontières du Nord, et les regards de l'Autriche et de la Russie elle-même de Constantinople.

Catherine II était morte arbitre encore de l'Occident et de l'Orient. Son fils, Paul I*er*, étouffé comme Pierre II, dans son lit, par une conspiration de palais, avait laissé l'empire à l'empereur Alexandre, malheureux héritier du meurtre, mais innocent du parricide. L'Autriche, la Prusse, la Russie, tantôt coalisées contre la France, tantôt désarmées par les victoires de Bonaparte, avaient perdu par tant d'agressions contre les Ottomans le droit de les convier à des guerres en commun contre nous.

Sélim III était resté d'abord étonné, puis neutre et bienveillant envers la république française. L'expédition téméraire et impolitique de Bonaparte en Égypte et en Syrie (1798), sans respect et même sans excuse envers le sultan souverain de ces deux provinces, l'avait seul décidé à la guerre. Cette guerre, courte et malheureuse, anéantit l'armée du grand vizir, en Égypte, en une seule bataille. Il n'est pas dans le plan de ce livre de la raconter; on sait comment Bonaparte, après avoir conquis l'Égypte sur les Mameluks, abandonna sa conquête et son armée à ses hasards, et revint en France conquérir un trône. L'armée française capitula le 2 septembre 1801, et livra le Caire aux Anglais et aux Turcs.

Bonaparte, rentré en France et occupé du monde, détourna ses pensées de l'Égypte. Il se hâta de réconcilier la France et la Turquie par une paix signée à Paris le 7 décembre 1801. La Porte, tout en signant cette cessation de guerre entre le gouvernement ottoman et le gouvernement français, n'en restait pas moins liée dans une certaine limite par le traité d'alliance offensive et défensive que l'imprudente provocation du Directoire en Égypte avait forcé Sélim de conclure, en 1798, avec la Russie et avec les Anglais, libérateurs du Caire.

XXI

Sélim III, prompt à pardonner l'expédition d'Égypte à un héros dont la gloire militaire et civile éblouissait jusqu'au divan, admira la dissolution de l'empire germanique en 1805. Bonaparte, devenu Napoléon, le vengeait de ses ennemis les plus proches et les plus invétérés. La bataille d'Austerlitz et la création de la confédération du Rhin lui semblaient des victoires personnelles. Il se prépara même vaguement, au printemps de 1806, à intervenir en faveur de la France dans les événements que la guerre, de nouveau imminente entre la Prusse, la Russie et Napoléon, pouvait amener en Hongrie et sur le Pruth. Ces événements pouvaient lui rendre ce que la ligue des puissances du Nord lui avait enlevé de dépouilles à Oczakof, à Bender, sur le Dniester, aux embouchures du Danube, et enfin en Crimée.

Le bras de la France, si elle avait eu la sage politique de l'étendre, portait assez loin pour reconstituer le bloc ottoman. Mais l'Angleterre et la Russie, qui surveilaient ces pensées de Sélim III, et qui s'inquiétaient de ses armements, l'obsédaient de sommations caressantes ou impérieuses pour lui arracher la déclaration de guerre à la France.

C'est sous l'empire de cette pression, entre ses devoirs publics d'allié des Anglais et des Russes, et ses pensées secrètes d'inclination pour les Français, que Sélim médita de régénérer l'empire ottoman en régénérant l'armée, nerf tour à tour détendu ou convulsif de la nation. Semblable à Louis XVI, dont il avait pleuré la mort, Sélim III, dans une pensée toute patriotique pour la Turquie, résolut de se dévouer à une révolution nécessaire, mais ingrate, qui devait, comme toutes les révolutions, dévorer la généreuse victime immolée au salut de son pays.

Nous voulons parler de la réforme des janissaires.

XXII

Les janissaires étaient contemporains de l'empire; ils n'étaient pas seulement une force armée, ils étaient une corporation. Un caractère sacré s'attachait en outre à leur institution. Bénis dans l'origine par un derviche fameux et vénéré de l'Anatolie, Hadji-Begtasch, ils avaient ajouté à leur coiffure la manche large et pendante de sa robe, pour marquer ainsi parmi eux et parmi le peuple le souvenir perpétuel de la bénédiction qu'il leur avait donnée en étendant son bras sur leur tête, et perpétuer la superstition de leur affiliation religieuse au plus saint disciple du Prophète. Aussi le fanatisme et le patriotisme sanctifiaient également leur nom.

XXIII

Les janissaires se composaient d'environ cent mille musulmans, enrôlés et inscrits sous ce nom sur toute la surface de l'empire, mais principalement dans les grandes villes, telles que Bagdad, Damas, Alep, Andrinople, Smyrne, Brousse et Constantinople. Ils étaient soldés par le trésor impérial, enrégimentés dans des cadres appelés *ortas*, commandés par des officiers et des généraux qu'ils nommaient généralement eux-mêmes. Un commandant en chef, désigné par le sultan, s'appelait l'aga des janissaires; c'était, après le grand vizir, le fonctionnaire le plus redoutable de l'empire; il était chargé de fonctions à la fois civiles et militaires. La police de la capitale lui était confiée, ainsi que la garde extérieure des palais du sultan.

XXIV

Les janissaires étaient tenus de marcher en armes, au premier rang des troupes ottomanes, chaque fois qu'ils en étaient requis et que l'étendard du Prophète était porté à la suite du grand vizir hors de la capitale. L'aspect de cette oriflamme leur inspirait un courage et un fanatisme qui centuplaient la bravoure naturelle aux Turcs. Toutes les conquêtes des Ottomans, depuis qu'ils avaient débordé de la Tartarie dans les vallées de l'Asie Mineure, et marché de halte en halte jusqu'à Smyrne, à Brousse, à Andrinople, à Constantinople, à Alexandrie, à Bagdad, au Caire, et enfin jusqu'au Danube européen et aux portes de Vienne, étaient dues à cette milice invincible alors. Rempart vivant de l'empire, dont ils reculaient tous les jours les limites, ils étaient aux yeux des musulmans quelque chose d'aussi sacré que la patrie et la religion.

XXV

Cependant les janissaires, à la fois ordre religieux et militaire, à ce titre alliés naturels du corps des oulémas, sacerdoce et magistrature réunis, ne tardèrent pas à faire sentir leur double tyrannie au reste de la population et aux sultans eux-mêmes. Il fallut compter à chaque instant avec un corps si redoutable; il le devint davantage encore en s'affiliant dans chaque ville un grand nombre d'ouvriers, d'artisans, de petits marchands inscrits sur leurs rôles, touchant leur solde, investis de leurs priviléges, animés de leur esprit, et ne faisant pas leur service. Ils s'emparèrent par ce moyen de toute la force de l'opinion publique dans les grandes villes où ils régnaient; ils participaient ainsi de la nature d'une aristocratie armée et de la nature d'une démocratie organisée. Tyranniques comme l'une, turbulents comme l'autre, réprimant la sédition ou la rendant irrésistible à leur gré, interposés entre le sultan et le peuple, menaçant le peuple du sérail, ou le sérail du peuple, et s'élevant seuls sur la ruine et sur l'assujettissement des deux.

Leur solde appauvrissait le trésor public. Depuis le règne

de Bajazet, ils avaient établi de plus, en loi d'État, l'usage d'une gratification immense imposée au sultan à chaque avénement d'un nouveau règne. Ils avaient ainsi intérêt à déposer souvent et à immoler quelquefois leurs maîtres; il fallait acheter d'eux, à force d'or, de priviléges et de faveurs, chaque année du trône. Leur protection coûtait à l'empereur les trésors accumulés dans le sérail et destinés à la défense ou à l'administration de l'empire; leur abandon détrônait ou sacrifiait les sultans.

XXVI

Corrompus et amollis par cette tyrannie sans contrôle, ils avaient perdu, depuis le commencement du dernier siècle, les seules vertus qui rachetassent tant de vices, la discipline, le patriotisme et le courage. Dans les dernières guerres contre l'Autriche et contre la Russie, ils avaient abandonné lâchement leurs généraux, immolé le grand vizir, imposé au sultan des choix forcés de généraux ineptes, déserté de nouveau ces chefs, accusé de trahison leur séraskier, exposé l'empire à la honte et à la conquête. Faibles et indisciplinés devant l'ennemi, ils n'avaient de persistance et de force que contre le gouvernement et le peuple. Le peuple gémissait, les sultans tombaient, l'empire se décomposait, le nom des Ottomans s'avilissait en Asie, en Europe. On pouvait calculer le nombre d'années qu'il restait à vivre à cette monarchie asservie, appauvrie, tyrannisée, trahie et égorgée par sa milice. Les janissaires inspiraient la terreur au sérail, le mépris à la nation.

XXVII

Comment Sélim III avait-il été amené à l'idée d'extirper cette aristocratie soldatesque (1806)?

On a vu qu'il avait été élevé par les soins d'une mère d'un caractère énergique et d'un génie naturel. Le caractère et le génie politique se développent plus qu'on ne le croit généralement, dans l'ombre du sérail, chez des sultanes favorites admises à toutes les confidences du gouvernement et exercées à toutes les intrigues d'une cour. De longs et grands règnes ont été fondés et gouvernés par quelques-unes de ces belles esclaves, perpétuant dans le palais l'ascendant de leurs charmes par l'ascendant de leur génie, communiquant par les eunuques avec les ministres, avec les muftis, avec les agas des janissaires au dehors, élevant ou précipitant d'un mot la fortune de ceux qui les servent ou qui les offusquent. Elles sont souvent le ressort caché des plus grands événements. Favorites, elles asservissent ; femmes, elles inspirent ; mères, elles couvent et préparent le règne de leur fils.

XXVIII

La sultane, mère de Sélim III, avait obtenu de la bonté naturelle du sultan Mustafa III, oncle de son fils, qu'on lui donnât une éducation royale. Si son fils devait régner un jour, ce serait sa force; s'il devait végéter dans l'éternelle captivité du sérail, ce serait sa consolation. Les hommes les plus éclairés parmi les philosophes et les poëtes de l'empire étaient admis à l'intimité du jeune prince; les étrangers même à titre de médecins ou de maîtres des langues et des arts de l'Europe approchaient de lui. Beau de visage, doux de caractère, ardent d'enthousiasme, Sélim, comme s'il avait eu la promesse ou le pressentiment du trône, aspirait à toutes les connaissances et à toutes les vertus qui pouvaient le rendre capable d'un grand règne. Les Turcs ont des historiens nombreux et libres dans leurs récits. Les sultans ensevelis n'ont plus besoin d'être flattés, on permet la vérité sur leur tombeau. D'ailleurs le génie ottoman est subordonné par religion à ses maîtres, mais il n'est pas servile, sa fierté naturelle lui donne la mâle liberté du jugement sur ses souverains. L'histoire, continuellement lue, racontée et commentée autour de Sélim, lui donnait un sentiment douloureux des calamités de l'empire, des tragédies de sa race, de la pression des janissaires, et un désir passionné d'être le réformateur de sa nation et le vengeur de sa famille.

Un médecin italien du sérail, homme plus éclairé que ne le sont ordinairement ces complaisants familiers des cours de l'Orient, lui avait inspiré surtout une confiance qui allait jusqu'à la témérité. Le jeune sultan ne cessait de l'interroger sur les mœurs, sur la politique, et surtout sur l'art militaire des Européens. Il était évident que cet enfant méditait de loin la régénération d'un empire, et que son cœur saignait de tous les coups dont l'indiscipline et la sédition des janissaires avaient frappé depuis soixante ans le trône, la gloire et la vie de sa famille. C'était le moment où la renommée militaire du héros de la Prusse, le grand Frédéric, fascinait l'Europe ; c'était le moment où les principes de la philosophie française, portés sur les pages de ses grands écrivains, traversaient les frontières et les mers, et où les premières commotions de la révolution commençaient à remuer l'Occident : tout présageait un nouveau siècle. Sélim et ses confidents recevaient jusqu'au fond du sérail les idées qui soufflaient d'Italie et de France ; ils rêvaient d'ouvrir l'Orient à ce flot de lumière, et de relever les Ottomans au niveau de leur antique renommée et à la proportion des immenses territoires qu'ils possédaient sur le globe.

XXIX

Telles étaient les études, les pensées et les occupations du jeune Sélim, quand l'événement qu'il semblait pressentir vint l'arracher à ses loisirs et le porter, tout fervent de projets, d'audace et d'espérance, sur un trône à la fois absolu et asservi. Cette contradiction du prince et de l'empire explique les commencements de son règne, à la fois hardi de volonté, timide d'exécution, emporté vers la guerre par l'ardeur de relever la puissance ottomane, reporté vers la paix par les revers, par les lâchetés et par les soulèvements de ses troupes devant l'ennemi.

Le revers des Turcs en Égypte, devant l'armée française (1799), dépopularisa de plus en plus Sélim et encouragea l'audace des janissaires contre son gouvernement, Ils accusaient leur maître de leur propre lâcheté. Car la plus grande partie des hommes qui composaient ce corps s'étaient refusés à marcher en Syrie, préférant la turbulence oisive de la capitale aux fatigues et aux dangers d'une campagne.

Sélim, se sentant sans appui au dehors et sans armée au dedans, subissait en gémissant le joug de l'Angleterre, de l'Autriche et de la Russie, auxquelles la guerre d'Égypte l'avait livré. Il cherchait secrètement à renouer avec la France des rapports plus intimes (1806); il admirait le génie militaire, même dans le vainqueur d'Aboukir; il s'obstinait à placer son espoir dans l'homme qui avait rompu le premier le pacte tacite et naturel entre la France et la Turquie; il lui faisait parvenir par une correspondance confidentielle les témoignages de son admiration. Il sentait avec justesse qu'un grand homme en France, prêt à prendre un ascendant décisif sur l'Europe, était le seul point solide sur lequel l'empire ottoman pût s'appuyer contre les exigences et les empiétements du Nord. Il espérait de plus que la nécessité, ce rude maître des souverains et des empires, déciderait son peuple à prendre exemple sur les armées françaises; il était résolu à demander à Napoléon les leçons et les hommes propres à régénérer l'armée ottomane. Il suivait avec un intérêt mal déguisé les triomphes de l'empereur; il assistait de loin, avec joie, à l'écroulement de l'Allemagne, à l'envahissement de la Prusse, à l'humiliation de la Russie. Aussitôt après la bataille d'Austerlitz, il se hâta d'envoyer à Napoléon un ambassadeur pour saluer en lui le souverain de la nation française et le vainqueur de ses ennemis. Le moment était venu une seconde fois pour la France de se reconstituer en alliance intime avec Sélim III, de soutenir l'Orient par l'Occident, et l'Occident par l'Orient. Une seconde fois l'habitude irréfléchie de Napoléon de céder à un éblouissement de sa fortune, en perdant le résultat solide du sang versé, repoussa Sélim et rejeta le divan dans l'incertitude.

XXX

Une nouvelle guerre menaçait la Prusse; la Russie devait y être entraînée. La Pologne serait le champ de bataille, les frontières turques pouvaient être compromises. La Porte voulait être neutre, trop faible et trop dominée pour entrer dans l'action. Mais, incertaine des desseins de Napoléon, qui ne lui donnait aucun gage, elle devait rassembler ses troupes et se couvrir sur le Danube et le Dniester contre les éventualités d'une grande lutte, où les vainqueurs et les vaincus pouvaient devenir également dangereux pour sa sécurité. Sélim ordonna des levées, des rassemblements de troupes en Valachie, en Moldavie; il fixa des points de réunion sur sa frontière d'Europe, à Bender, à Rustschuk et à Galatz. Le nombre ne manquait pas à ces rassemblements, mais l'esprit militaire, l'organisation et la discipline. Il chercha à leur donner de la solidité par le seul corps régulier qui existait en ce moment dans l'empire, le corps des nizam-djerids, première ébauche d'organisation militaire calquée sur le modèle européen.

XXXI

L'origine de ce corps remontait aux premières années de la république française. Elle avait senti à cette époque la nécessité de se fortifier de l'alliance de Sélim III ; elle voulut fortifier Sélim lui-même par l'introduction, dans son système militaire, des armes spéciales qui avaient donné jusque-là un ascendant irrésistible aux armées européennes sur les bandes asiatiques. Le général français, Aubert-Duboyet, avait amené avec lui à Constantinople (1792), à la prière du sultan, des pièces d'artillerie de campagne, des officiers, des instructeurs, des artilleurs et des ouvriers capables de diriger les fonderies, de former les troupes, d'enseigner la guerre moderne aux Ottomans.

Ces efforts de Sélim et de Duboyet réussirent à créer un corps d'artillerie à cheval, déjà préparé sous les règnes précédents par le célèbre comte de Bonneval, le premier des aventuriers chrétiens élevé au titre de pacha. Ces artilleurs, sous le nom de topdjis, étaient distincts des janissaires. Les connaissances et les exercices que nécessitent les armes spéciales donnaient à ce corps une régularité et une discipline qui l'élevaient au-dessus des soldats confus et indisciplinés de la capitale. Un escadron de cavalerie fut aussi équipé, armé et exercé, pour servir de modèle à la cavalerie désordonnée des armées turques.

Mais l'orgueil des janissaires se refusa à toute tentative des instructeurs français pour les soumettre à l'organisation et à la tactique. Le sultan n'osa pas les contraindre ;

il se contenta de livrer à ces instructeurs un bataillon d'aventuriers et de renégats attirés par l'appât de la solde. Ce bataillon, isolé et dédaigné par les janissaires, fut dissous après la mort de Duboyet (1796).

XXXII

Cependant un homme obstiné et énergique, dévoué par patriotisme aux plans de Sélim III, tenta par la séduction et par l'exemple ce que le sultan n'osait commander par l'autorité : c'était le célèbre Husseïn-Pacha, grand amiral de la flotte ottomane. Ce titre lui donnait le pouvoir, le droit, les moyens d'enrôler, de solder des troupes à ses ordres pour le service naval et pour le service de terre. Il profita habilement de cette situation, que les volontés cachées de son maître favorisaient, sans doute, pour reprendre en sous-œuvre les innovations du général Duboyet. Il rallia le bataillon modèle d'étrangers et de renégats, les prit au service de la flotte, et les exerça lui-même devant le peuple en face de son palais. Le peuple, malgré le fanatisme de son opposition aux usages des chrétiens, ne pouvait s'empêcher d'admirer et d'envier ces mouvements compactes et précis qui donnent aux évolutions de milliers d'hommes la rapidité et l'uniformité d'une seule âme. A force de largesses, Husseïn parvint à entraîner un petit nombre de musulmans à s'enrôler dans ce corps d'élite.

XXXIII

Un événement célèbre les popularisa davantage encore. Hussein les embarqua avec lui sur la flotte qui portait des renforts à Djezzar, pacha de Saint-Jean d'Acre, résistant seul à Bonaparte et à son armée derrière les murailles de ce boulevard de la Syrie (1799). Ces troupes se couvrirent de gloire et firent reculer la fortune de Napoléon, qui, voyant l'Asie fermée à ses rêves, retourna ses pensées vers l'Europe. A leur retour à Constantinople, les défenseurs de Saint-Jean d'Acre furent proclamés, avec raison, les sauveurs de l'islamisme. Les revers des janissaires à Aboukir, au mont Thabor et à Nazareth, contrastaient par leur honte avec la gloire des nizam-djerids.

Sélim III et Hussein, son beau-frère, résolurent de profiter de cet enthousiasme pour accroître le nombre et l'importance de ce noyau d'armée régulière.

XXXIV

Les ministres tremblèrent des suites de cette audace. Ils pressentaient la jalousie des janissaires et les ombrages religieux des oulémas, interprètes du Coran, et toujours disposés, comme le bas peuple, à voir une impiété dans une innovation. Une circonstance heureuse neutralisa leur malveillance.

Le mufti Vely-Zadé, chef des oulémas et oracle de la religion, était fils d'un grand de l'empire, allié par les femmes à la famille impériale. Ce seigneur avait fait présent au père du sultan d'une esclave circassienne d'une admirable beauté, qui entra dans le harem et fut la mère de Sélim. Cette parenté, l'amour du père de Sélim pour cette esclave, la reconnaissance de la sultane favorite pour celui à qui elle devait son élévation, avaient établi entre Sélim et Vely-Zadé, tous deux enfants, des rapports et une intimité qui s'étaient perpétués au delà de leur enfance.

Vely-Zadé, dévoué à son maître et à son ami, entra dans ses vues. Un triumvirat, formé de Sélim, du mufti et de Husseïn, poursuivit dans l'ombre le plan de réformer les janissaires et de sauver l'empire de la dépendance des Russes et des Autrichiens. Ces conspirateurs du salut public firent couler l'or du trésor privé du sultan dans les mains des oulémas ombrageux pour obtenir au moins leur neutralité et leur silence. L'aga des janissaires et les meneurs les plus influents de cette milice étaient absents de Constantinople, humiliés de leur défaite devant Alexandrie, en butte aux indignations et aux mépris des vrais musulmans. Les officiers inférieurs du corps, le commandant des seghbans, affiliation de ce corps, et le chef de la police de Constantinople, furent détachés habilement de la ligue des janissaires par les promesses et les libéralités de Husseïn. Vely-Zadé le secondait en portant des sentences d'excommunication et de mort contre les rebelles aux volontés du sultan.

XXXV

Cependant le mufti, aussi prudent qu'il était fidèle à son maître, lui conseilla de ne pas affronter l'esprit d'opposition de sa capitale par un trop grand développement de troupes régulières. Ménager l'irritation des janissaires tout en les supplantant insensiblement dans l'armée, tel était son plan. Il insista dans le divan pour que les troupes régulières, admises seulement au nombre de deux régiments dans Stamboul, se formassent d'abord dans les provinces de l'Asie Mineure, sous le commandement de pachas et de gouverneurs dévoués à la transformation militaire de l'armée; là, les populations, plus disséminées et plus dociles, opposeraient moins de résistance aux nouveautés.

Le divan consentit à ces mesures, et le sultan versa l'or à pleines mains pour construire à Scutari, en face du sérail, et à Levend-Chiflik, au-dessus du faubourg de Péra, des casernes d'infanterie et de cavalerie dignes de l'importance qu'il attachait à leur création.

Le commandement de ces deux corps de cavalerie et d'infanterie fut donné à deux renégats qui s'étaient signalés à la défense de Saint-Jean d'Acre. L'un était Grec : il s'appelait Massoud-Aga ; l'autre était Prussien, et avait pris le nom de Soliman.

Ces nouvelles troupes ne tardèrent pas à montrer leur supériorité. Des bandes de brigands, descendues des montagnes, ravageaient la Roumélie, dispersaient les janissaires, intimidaient Andrinople et osaient menacer les résidences mêmes du gouverneur. Deux fois les janissaires envoyés pour les anéantir avaient fui lâchement devant ces montagnards. Ces provinces d'Europe étaient ravagées, incendiées, consternées, les gouverneurs et les pachas impuissants. Sélim fit sortir de Constantinople un des régiments de nizams avec de l'artillerie légère ; il leur adjoignit deux régiments nouveaux, formés et cantonnés en Asie. Cette faible armée, animée de l'esprit de corps, que les chefs avaient su lui inspirer, triompha partout, purgea la Turquie d'Europe de ses ravageurs, et rentra fière de ses victoires dans la capitale (1802).

XXXVI

Les succès de ses nouvelles troupes enhardirent Sélim III à oser davantage en faveur des nizams. Il se crut assez fort de leur appui pour braver les janissaires et pour leur imposer ses nouveaux règlements. Un katti-chérif, ou ordre écrit de sa main sans l'intervention du divan, décréta que dans toutes les villes de l'empire on incorporerait un certain nombre de janissaires dans le nizam (1803).

Ce corps se sentit insulté et profané ; mêlé partout au peuple, il lui communiqua son indignation. Andrinople, la seconde capitale de l'empire, donna le signal de la résistance par des outrages aux crieurs publics chargés de publier la volonté du sultan. Rodosto, autre grande ville sur la Propontide, voisine de Constantinople, massacra le cadi, qui voulut obéir au katti-chérif. Ces révoltes intimidèrent tellement les autres magistrats de l'empire, que l'ordre ne fut exécuté nulle part.

Sous les yeux même de Sélim, Constantinople, silencieuse, défendit par son attitude la publication du décret. Vely-Zadé apporta les murmures des oulémas. Le sultan n'osa pas poursuivre ; il s'arrêta devant la sédition menaçante, se réservant, comme le despotisme patient du sérail, de venger l'injure faite à son autorité quand l'heure de la fortune serait revenue. Il la crut sonnée en 1806.

La guerre de Napoléon et du Nord menaçait de déborder sur l'empire. Les musulmans tremblaient du contre-coup que la Turquie aurait à subir, quels que fussent les vainqueurs. L'occasion sembla propice au sultan de nationaliser les troupes réglées. Il pensa que le peuple ferait taire ses prétentions devant son patriotisme. Il ordonna à Cadi-Pacha, un des serviteurs les plus intrépides de sa personne et de ses plans, de quitter la Caramanie, dont il était gouverneur, et d'amener à Constantinople toutes les troupes régulières qu'il avait formées dans son gouvernement. Le 6 juin 1806 était le jour assigné à la réunion de ce corps d'armée sous les murs du sérail. Les deux puissantes familles féodales des Tchiapan-Oghli et des Caraman-Oghli, maisons presque souveraines de cette partie de l'empire, devaient fournir à Cadi-Pacha deux corps de cavalerie à leur solde.

Les troupes régulières, ainsi préparées et amenées par Cadi-Pacha, s'élevant à seize mille hommes, le sultan se croyait assez fort de ce corps d'armée, joint aux régiments de Scutari et de Levend-Chiflik, pour intimider la milice séditieuse de Constantinople et frapper les rebelles de Rodosto et d'Andrinople.

XXXVII

Le bruit de la marche de Cadi-Pacha et de ses régiments réguliers, suivis de la cavalerie nombreuse de Tchiapan-Oghli et de Caraman-Oghli, fit trembler les janissaires coupables de la Roumélie. Ils s'insurgèrent de nouveau, et ils appelèrent à eux, dans l'intérêt d'une vengeance commune, les brigands des montagnes de Rhodope, vaincus et contenus naguère par les régiments des nizams.

Sélim III, au lieu de faire marcher rapidement Cadi-Pacha pour étouffer le soulèvement de la Roumélie, se complut à faire camper la nouvelle armée dans la plaine de Levend-Chiflik, au nord de sa capitale, et à s'enivrer de sa force et de sa confiance dans les nombreuses revues qu'il alla chaque jour passer, avec ostentation, de ses régiments. Cette jouissance lui coûta cher, car elle lui coûta un temps irréparable. Les janissaires insurgés d'Andrinople se disposèrent à fermer les portes de cette capitale à Cadi-Pacha et à son armée. Dix mille d'entre eux se portèrent en avant-garde derrière la petite rivière de la Yéna, au village de Babaski, pour disputer le passage de cette rivière à l'armée du sultan.

Les troupes de Cadi-Pacha, animées de son esprit et enflammées par ses paroles, traversèrent le fleuve sous le feu des janissaires, pénétrèrent trois fois dans le village; mais, trois fois foudroyées par le feu des maisons crénelées, refluèrent au delà de la Yéna, en laissant la rive opposée jonchée de leurs cadavres et de ceux de leurs chevaux.

Cadi-Pacha, voyant la route d'Andrinople ainsi fermée, revint sur ses pas pour prendre, par une autre vallée, la route de Rustschuk, ville forte, mais secondaire, de la Roumélie.

Mustafa-Baraiktar, pacha de Rustschuk, lui ouvrit les portes de son gouvernement, et unit son armée à celle de Cadi-Pacha. Mustafa-Baraiktar était un jeune et vaillant Albanais né dans les montagnes voisines de Rustschuk. Sa bravoure héroïque, sa mâle beauté, communes à cette race, où le génie de la Grèce survit à la barbarie du Bulgare, l'avaient fait distinguer de l'ancien pacha de Rustschuk. Il était monté, d'exploit en exploit et de grade en grade, jusqu'au titre de pacha et jusqu'à l'amitié de Sélim. Il avait vengé déjà le sultan de son prédécesseur, Tersené-Oghli, pacha de Rustschuk, homme suspect à Sélim, qui voyait en lui un frondeur audacieux de ses plans et un rebelle attendant l'heure de l'insurrection.

Mustafa-Baraiktar, ou porte-étendard, s'était chargé de faire justice de cet esclave révolté. Il avait eu son pachalik en récompense de la tête de Tersené-Oghli envoyée au sérail. Le caractère de Mustafa-Baraiktar était une fidélité passionnée et fanatique au sultan ; il avait le vice et la vertu des esclaves portés au sommet de la fortune par leur maître : ils voient en lui leur dieu. Cette intrépidité fataliste et cette fidélité sauvage étaient accompagnées en ce jeune Albanais de cette diplomatie instinctive du caractère, et de cette puissance de dissimuler sa passion ou sa vengeance, que possèdent les hommes dans ces cours où l'existence est un jeu perpétuel à vie et à mort contre la force et la fortune.

Il possédait de plus ces qualités extérieures qui désignent presque toujours un homme à la faveur du maître ou à la faveur de la multitude dans une civilisation où tout homme sort de lui-même et s'élève sur son propre ascendant : la taille, la souplesse, la majesté du buste, la force des bras, l'adresse à manier le cheval et le sabre, l'œil bleu et profond de ces races alpestres des bords de l'Adriatique, le front massif, le nez aquilin, la bouche bien ouverte par la franchise, souriant à ses amis et dérobant sa finesse sous les lèvres minces et mobiles de l'Albanais, véritable type des héros d'Homère, conservé pur dans les montagnes où il les a pris, l'âme d'un Ulysse sauvage dans le corps d'un Achille du Rhodope. La guerre et l'amour étaient ses seules passions. L'ambition n'était que le rêve de ses loisirs entre les exploits et les voluptés. Personne ne perce le mystère du harem d'un pacha, mais les confidences d'un de ses eunuques après sa mort et la tragédie de ses trois derniers jours révélèrent un attachement passionné entre une jeune Albanaise, objet de sa prédilection, et lui.

Il n'avait reçu, du reste, d'autre éducation que celle du paysan et du soldat albanais. Son intelligence, plutôt sourde qu'éclatante, couvait en lui sous une rustique simplicité d'idées. N'avoir qu'une pensée est souvent toute la force d'un homme. Mustafa n'en avait qu'une : aimer son maître, le servir ou le venger. Indifférent au fond sur la question qui divisait l'empire et sur le meilleur mode d'organiser les armées, une seule chose lui importait : c'est que le sultan fût obéi et que les janissaires fussent humiliés et anéantis sous les pieds de son maître. Le sultan connaissait le dévouement de Mustafa-Baraïktar. Il comptait sur lui au jour de la lutte. C'était pour réunir les deux pachas et les deux armées qui lui étaient fidèles qu'il avait envoyé Cadi-Pacha et ses troupes asiatiques à travers Constantinople, vers Rustschuk. Ces deux hommes, l'un venu du cœur de l'Asie, l'autre de l'extrémité de l'Europe, s'entendaient dans une même passion pour le salut de l'empire et pour la sainte vengeance de l'autorité du sultan.

XXXVIII

Pendant que Cadi-Pacha, reculant d'Andrinople, cherchait à joindre Mustafa-Baraiktar à Rustschuck, il apprit que les janissaires de Rodosto et les brigands de la montagne de la Thrace, réunis derrière lui en masse formidable, lui fermaient le retour sur Constantinople. Il craignit que ces insurgés ne profitassent de son éloignement pour aller révolutionner la capitale. D'un autre côté, une troisième insurrection venait d'éclater entre Rustschuk et Burgas. Un corps d'insurgés, retranché dans un long et inexpugnable défilé, lui barrait le passage. Avec cette indécision qui précède le vertige dans les moments de révolutions, où la victoire tient à une heure, Cadi-Pacha revint une seconde fois sur ses pas et se dirigea nuit et jour sur Sélivria ou Sélymbrie, seule ville forte qui restât accessible. Il s'y trouva encore devancé par huit mille rebelles, maîtres de Tchorli, ville intermédiaire entre Burgas et Sélivria. Il tenta d'enlever cette ville par des assauts renouvelés pendant trois jours. Il perdit ainsi devant ces murs un temps précieux et le moral de ses troupes.

Parvenu par une autre route à Sélivria, il fit camper son armée hors de la ville pour attendre des renforts promis de Constantinople. Quinze jours furent consommés en vain dans cette attente. Un assassin, fanatisé par la rébellion, pénétra une nuit dans sa tente, et lutta dans les ténèbres contre lui. L'intrépide Cadi-Pacha échappa au poignard et renversa son assassin dans son sang. Ses troupes, fatiguées de leur inaction, rebutées de leurs revers, corrompues par la contagion d'une grande ville, à peine contenues dans le devoir par la flotte, dont les canons menaçaient ses remparts, s'usaient et se décimaient dans le repos. Cadi-Pacha était un fidèle et courageux esclave de son souverain, mais il manqua dans cette campagne des deux génies des révolutions : la promptitude et la décision. L'orage, en s'écartant de lui, se portait sur le sérail.

LIVRE TRENTE-CINQUIÈME

I

Cependant tout fermentait à Constantinople. La nouvelle seule d'une victoire de Cadi-Pacha aurait pu intimider la capitale. Ses revers et ses tentatives encourageaient la sédition. Tous les symptômes précurseurs des révolutions de l'Orient éclataient dans la ville : les incendies, les réunions dans les cafés, les murmures des fanatiques dans les mosquées, les imprécations contre les ministres, les accusations d'impiété contre le sultan, les plaintes, les exigences et les colloques des janissaires, Vely-Zadé, frappé de ces symptômes, et qui tenait comme mufti, dans un mot de sa main, la légalité ou la condamnation de la révolte, offrit, dans l'intérêt de Sélim III, sa médiation entre le sérail et les ortas; il décida le sultan à sacrifier ses ministres à la colère publique contre les innovations qu'ils avaient consenties par complaisance pour sa volonté. Il lui conseilla de les exiler loin de sa capitale au moins momentanément. Sachant qu'il s'était rendu suspect et odieux lui-même par sa fureur avouée pour les nouveautés, et craignant que son impopularité ne rejaillît sur son maître et sur son ami, il se fit exiler à Brousse. L'aga des janissaires fut nommé grand vizir. Ce fut le gage de paix.

Ces concessions faites à temps rendirent le calme à la Roumélie et sa physionomie à Constantinople. Les peuples semblent toujours aplanir la retraite aux souverains qui leur cèdent, comme pour les encourager à leur céder plus. Cadi-Pacha, délivré des insurrections dont il s'était laissé cerner dans son camp à Sélivria, revint librement en Asie à travers la capitale. Les deux régiments de troupes régulières, dont les garnisons étaient Scutari et Constantinople, rentrèrent sans insulte dans leurs casernes. Tout parut se calmer ou dormir.

II

C'est dans ces circonstances que Napoléon envoya le jeune général Sébastiani, son compatriote, à Constantinople (1806). L'objet de sa mission était d'entraîner Sélim III dans une alliance franche et énergique avec la

France, de l'aider à transformer ses armées irrégulières et indisciplinées en armées modelées sur le système militaire de l'Europe, de reconstruire et d'armer une flotte capable de fermer le Danube aux Anglais, le Bosphore aux Russes; enfin, de le délivrer de la pression qu'exerçaient sur un empire en décadence les cabinets de Londres et de Pétersbourg, afin que cet empire régénéré pût lancer de nouveau en Moldavie et en Bessarabie des armées auxiliaires de l'armée française sur le revers de la puissance russe.

L'ambassadeur était admirablement choisi pour une telle négociation. Sébastiani, favori de Napoléon, jeune, beau, ambitieux et brave, soldat autant que négociateur, joignant l'esprit d'aventure du Corse à la grâce du Français et à la finesse italienne du diplomate, était aussi propre à pénétrer qu'à séduire Sélim; au besoin il pouvait même diriger ses plans militaires. Une légation d'élite, composée d'hommes rompus aux affaires, et un certain nombre d'officiers distingués du génie, empruntés à l'armée française de Zara, avaient suivi ou précédé Sébastiani à Constantinople.

III

La présentation de l'ambassadeur français à Sélim III inquiéta, par sa pompe et son éclat, les Anglais et les Russes, jaloux des symptômes de crédit de l'ambassadeur de Napoléon sur le sultan, dont ils surveillaient avec inquiétude la neutralité forcée. Le récit de cette première entrevue entre Sélim et le général français, par M. le baron

Prévost, historien oculaire et acteur confidentiel dans la négociation qu'il raconte, fait revivre avec de trop vives couleurs les souvenirs de cette importante négociation pour lui substituer des documents moins directs.

« Le 14 octobre 1807, disent ces notes à la fois si historiques et si personnelles, l'ambassadeur, qui n'habite jamais Constantinople, mais le faubourg de Péra, séparé par la Corne-d'Or de la ville turque, partit du palais de France à cinq heures du matin, c'est-à-dire bien avant le jour dans cette saison de l'année. Il était accompagné des membres de sa légation, des principaux négociants français, italiens et hollandais, marchant sur deux de front, et portant des torches pour suppléer au jour. Arrivé à Tophana, il s'embarqua dans le caïque à sept paires de rames du *tchaousch-baschi* (le maître des cérémonies), avec le conseiller d'ambassade, le premier secrétaire et le premier drogman, sa suite monta dans de nombreux bateaux ornés et envoyés par ordre de la Porte. On traversa le port, qui contient une quantité innombrable d'embarcations, depuis le vaisseau de guerre jusqu'aux barques les plus frêles, pour débarquer à Bagtché-Capoussi (la *Porte des Jardins*). L'ambassadeur se reposa quelques moments au kiosque du tchaousch-baschi, qui lui en fit les honneurs, et l'on servit, selon l'usage, le café, la pipe et les sorbets ; puis le cortége reprit sa marche dans l'ordre suivant :

» Les janissaires de l'orta de l'ambassadeur (régiment d'où l'on tire la garde d'honneur qui lui est donnée) marchant sur deux files ; douze chevaux de main menés par douze tchocadars à pied (valets de la cour) ; vingt-quatre valets de pied, portant la livrée de l'ambassadeur ; le collége des jeunes de langue et leurs professeurs ; les huit drogmans de France ; les consuls dans le Levant qui se trouvaient à Constantinople ; le chancelier de l'ambassade, officier chargé des fonctions de l'état civil ; les secrétaires, les attachés à cette mission ; le tchaousch-baschi, faisant les fonctions de grand maréchal de la cour ; le mihmandar, officier du sultan envoyé à la frontière au-devant de l'ambassadeur, pour lui faire les honneurs et diriger son voyage jusqu'à sa présentation ; le colonel de l'orta de service au palais de France ; le premier secrétaire d'ambassade, portant à mains élevées les lettres de créance de l'ambassadeur, renfermées dans un petit sac de drap d'or ; l'ambassadeur, le conseiller d'ambassade à sa droite, le premier drogman à sa gauche ; les aides de camp du général Sébastiani ; le chargé d'affaires de Hollande ; les chanceliers des légations napolitaine, toscane et italienne ; et, en général, les négociants et personnes principales de la nation française ; l'aumônier de l'ambassade ; les supérieurs des églises catholiques de Péra et de Galata ; enfin, les voyageurs français et autres personnes distinguées des nations amies de la France. Parmi les premiers se trouvaient M. le sénateur comte de Pontécoulant et sa suite, ainsi que le marquis d'Alménara, ministre d'Espagne, et sa légation, non encore présentés au Grand Seigneur. En tout trois ou quatre cents personnes, toutes à cheval.

» Bientôt le cortége fit halte à la porte du sérail, pour laisser passer le premier dignitaire de l'empire, dont le pouvoir, la responsabilité, et, disons-le aussi, la fragilité étaient immenses, le grand vizir, enfin. Ce personnage recevait l'hommage du peuple comme son maître ; l'autorité civile et militaire lui était soumise, et, en l'absence du souverain, c'était le sultan lui-même.

« Le *kiaya-beg* (ministre de l'intérieur), le *reïs-effendi* (ministre des affaires étrangères), le *defterdar* (grand trésorier), qui relèvent uniquement du grand vizir, et une foule d'employés de la cour accompagnent ce personnage. D'après une constante étiquette, ce haut dignitaire fait attendre les agents étrangers, quelle que soit l'élévation de leur rang. Cette fois, par déférence pour l'empereur des Français, il avait été convenu à l'avance qu'il s'abstiendrait de ce blessant privilége. Mais l'ambassadeur, en garde contre les subterfuges de l'orgueil musulman, tira sa montre aussitôt son arrivée, et fit dire qu'il attendrait trois minutes, puis se retirerait. A l'instant même le grand vizir parut et se rendit chez le Grand Seigneur, où l'accompagna l'ambassadeur et son cortége jusqu'à la seconde cour du sérail; là, tout le monde mit pied à terre.

» Dans cette cour immense et irrégulière, encadrée d'édifices gracieux, de dômes ou de coupoles dorées, d'arbres superbes, semés çà et là, était rangé un corps nombreux de janissaires en grande tenue; on avait choisi le moment de leur paye pour donner une haute idée de la puissance du sultan; c'est lui qui les traite, et ils reçoivent ce jour-là une distribution extraordinaire de vivres. A cet effet, dans une longue et belle allée de haut cyprès, étaient placés sur des nattes de grands plats de pilau (riz cuit à l'eau), de mouton grillé, de pain, de fruits et de sorbets. A un signal donné, les janissaires s'accroupirent tous à terre pour prendre leur repas.

» Peu après, l'ambassadeur se rendit au dôme (*coubbé*), et y fut reçu par le grand vizir. Le coubbé est une vaste salle décorée avec noblesse, recevant le jour d'en haut par des fenêtres d'architecture mauresque. Ici commence une fiction de mœurs toutes locales, inventée par l'hospitalité orientale, et qui devient piquante par le contraste qu'elle forme avec les mœurs d'Europe. Ce n'est pas la visite ordinaire d'un ambassadeur à un premier ministre telle qu'elle se pratique dans les autres cours. L'envoyé est censé arriver à l'instant même et surprendre Sa Hautesse, dans la personne de son vizir, occupée des plus chers intérêts de ses peuples, écoutant leurs différends et rendant la justice. C'est en remplissant ces augustes fonctions et revêtu du caractère de juge suprême que le souverain établit ses premières relations avec l'étranger. On va tenir un conseil de justice en forme, et nous allons assister à une scène tout entière.

» Près du grand vizir sont assis les deux *cadiaskiers* (grands juges) d'Anatolie et de Roumélie, représentant la magistrature des provinces d'Asie et d'Europe; les trois *defterdars* (trésoriers de l'empire) sont placés à la gauche du grand vizir; à sa droite est le nischandji, celui qui appose le chiffre (*thongra*), monogramme du Grand Seigneur, fonction importante parce qu'elle confère le droit de représentation. Ce fut près de ce haut fonctionnaire que prit place l'ambassadeur en même temps que le grand vizir.

» Une foule d'oulémas (gens de loi) se présente et une cause s'instruit à l'instant. Le vizir préside aux débats, prononce le jugement et le complète en faisant apposer par le nischandji le chiffre du sultan. Pendant l'audience, le reïs-effendi apporte au vizir la lettre annonçant l'arrivée de l'ambassadeur. Pour constater son authenticité, le vizir y appose le sceau de l'empire et le rend au reïs-effendi, qui la porte à Sa Hautesse. Bientôt ce ministre rapporte la réponse du sultan au grand vizir; celui-ci va la recevoir à la porte extérieure du dôme, et avant d'en prendre connaissance, il baise respectueusement la signature de son maître. Cette lettre lui ordonne de recevoir l'ambassadeur avec une distinction marquée, mais la charité ou peut-être la vanité musulmane suppose l'étranger ayant faim, ayant soif, et dénué de vêtements. C'est à ces besoins qu'on va successivement pourvoir.

» Quatre tables sont dressées dans la salle d'audience, et vingt-cinq ou trente mets, portés par autant de tchocadars, sont servis plat à plat; ils passent avec une rapidité surprenante, et qui permet à peine d'y toucher. Chaque convive, assis sur des coussins placés à terre, s'approche d'une table ronde de métal d'un pied de hauteur; une même serviette, longue et étroite, placée sur les genoux, suffit aux convives de chaque table. Tous prennent au plat commun avec les doigts, personne n'ayant de fourchettes, de cuillers, ni d'assiettes. Pour toute boisson on servit des sorbets glacés fort aromatisés d'ambre.

» A la première table, dressée au haut bout de la salle et complétement à l'écart des autres, se trouvaient le grand vizir et l'ambassadeur seuls. Debout, près d'eux, se tenait le drogman de la Porte, qui interprétait.

» A une seconde table, placée à une grande distance de la première, étaient assis les deux cadiaskiers.

» Aux deux autres tables, beaucoup plus grandes, se placèrent le nichandji et les autres personnes de l'ambassade.

» Après le repas, qui dura à peine une demi-heure, on apporta des bassins, de l'eau et des essences pour se laver, selon l'usage, la barbe et les mains ; puis, en sortant de table, l'ambassadeur passa dans la cour qui précède le dôme, et y fut revêtu d'une superbe pelisse de martre zibeline recouverte de drap d'or. Dix autres pelisses furent également distribuées, suivant leur importance, aux personnes les plus considérables de l'ambassade, et dix encore aux officiers de second rang. Enfin des kerekets, robes d'étoffe de laine, furent donnés aux jeunes de langue, aux religieux missionnaires et aux principaux négociants. Ces distributions complétèrent les devoirs de l'hospitalité envers les étrangers.

» L'ambassadeur et dix-huit personnes de sa suite, revêtues de leurs pelisses, furent désignés pour être introduits chez Sa Hautesse. On traversa la salle qui précède celle du trône, au milieu d'une haie fort serrée d'eunuques blancs vêtus de longues robes de drap d'or. L'ambassadeur garda son épée, quoiqu'il soit d'usage de ne jamais paraître armé devant le sultan. Ce point d'étiquette, autrefois refusé, ne fit aucune difficulté. Quant aux autres personnes, elles conservèrent leurs armes, mais elles eurent les bras constamment tenus, pendant la présentation, par deux capidji-baschis, l'un à droite, l'autre à gauche. Ces fonctionnaires sont particulièrement chargés des commissions secrètes ou de confiance, telles que les dépositions de pachas ou autres, qui peuvent entraîner la mort. Les personnes de l'ambassade entrèrent ainsi dans la salle du trône, la tête couverte de leurs chapeaux. Ce n'est dans le Levant ni une incivilité ni un privilége. Le costume n'étant complet qu'avec le turban, il y aurait indécence à n'en pas avoir, comme chez nous à être sans habit. Par analogie donc, les mulsumans admettent, pour les Européens, l'usage du chapeau comme correspondant au turban.

» La salle du trône est peu étendue et peu éclairée;

c'est un carré long dont l'entrée est pratiquée à l'extrémité droite d'un des côtés, dans sa plus grande largeur, en sorte que la plus grande étendue de la pièce est à gauche en entrant. Là se trouvaient rangés les grands dignitaires de l'empire et les hautes charges de la cour. Le sultan faisait face à l'assemblée, mais se présentait de profil à l'ambassadeur et à sa suite. Il était assis à l'européenne, sur un sopha fort bas, élevé d'une marche. Ce meuble était de drap d'or à ramages d'argent, surmonté d'un dais garni d'espèces de glands d'or et de franges de perles ; quatre colonnettes, hautes et élancées, le supportent, et sont ornées d'arabesques relevées de pierres précieuses de couleurs variées. Sur le coussin était posé le sabre du sultan, et debout devant lui se tenait le grand vizir.

» A la moitié de la pièce, le cortége s'inclina d'une manière marquée pour saluer. Quelques pas plus loin, le même témoignage de respect se renouvela, puis succéda un grand silence. Alors l'ambassadeur s'avança seul près du trône, et, après s'être incliné de nouveau avec respect, il prononça le discours suivant :

« Sire,
» Je ne puis mieux être l'interprète des sentiments de Sa
» Majesté Napoléon le Grand envers l'auguste personne de
» Votre Majesté qu'en rappelant ici les paroles qu'il a
» adressées à l'ambassadeur Mouhib-Effendi : « Je suis
» l'ami des amis du sultan Sélim III, et je serai l'ennemi
» de ses ennemis. » Appelé à l'honorable fonction de le re-
» présenter auprès d'un prince qu'il chérit, et qui, par ses
» hautes vertus, mérite l'estime et l'admiration des nations
» étrangères et la bénédiction de ses peuples, j'emploierai

» toutes les facultés de mon âme à consolider et à augmen-
» ter l'antique amitié qui unit l'empire français et l'empire
» ottoman.

» Je supplie Votre Majesté d'agréer l'hommage de mon
» respect. »

» Ce discours fut traduit immédiatement en langue
turque par le drogman de la Porte, qui, suivant l'étiquette, le prononça au Grand Seigneur d'une voix faible et
tremblante, pour montrer, jusque dans les moindres circonstances, le respect dont il était pénétré. Le sultan ordonna au grand vizir de transmettre sa réponse à l'ambassadeur ; elle portait : « Qu'il était sensiblement touché des
» sentiments de Napoléon le Grand et désirait vivement.
» resserrer des liens d'amitié si favorables à la prospérité
» des deux empires. » Ces paroles furent traduites en français, et adressées par le drogman de la Porte à l'ambassadeur. Dès qu'il eut fini, celui-ci prit congé du Grand Seigneur, qui lui témoigna, en souriant et en inclinant
gracieusement et plusieurs fois la tête, la satisfaction
qu'il éprouvait de le connaître.

» Les capidji-baschis reconduisirent au dehors de la salle
du trône les personnes qu'ils y avaient introduites, et ne
quittèrent leurs bras que lorsqu'elles en furent sorties et
hors de la vue du souverain. Parmi elles se trouvait madame Sébastiani, vêtue en homme, et dans le plus strict
incognito ; c'était le seul moyen d'assister à la présentation
de son époux, cérémonie dont les femmes sont exclues. La
salle du trône, ornée dans le goût mauresque, est, avons-
nous dit, peu vaste, quoique très-élevée; elle reçoit le jour
de la pièce qui précède et d'une seule fenêtre pratiquée à

l'angle où est assis le sultan, en sorte qu'elle éclaire le côté de son visage qu'on ne peut apercevoir, et place le côté tourné vers les spectateurs étrangers dans une complète obscurité ; cette disposition, toute calculée, n'est nullement la faute de l'architecte. Lorsque le sultan consent à se laisser voir des infidèles, il interpose à dessein, entre eux et lui, le voile de la nuit, pour atténuer la faculté de le juger comme homme. Ce peu de clarté donne à cette cérémonie un caractère solennel et mystérieux tout ensemble qui agit sur l'imagination et n'est pas exempt de grandeur.

» En revenant dans la seconde cour du sérail, Babis-Séadet, ou *Porte de la Félicité* (les étrangers ne franchissent jamais au delà), on repasse devant le dôme, où le grand vizir rend la justice. Nous avons vu l'immense autorité de ce premier dignitaire de l'État ; dépositaire de la puissance souveraine, l'empire tremble sous lui ; mais qu'il abuse à son tribunal de cette confiance, il va payer de sa tête un jugement inique ; son maître l'écoute. Au-dessus de son siége une fenêtre, symbole d'une lumière supérieure à la sienne, est masquée par un grillage d'or, et permet au sultan d'assister aux audiences sans qu'on puisse soupçonner sa présence.

» Dans cette même cour du Dôme, en avant du palais, s'élève un portique dont la splendeur frappe les regards. Ce sont six immenses colonnes de marbre blanc qui supportent une toiture saillante de plusieurs pieds ; les bases, les chapiteaux, les frises, leurs supports, sont sculptés, dorés, peints de couleurs brillantes ; c'est le somptueux péristyle d'un édifice décoré d'arceaux mauresques à bases étroites, dont les courbes de marbre s'élargissent, puis se rejoignent en s'élevant ; leurs arêtes découpées en dentelle sont sculptées. Au dehors, et près de là, on nous fit remarquer un grand bloc de marbre creusé en forme de mortier ; voici ce qu'on nous apprit à ce sujet : La loi interdit de décapiter ou d'étrangler le mufti, premier ministre de la religion ; cette inviolabilité ayant entraîné cet interprète de la loi et le corps des oulémas dont il dispose dans une insubordination manifeste, on imagina de piler les coupables, prétendant par là respecter la loi établie. La barbarie de cette coutume, et surtout le crédit de quelques muftis, la fit tomber en désuétude ; les mortiers furent enfouis en terre. Dans la suite, le mufti ayant repris un ascendant inquiétant pour l'autorité, l'un des derniers sultans fit sortir de terre un mortier, tout aussitôt l'opposition cessa.

« Nous repassâmes par Babis-Séadet, puis ensuite par cette porte fameuse, Bag-Humaïon (la Sublime Porte), qui, dans la langue diplomatique, donne son nom au gouvernement ottoman ; c'est là qu'on a coutume d'exposer dans des niches les têtes des rebelles. Il n'y en avait aucune en ce moment, ce qui attestait la faiblesse du gouvernement, car l'empire était alors en proie à des dissensions multipliées. En quittant cette cour immense, nous sortimes de l'enceinte du sérail, dont les murailles, d'une extrême hauteur, surmontées de créneaux, formaient à peu près les limites de l'antique Byzance. »

IV

La Russie était représentée alors à Constantinople par un de ces diplomates innés que la Russie, à l'exemple de l'empire ottoman, emprunte à la race grecque, race d'élite parmi les familles humaines de l'Orient, que la vive pénétration de son esprit, la grâce souple de son caractère et l'insinuation souvent infidèle de son langage, rendent partout maîtresse des affaires diplomatiques. M. d'Italinski avait les qualités sans les vices de cette famille hellénique; né à Kief et sujet russe, il servait dans la même cause son pays adoptif et le pays de ses ancêtres. C'est ce même vieillard vénérable et cosmopolite que nous avons connu à Rome quelques années plus tard, représentant la Russie schismatique dans la capitale du catholicisme, et consacrant ses studieuses années de vieillesse à recueillir, comme un patriarche pieux, les vestiges des monuments de l'art athénien.

Un ministre loyal, mais dégoûté des intrigues grecques qui enveloppent le divan, M. Arbuthnot, représentait l'Angleterre. Renfermé dans la douleur que lui causait la perte récente d'une épouse belle et adorée, il laissait flotter négligemment la diplomatie de sa cour à Constantinople. Le mécontentement de l'accueil fait à l'ambassadeur de Napoléon le décida à s'embarquer sur une frégate anglaise et à se rendre à Ténédos, sur la flotte de l'amiral Dukworth, qui croisait à l'embouchure des Dardanelles.

Le sultan, ouvertement incliné à la France depuis ses

entrevues avec Sébastiani, ayant appris que le prince grec Ypsilanti, interprète de la Porte, entretenait une correspondance avec son fils, hospodar de Valachie, partisan des Russes, sur une plainte de l'ambassadeur de France, fit trancher la tête au père et déposa le fils. Le vieux Ypsilanti, torturé avant le dernier supplice pour arracher de lui l'aveu de ses richesses, expira sans les avoir révélées. Sa délicieuse maison de campagne de Térapia, sur le Bosphore, confisquée par la Porte, devint le palais d'été des ambassadeurs de France, héritière involontaire du sang d'un serviteur infidèle du divan.

Sébastiani protégea lui-même M. Ypsilanti contre la vengeance du sultan, qui voulait l'enfermer aux Sept-Tours.

V

Telles étaient les dispositions de Sélim III, quand. le 20 février 1807, quatorze voiles anglaises, commandées par l'amiral Dukworth, franchirent impunément les Dardanelles, comme l'avait fait l'amiral Elphinston quelques années auparavant, et voguèrent vers Constantinople, rapportant l'ambassadeur Arbuthnot et les exigences de l'Angleterre à la bouche de ses canons.

VI

Les Dardanelles pour la première fois forcées, l'ennemi au cœur de l'empire, les mortiers et les canons d'une flotte anglaise prêts à vomir les bombes et les boulets sur le palais du sultan, jetèrent le sérail dans une terreur et dans un abattement qui enlevèrent toute énergie et toute dignité au divan, assailli par les cris des eunuques, des enfants et des femmes.

Sélim envoya un de ses favoris, Ismaël-Beg, au général Sébastiani, pour lui dire que le sultan cédait à la nécessité, et pour lui demander de s'éloigner. Ismaël-Beg semblait ajouter, par son visage et par son langage, sa froideur et sa menace personnelles, au message douloureux du sultan. Sébastiani répondit en homme sûr de lui-même et de la vengeance qu'un grand peuple tirerait d'un outrage à son caractère :

« Je suis ici sous la garantie du droit des gens, répondit-il à Ismaël; la présence d'une flotte ennemie de mon pays ne change rien à ma mission, n'enlève rien à mon caractère d'ambassadeur de mon gouvernement. Je suis chez le sultan; son honneur répond de moi; je ne quitterai mon palais que sur un ordre de lui, et cet ordre sera la déclaration de guerre à la France. »

Ismaël, étonné, reporta à son maître cette réponse, qui plaçait Sélim entre un acte d'héroïsme et un acte de lâcheté. Sélim était brave de cœur autant qu'il venait de se montrer embarrassé et irrésolu d'esprit. Il se réjouit peut-être, en écoutant la réponse de son confident Ismaël, d'être contraint par l'énergie de Sébastiani à montrer enfin la sienne.

D'ailleurs le peuple et les troupes n'hésitaient pas; les terreurs du sérail, les timidités des ministres, les irrésolutions du sultan, n'atteignaient pas le fond de la nation. Le péril suprême trouvait les Ottomans dignes de leur antique renommée. Le cri de guerre sortait de toutes les bouches. Les artilleurs et les janissaires couraient d'eux-mêmes aux portes et aux armes. Les vieillards et les enfants offraient leurs bras pour les travaux de terrassement et de défense; les femmes excitaient les hommes de toute profession et de tout âge à venger l'insulte faite par les Anglais à leur capitale, ou à mourir pour leur patrie et pour leur religion. Le courage rentra du dehors dans les murs du sérail. Les ministres, rassemblés de nouveau en présence de Sélim, décidèrent la guerre plutôt que l'abaissement de l'empire devant des vaisseaux anglais. Sélim III les loua de leur résolution, fit sortir ses femmes du harem et les fit conduire au vieux sérail, placé au centre de Stamboul, plus à l'abri du feu. Il s'arma, monta à cheval, ouvrit ses jardins pour que ses artilleurs, dirigés par Sébastiani et ses officiers français, y établissent des batteries. Mêlé à son peuple, animé de la même indignation, rougissant d'un moment de faiblesse que sa capitale n'avait pas même connu, il se montra sultan, général, soldat tout à la fois. Il reconquit par l'enthousiasme d'un sentiment commun le respect des janissaires, l'amour de la nation. Il reçut en audience publique le général Sébastiani, qui vint lui offrir son bras et celui de quelques centaines de Français armés pour défendre en volontaires sa personne, sa capitale et son indépendance. Il répondit en fils de Bajazet. Il sema l'or à pleines mains dans le peuple, dans l'armée, dans la flotte, pour donner à la défense l'énergie et la rapidité d'un effort suprême du peuple et du souverain. En peu d'heures Constantinople fut à l'abri d'une insulte, et d'innombrables bouches à feu, servies par toute une population, hérissèrent les rives d'Europe et d'Asie et la pointe du sérail.

VII

Les documents intimes qui viennent de nous être communiqués donnent à la résolution de l'ambassadeur de France un mobile secret que nous reproduisons ici.

Nous citons textuellement ici le document confidentiel du témoin de cette grande crise de Constantinople devant la flotte anglaise, et de l'ambassadeur de France devant le divan.

« Pendant trente ans on a gardé le silence sans qu'il ait été rompu par aucun document historique, dit le secrétaire de l'ambassadeur, M. Prévost; ce silence est devenu de l'oubli, tant les traditions les plus avérées s'effacent en s'éloignant; c'est donc à la fois pour éclairer la génération actuelle et pour rendre hommage à la vérité que nous consignons ici les détails suivants. L'honneur et le bonheur de la conduite de la France dans cette crise de la diplomatie appartient surtout au drogman de l'ambassade de France à Constantinople, longtemps chargé d'affaires de son pays auprès du divan, et vieilli avec estime dans les négociations avec la Turquie.

» La fierté de la réponse du général Sébastiani, dit le

témoin confidentiel, n'était qu'un masque qui cachait une douleur profonde du renversement de notre position politique. L'ambassadeur se disposa donc, quoique dans le plus grand secret, à partir, projet que M. Ruffin combattit avec force; mais la conviction du général ayant prévalu, il agit en conséquence et se décida à détruire ses instructions, sa correspondance et ses papiers importants. Il y a parfois dans les crises des actes sans valeur, qui peignent merveilleusement l'anxiété de la situation. Celui que nous rapportons est de ce nombre. Assurément, brûler ses papiers en pareil cas est chose naturelle; mais la précipitation de ce soin fut telle, que l'ambassadeur brûla aussi son contrat de mariage. Le départ exigeait qu'on s'assurât d'un petit bâtiment pour gagner la mer, et des chevaux, sur plusieurs points, pour toutes les éventualités. C'est à quoi l'on pourvut aussi avec un extrême secret. Dans cette situation critique, la prévoyance du général se défiait des menées possibles du parti russe ou anglais, aussi bien que des maladresses des agents de la Porte. Il redoutait surtout d'ajouter un ridicule à un revers politique, et la perte de sa liberté aurait eu infailliblement ce caractère. Enfin, à ces épreuves de l'homme public se joignaient celles de l'homme privé. Madame Sébastiani, étant sur le point d'accoucher, ne pouvait quitter le palais de France. Le général n'hésita pas à la recommander, par une lettre, au ministre d'Angleterre. Tels furent les soins, les angoisses de cette première journée. Jamais, en quelques heures, renversement de position plus complet et plus imprévu.

» On connaît la situation topographique de Constantinople, placée entre deux mers réunies par le Bosphore; là, il est des changements subits de vents que la science est impuissante à expliquer, mais que l'observation recueille comme des faits constants. M. Ruffin, par son long séjour dans cette capitale, avait une parfaite connaissance des variations atmosphériques de ces localités, et principalement de celles des vents et des courants. Depuis l'apparition de la flotte anglaise, il avait remarqué que le vent du sud-ouest, qui l'avait portée jusqu'aux îles des Princes, était subitement passé au nord-est, et s'opposait à ce qu'elle s'approchât davantage de la côte. Ordinairement ces deux vents alternent et se succèdent; celui du nord-est, qui soufflait alors, accroissant la force du Bosphore, créait une insurmontable difficulté à s'approcher de terre. Ce fut en vain qu'une frégate anglaise s'efforça toute une journée de remonter le courant du canal; entraînée par la mer et par le vent, elle se trouva promptement dans une position critique, à portée d'une batterie turque qui la canonna vivement, et elle dut renoncer à son entreprise. L'expérience du judicieux Ruffin lui fit prévoir à l'instant que, tant que régnerait ce vent de nord-est, aucun bâtiment ne pourrait serrer la terre, bien que la flotte anglaise n'en fût qu'à quatre lieues.

» Il communique sa remarque au général Sébastiani, qui en reconnaît la justesse et la sagacité; la conséquence en est immense : si le vent tient quelques jours dans cette direction, l'expédition est manquée!... Il faut donc ouvrir une négociation, la traîner en longueur, et mettre ce temps à profit pour la défense. M. Ruffin insiste aussi pour que l'ambassadeur voie sur-le-champ le reïs-effendi, le grand vizir, et qu'il demande une visite au Grand Seigneur, afin de l'initier à ses espérances et de les lui faire partager. Galib-Effendi, qui occupait le poste de reïs-effendi, était un esprit intelligent et même distingué; il avait voué sa vie aux affaires, ne trouvant de satisfaction qu'à les conduire avec succès. Cet homme, austère dans ses mœurs, était d'une santé délicate, petit, chétif, bossu; ses talents seuls lui avaient valu sa place, et il tenait à conserver cette position éminente que le changement de système renversait; il accueillit donc avidement l'ouverture, et la fit goûter au grand vizir. Quant à lui, pour mieux cacher son jeu, il se montra favorable aux demandes de M. Arbuthnot, en même temps qu'il intervenait avec chaleur pour que l'audience du sultan fût promptement accordée à l'ambassadeur.

» L'accueil du Grand Seigneur fut empressé et tout amical; il sembla vouloir faire oublier la mission d'Ismaël-Beg. Aux premiers mots, le général reconnut qu'on était au courant de son plan; à la bienveillance du langage, qu'il en coûtait à ce prince de renoncer à l'alliance de la France; mais pouvait-il faire autrement? telle était la question. Encouragé par ce premier succès, l'ambassadeur jugea qu'on saisirait volontiers une planche de salut; la seule était d'organiser la défense, et il en montra l'importance et la possibilité, que l'on sentit. La question fut alors pleinement approfondie; le grand vizir, le reïs-effendi et quelques conseillers furent mandés; la discussion s'engagea librement et admit toute liberté d'objection. Ce fut alors que le général termina cette audience par ces paroles énergiques :

» —Vous ne pouvez accéder à une aussi insolente intimation sans être rayé du rang des nations! La flotte anglaise brûlera votre ville, dites-vous? Eh bien, vous la rebâtirez, et votre honneur du moins sera demeuré intact! Mais, remarquez-le bien; l'ennemi ne peut vous atteindre sans s'exposer à vos batteries, et ses dangers sont centuples des vôtres. Eût-il anéanti votre glorieuse capitale, comment l'occuperait-il avec une poignée d'hommes? Votre agresseur a contre cette chance les hasards du combat, de la mer, des vents surtout! qu'ils lui manquent, non-seulement il ne peut agir, mais il demeure à votre merci! Temporisez donc, négociez lentement, car le temps est pour vous; votre salut et la honte de vos ennemis dépendent uniquement de votre conduite.

» Ce langage généreux releva les courages, et ce texte de négociation simulée fut pleinement adopté. L'ambassadeur, initié à toutes ses phases, la dirigea; ce qui secondait particulièrement ce plan de défense, et lui présageait de grandes chances de succès, c'est que le peuple de Constantinople, loin de s'effrayer de l'escadre anglaise, poussait des cris de fureur et de vengeance contre un ennemi qu'il traitait d'infâme et de perfide; qui, en pleine paix et sans provocation, avait brûlé une flottille turque, puis menaçait de détruire la capitale de l'empire. On mit donc à profit l'indignation populaire qui, instinctivement, s'était manifestée contre l'ennemi. Honorable sentiment, en parfait contraste avec la pusillanimité du palais et du ministère! L'élan une fois donné, le pouvoir n'osa y résister; il seconda sincèrement, au contraire, tous les moyens de défense. Dès cet instant aussi, la ville changea subitement d'aspect; partout était répandu un peuple rempli d'énergie, d'activité, d'enthousiasme. De nombreuses batteries, formées d'un épaulement en terre avec fascines, s'élevèrent sur la terrasse et toutes les sommités de la ville, comme par enchantement. Les côtes d'Europe, celles d'Asie, la tour de Léandre, si heureusement placée à l'entrée du Bosphore pour repousser l'agression, furent également fortifiées, et ce dernier poste muni de fourneaux à boulets rouges. Une ligne formidable de vaisseaux et de chaloupes canonnières fermait le port depuis Tophana jusqu'à la pointe du sérail, indépendamment d'un grand nombre de brûlots prêts à incendier la flotte ennemie si elle osait avancer. Le sultan, les ministres, les personnages marquants de la cour et du divan stimulaient le zèle des travailleurs par leurs paroles, leurs exemples et leurs générosités. Parmi les légations amies de la France se distinguait celle d'Espagne; son chef, M. d'Hervas, marquis d'Alménara, avait rendu à Paris des services d'argent au ministre actuel de la marine, Esseid-Ali-Effendi, alors ambassadeur de la Porte près du Directoire. Ces antécédents donnèrent à l'envoyé d'Espagne une grande facilité d'accès près de ce ministre, qui tourna au profit de la défense. Partout le zèle du peuple était guidé, soit par des Européens au service de la Porte, soit par des officiers du corps du général Marmont, pour l'instant en mission à Constantinople, ou, à leur défaut, par des membres civils des légations françaises ou alliées; en sorte que le divan, d'abord plein d'effroi, partagea bientôt l'enthousiasme populaire. Répétons qu'il en fût devenu la victime par un rôle contraire.

» Trois jours s'étaient écoulés en négociations avec M. Arbuthnot, quand, forcé par sa santé d'abandonner les affaires, il en laissa la conduite à l'amiral Dukworth. Sous ce nouveau négociateur, cinq jours se passèrent encore sans qu'elles eussent avancé d'un pas. Ce temps avait suffi pour rendre imposants les travaux de défense. Trois cents pièces de canon était en batteries, et les emplacements préparés

pour un nombre trois fois plus grand encore. A une sommation plus menaçante de l'amiral, toujours en vue mais non à portée de Constantinople, le divan répondit : — « Vous
» nous menacez sans motifs plausibles de bombarder notre
» capitale; eh bien, agissez donc! nous sommes prêts main-
» tenant, et douze cents bouches à feu vous répondront! »

» Dans la même journée du 28 février, deux cents canonniers exercés, et quelques officiers français, partirent en hâte pour les Dardanelles. Cette mesure, bientôt connue de l'amiral, et l'énergique réponse qu'il avait reçue, lui firent craindre de se trouver enfermé dans la mer de Marmara. Ce fut alors qu'il s'aperçut de la conduite insidieusement habile de la Porte, qui l'avait leurré d'une entrevue, puis avait fait naître des difficultés sur le lieu des conférences, et finalement n'en avait point fixé. Voyant enfin, mais trop tard, que l'occasion lui échappait, il modifia beaucoup ses premières demandes. Ces concessions portaient atteinte à la dignité britannique, et son inaction au salut de la flotte, sans autre résultat que d'exalter l'orgueil ottoman. Ce fut alors qu'il prit résolûment son parti. Le 2 mars 1807 l'escadre appareilla des îles des Princes; le 3, elle mouilla à Lamsakî (Lampsaque); le 4, favorisée par le vent et par les courants, elle franchit de nouveau les Dardanelles.

» Le but de cette entreprise était d'intimider le divan, afin de lui dicter des lois devant la capitale. Son exécution présente deux points distincts : l'un militaire, l'autre diplomatique. Le premier caractère ne se déploya qu'à soixante-dix lieues de Constantinople, ce qui nous a déterminé à nous abstenir de tout détail stratégique, puisque devant cette ville on ne brûla pas une amorce. Mais les Anglais donnèrent la preuve, sans exemple encore, de la possibilité de forcer le détroit des Dardanelles, et l'exécutèrent avec une rare énergie. Exposés au feu des châteaux, très-mal armés il est vrai, ils eurent, au moment du danger, l'admirable sang-froid de marcher sans répondre aux batteries turques. Le mode militaire de ce pays était tellement imparfait, que les forts étaient munis de pièces sans affûts, couchées sur le sable. Dans cet état, les canonniers, ne pouvant les mouvoir, attendaient pour tirer que les bâtiments ennemis fussent exactement placés dans la direction de leurs pièces. C'était, on le voit, l'absence de théorie opposée à ce que la science et l'expérience peuvent ajouter au plus intrépide courage. N'est-il pas permis de dire que, sans ce mauvais système d'armement et la maladresse de la défense, ce passage devait être le tombeau de la flotte anglaise?

» Toutefois, l'ignorance complète de l'art pouvait encore être redoutable; à Négara, seule batterie nouvellemennt construite en état de servir, le *Windsor-Castle*, de cent dix canons, reçut un boulet de marbre gigantesque, qui coupa son grand mât dans l'entre-pont et tua vingt et un hommes; le *Standart,* de soixante-quatorze, reçut un de ces formidables projectiles dont l'effet fut désastreux; son choc sur le fer enflamma des munitions qui firent explosion, et, en détruisant le pont du vaisseau, blessa soixante hommes. Il est vrai que ce boulet était du poids de sept à huit cents livres.

» Au second passage de la flotte, une foule de défenseurs intrépides et de canonniers exercés desservaient les batteries à fleur d'eau. Aussi, la perte des Anglais (qui, d'après les journaux, avait été en allant de trente-huit tués et de cent blessés) fut de cent trente-sept tués et de quatre cent douze blessés au retour.

» Quant aux Turcs, leur perte en hommes fut nulle, mais ils eurent un vaisseau et cinq frégates incendiés. Les Anglais perdirent deux corvettes et le vaisseau de soixante-quatorze l'*Ajax*, qui prit feu avant de tenter le passage.

» Cette expédition, considérée sous le point de vue politique, fut moins dirigée contre la Turquie que contre la France. Militairement, elle fut bien conduite, mais échoua par les impérities diplomatiques. A son début, tout marcha favorablement pour les Anglais; la terreur causée par la présence de leur escadre contraignit le sultan à signifier à l'ambassadeur son éloignement, démarche à laquelle cet envoyé refusa avec dignité d'obtempérer, la regardant comme étant imposée au sultan. A ce moment, l'attitude du général Sébastiani fut d'autant plus louable, que ses convictions intimes lui faisaient considérer la partie comme perdue. Tout à coup la chance tourne, l'espoir renaît! Nous avons signalé le moteur de ce changement inespéré. La flotte s'éloigne enfin, et l'ambassadeur ressaisit plus de crédit qu'il n'en avait précédemment. Dès lors, on le considère comme le sauveur de l'empire, et ce surnom glorieux est dans toutes les bouches. Tel fut le résultat final de cette malencontreuse entreprise de l'Angleterre. »

VIII

La guerre ainsi rallumée par l'énergie de Sébastiani et de sa légation entre la Turquie, l'Angleterre et la Russie,

Sélim III ordonna une levée en masse de tout l'empire. Le grand vizir assigna Schumla, au pied du Balkan, pour le lieu du rassemblement des troupes.

Il devait s'y rendre lui-même avec les ministres et les janissaires de Constantinople. Mustafa-Baraiktar avait réuni une armée de quinze mille hommes à Rustschuk. Il devait envahir la Valachie. Sélim nomma un nouvel aga des janissaires, longtemps simple soldat de la 31ᵉ orta, et qui, employé souvent à la garde d'honneur du palais de France, avait pris de l'admiration pour nos institutions militaires. Le grand vizir Ibrahim-Pacha et tout le divan suivirent les janissaires à Schumla. Mustafa-Pacha fut nommé, en l'absence du divan, caïmakam de Constantinople.

Le caïmakam est une espèce de dictateur qui remplace, en l'absence du grand vizir, tous les pouvoirs de l'État. Il répond du sultan et de la capitale. Les troupes régulières restèrent dans leurs casernes et en Asie. Sélim craignit que leur présence à l'armée active ne mécontentât les janissaires. Le mufti Vely-Zadé, ce conseiller fidèle et expérimenté de Sélim, mourut au commencement de la guerre. Le sultan le pleura comme un frère. Il choisit pour le remplacer dans ce poste, le plus dangereux de l'empire pour un factieux, le grand juge de Roumélie, homme dissimulé, qui avait feint jusque-là les idées novatrices de son maître. Le caïmakam Mustafa-Pacha, entre les mains de qui Sélim se trouvait placé, était aussi fourbe et aussi ambitieux que le nouveau mufti. Ces deux hommes ourdirent de concert une trame dans l'intérieur du sérail, dont Ibrahim-Effendi et Ahmed-Beg, l'un secrétaire, l'autre écuyer du sultan, tenaient et leur livraient les fils.

Les deux chefs de la conjuration feignirent de se haïr et de se combattre pour mieux tromper leur maître sur leurs véritables vues. Une sédition militaire dans la capitale fut le moyen qu'ils concertèrent pour se débarrasser du grand vizir et, au besoin, du sultan lui-même. Ils en avaient préparé les éléments.

IX

Environ deux mille aventuriers albanais ou lazes, des environs de Trébizonde, furent appelés à Constantinople en l'absence des janissaires, sous prétexte d'aider les régiments réguliers à garder les châteaux du Bosphore ; on leur avait donné le nom d'yamaks. Ils étaient destinés à servir les batteries avec les régiments de nouvelle organisation, dont cependant ils ne faisaient pas partie. L'intention du sultan était de fondre ces deux corps ; il les avait rapprochés l'un de l'autre pour que les yamaks, séduits par 'exemple, se pénétrassent d'une émulation de tactique et de discipline par le contact avec les nizams.

X

Le caïmakam, dans un dessein contraire, jeta dans leurs rangs un certain nombre de janissaires chargés de répandre parmi les yamaks l'esprit de corps, d'orgueil et de révolte de leur propre milice, et de les animer contre les réformes militaires du sultan et contre lui-même. En voulant, disaient ces embaucheurs aux yamaks, emprunter aux chrétiens leurs armes et leurs institutions, Sélim voulait faire des enfants du Prophète un peuple de *giaours* ou de *chiens*. Lui résister, c'était servir la religion et venger la dignité du nom ottoman. Ces jeunes soldats, paresseux, ignorants et fanatiques comme les enfants des races asiatiques nomades, écoutaient avec un penchant naturel ces discours ; ils regardaient leur ignorance, leur paresse, leur obstination, comme des vertus qui servaient la religion et la patrie.

Ces manœuvres corrompaient depuis quelques semaines les yamaks, quand le perfide caïmakam, pressé de faire éclater ses desseins par leur sédition, ordonna à Mahmoud-Effendi, brave officier qui ignorait le piége, d'aller au château d'Europe porter la solde aux yamaks. Il le chargea, de plus, de porter avec lui dans ses caïques quelques uniformes de corps réguliers, et d'en revêtir de force un certain nombre de yamaks pour les enrôler ainsi violemment dans les nizams.

XI

Mahmoud, sans défiance, se rend au château de Roumélie, sur la côte du Bosphore, où les yamaks et les nizams étaient confondus dans les mêmes casernes. Il solde les troupes ; mais, au moment où il découvre les uniformes et parle de sa mission, les yamaks, indignés, s'élancent sur lui pour l'étrangler. Les nizams présents l'entourent pour le défendre ; un combat sanglant s'engage entre les deux corps. Mahmoud, pendant la confusion de la lutte, s'élance dans son bateau et fuit vers le village de Bouyouk-Déré, situé à quelques coups de rames sur la même côte. Les yamaks, acharnés à sa perte, suivent en courant sur le rivage la course du caïque de Mahmoud, le précèdent à Bouyouk-Déré, ordonnent à ses rameurs d'aborder malgré lui, et le massacrent, ainsi que son kiaya, au moment où il met le pied sur la plage.

La sédition du château de Roumélie, bientôt connue, est le signal d'une sédition générale dans toutes les batteries et dans tous les châteaux des deux rives du Bosphore. Partout les nizams sont vaincus et chassés par les yamaks, plus nombreux, secondés par le peuple. Le commandant du château d'Asie subit le sort de l'infortuné Mahmoud. Son cadavre, percé par les yatagans, est jeté à la mer pour aller porter, à la porte du sérail, au sultan la réponse sanglante à ses ordres.

XII

Les nizams, expulsés des batteries de la mer, étaient rentrés dans leurs casernes à Constantinople et à Scutari. Ces régiments, joints aux autres forces de la capitale et à celles que le caïmakam pouvait appeler d'Asie en deux jours, étaient plus que suffisants pour venger cet attentat et pour désarmer les yamaks. Le caïmakam promit au sultan et aux ministres de ramener au devoir ce rebut de l'armée et de punir les plus criminels. Il endormit, par une apparence de dédain, la colère et la vigilance de ses collègues.

Cependant le bostandji-baschi, un des grands officiers de la couronne qui commande le corps des jardiniers du sérail, espèce de garde intérieure, souvent rivale des janissaires, s'étant rendu à Bouyouk-Déré dans un bateau de la cour à seize paires de rames, avait été repoussé du rivage à coups de fusil. Il revint alarmer son maître par le récit de ce nouvel attentat contre son autorité.

Mais le caïmakam, sommé d'agir, temporisa encore. Il profita de ces délais calculés et de l'irritation que ces crimes impunis jetaient dans la multitude, pour faire souffler aux janissaires et au peuple, dans les rues, par les oulémas et par les imans, par les prédicateurs dans les mosquées, une insurrection sainte contre les ministres partisans des innovations impopulaires. Les yamaks, fortifiés dans leur esprit de résistance par les bruits qui leur arrivaient de Constantinople, sentirent qu'ils avaient un appui dans la capitale, un complice au sérail. Ils se réunirent en masse dans la grande vallée de Bouyouk-Déré, sur la prairie qu'ombrage l'immense platane de ce village, arbre fameux qui couvrit jadis le camp des croisés.

Là, ils jurent par serment de venger la religion et la patrie des réformateurs qui attentent aux lois et aux usages de leurs pères, de frapper les faibles ou les traîtres qui pactiseraient avec les novateurs, et ils se choisissent pour chef un d'entre eux, homme d'une volonté sauvage, mais d'un talent supérieur à son éducation. Il se nommait Cabatchi-Oghli. La nature l'avait doué d'une véritable éloquence, cette première arme des séditions, d'un instinct sûr et d'un courage froid, qualités nécessaires à tout chef de parti dans les temps de révolutions. Soit que le hasard eût inspiré les yamaks, soit que le caïmakam leur eût fait souffler le nom de Cabatchi-Oghli, ce choix répondait à tous les besoins d'une émeute que le perfide ministre voulait à la fois soulever et contenir. Le chef des yamaks les entraînait sans être entraîné lui-même. Il voulait faire reculer la réforme, intimider le sérail, relever la puissance abattue des janissaires, renverser le grand vizir et les ministres qui l'avaient suivi au Balkan, et donner au caïmakam et au mufti un irrésistible empire sur Sélim III asservi. Il ne voulait pas plus. Au delà, il rencontrait la religion, les lois antiques, l'autorité sainte du sultan; il s'arrêtait devant ces objets de sa vénération.

Tel était cet agitateur asiatique, né sous la tente, et qui allait imposer des lois au palais de ses maîtres.

XIII

Ce chef habile, sous l'inspiration du caïmakam, fit jurer à ses soldats de ne commettre aucun désordre et aucun pillage. Il les tint trois jours immobiles, désarmés et silencieux, dans les châteaux confiés à leur garde, comme pour rassurer la capitale, endormir le sultan et apprivoiser l'esprit public à la sédition en la montrant si inoffensive et si calme. Le troisième jour seulement il se mit en marche par les collines qui séparent Constantinople de Bouyouk-Déré, à la tête de cette poignée de séditieux, qui ne dépassait pas six cents hommes. En deux heures il fut aux portes de la ville. La terreur le précédait. Les émissaires du caïmakam et du mufti l'accroissaient dans la ville pendant qu'ils l'endormaient au sérail. Ces hommes, disaient-ils au sultan, ne s'approchaient que pour demander l'oubli de leur faute et l'amnistie du sang versé. Les combattre, c'était les rejeter de nouveau par la violence dans la révolte. Le sultan, entouré de ces conspirateurs intéressés à le tromper, croyait, ainsi que ses ministres, à ces rapports.

XIV

Mais le caïmakam avait résolu de se défaire, par un coup de main cruellement conçu et prémédité, de tous ceux parmi ces ministres et parmi ces amis de Sélim III qui pourraient éclairer enfin son maître et contre-balancer sa propre fortune. Feignant de trembler pour la sûreté du defterdar et des principaux conseillers d'État du divan, menacés par la haine des yamaks qui s'approchaient, l leur envoya offrir l'asile de son propre palais, défendu par une forte garde.

Le defterdar et les partisans les plus impopulairement notés de la réforme se rendent avec confiance à cette invitation. Le caïmakam les accueille avec une grâce qui couvre la mort. Il leur fait servir les rafraîchissements, les pipes, le café, ces symboles de l'hospitalité. Il les félicite d'avoir eu confiance dans son palais, et sort pour donner à ses bourreaux l'ordre de les immoler. Leurs cadavres étaient l'hommage qu'il voulait offrir aux yamaks, en devançant leur vengeance par la perfidie.

XV

Cependant, Cabatchi-Oghli était entré dans la ville et parcourait les rues aux acclamations du peuple. Arrivé aux portes du palais de l'aga des janissaires, et s'adressant au commandant en second, qui était resté à Constantinople pour remplacer l'aga :

« Voilà, lui dit-il en montrant ses yamaks, voilà des enfants du corps, voilà des disciples de votre saint patron Hadji-Begtasch, qui viennent se rallier à leurs frères pour défendre ensemble votre cause, la religion, les mœurs et les lois de l'empire. Je vous somme en leur nom de vous unir à nous pour vous venger et pour punir les nizams et les ministres impies qui veulent les substituer à vous et à nous ! »

Le commandant des janissaires, indécis à ces paroles entre son devoir envers le sultan et l'entraînement de ces casernes, flotta comme la fortune, permit à ceux de ces soldats qui voulaient sortir de s'unir aux bandes de Cabatchi-Oghli, et se borna à rester immobile et comme impartial dans son palais. Huit cents janissaires passèrent dans les rangs de la sédition. Cabatchi les entraîna devant les casernes de la marine pour séduire et enrôler par l'exemple les galiondjis. Le capitan-pacha était absent. Les officiers, partagés d'opinion, fermèrent l'approche des casernes. Cabatchi-Oghli les harangua du milieu de la cour.

« Braves marins, s'écria-t-il, honneur et rempart de l'empire sur les mers si souvent teintes de votre sang ! vos gémissements secrets ont franchi le seuil de vos casernes et ont retenti jusqu'à nous; encore quelque temps et vous n'auriez eu que des giaours pour chefs, et des mains de chrétiens auraient seules porté, pour le trahir, le pavillon du Prophète! Je viens à la tête de ces fidèles soutiens de la foi et du nom ottoman vous rendre vos droits, votre honneur, vos priviléges! Entrez dans notre sainte ligue! Mais avant d'y entrer, sachez que nous ne voulons y recevoir que des hommes irréprochables, décidés à ne souiller par aucun désordre, par aucun pillage, notre sainte entreprise, et animés exclusivement par l'esprit de patriotisme et de religion qui nous a armés! Tout musulman qui, une fois entré dans nos rangs, souillerait notre cause, serait à l'instant répudié par le peuple et immolé de nos propres mains! »

Les marins, intimidés par cette menace, et qui avaient espéré le pillage, répondirent par un murmure d'étonnement aux paroles sévères de Cabatchi-Oghli. Deux cents d'entre eux seulement, plus probes ou plus fanatiques que les autres, s'unirent aux yamaks et aux janissaires. Ils marchèrent ensemble à Tophana, quartier voisin sur la même rive du port, pour soulever les artilleurs.

XVI

C'était le corps le plus favorable à la réforme militaire et le plus attaché au sultan. Le caïmakam, craignant leur résistance, avait destitué leur chef. Il faisait répandre dans leurs rangs que la nomination à ce haut grade et les grades d'officier secondaire seraient la récompense de ceux des sous-officiers qui se dévoueraient le plus vite à la cause de l'insurrection. Cabatchi-Oghli trouva les portes fermées; mais, se mettant au milieu des siens sur la place qui s'étend entre la caserne et la mer :

« Artilleurs, leur cria-t-il avec des gestes d'amitié et même de respect, ne croyez pas que nous venions vous disputer le juste ascendant que vos talents et votre arme vous assurent sur les défenseurs de l'empire! Souvenez-vous seulement que vous êtes tous sortis de nos rangs, que vous êtes les frères et les fils des janissaires, une élite de ce corps sacré! Ouvrez vos portes! jetez-vous dans nos bras! C'est au nom de Hadji-Begtasch, votre patron et le nôtre, que je vous conjure de courir au secours de nos saintes lois! Le Prophète vous regarde! Si vous n'ouvrez pas vos portes à son peuple, il vous chargera de ses malédictions, et vous fermera à jamais celles du paradis des croyants! »

XVII

Ces paroles, appuyées des gestes, répétées par les voix de deux mille insurgés et du peuple qui grossissait le cortége, l'absence d'ordre, l'immobilité de la rive opposée du port, que l'on voyait des fenêtres de la caserne, les insinuations de quelques meneurs vendus au caïmakam, l'indécision qui saisit les troupes sans direction devant un mouvement qui soulève et qui entraîne tout sur son passage, ébranlèrent les artilleurs. Les portes, longtemps assiégées et défendues tour à tour en dedans, s'ouvrirent. Cabatchi-

Oghli fut porté dans la cour par le flot du peuple avec une présence d'esprit rapide. Les plus vieux des sous-officiers des artilleurs, ses yamaks, suivirent son exemple et embrassèrent chacun un des topdjis. L'émotion fit couler des larmes. On eût dit que la religion et l'honneur se reconnaissaient et s'embrassaient sur le cœur de ces soldats séparés un moment par l'astuce des giaours. Les nizams seuls, fermes dans leurs casernes isolées, se préparaient à combattre et comptaient sur la résistance et sur les secours des canonniers. En apprenant la défection des marins et des artilleurs, ils se barricadèrent derrière leurs murailles et attendirent l'assaut et la mort que tout présageait autour d'eux.

XVIII

Cabatchi-Oghli, sûr désormais de la ville et de l'esprit du peuple, ne perdit pas le temps à l'attaque d'ennemis impuissants. Laisser refroidir la sédition, c'est lui enlever la victoire. L'audace et la surprise sont la tactique des révolutions. Cet homme inculte en avait le génie.

Il marcha hardiment à travers les rues les plus populeuses de Stamboul et sous les murs mêmes du sérail, à la place de l'Atmeïdan, au cœur de la ville. Là, voyant le sultan immobile dans l'enceinte fermée du sérail, et tous ses ordres désormais sans exécuteurs contre la révolte, il prit hardiment le rôle de souverain, après avoir achevé son rôle de soldat et de factieux. Il envoya ordonner aux janissaires de toutes les ortas, ou compagnies, restées à

Constantinople, d'apporter sur cette place leurs *marmites*, signe plus révéré que leur drapeau, et autour desquelles se groupent les ortas dans les jours de trouble ou de solennité.

Les crieurs publics semèrent à l'instant cet ordre dans tous les quartiers de la ville et des faubourgs de Stamboul. A leurs voix les janissaires obéissants apportent solennellement leurs marmites sur l'Atmeïdan et les rangent en cercle, selon le numéro de l'orta, autour du divan en plein air que ses soldats avaient préparé pour leur orateur et leur chef.

« Frères et camarades, dit Cabatchi-Oghli aux ortas rassemblées autour de lui, la réunion de ces signes vénérés de vos ortas, de ces foyers du janissaire, est le témoignage visible de l'union de tous les vrais croyants dans un même esprit. Nous sommes unis, soyons résolus ! L'heure est venue de confondre nos ennemis ! Le ciel s'est déclaré pour notre cause qui est la sienne ! Extirpons du sein des Osmanlis cette faction impure qui a résolu de détruire les janissaires et de rendre le musulman semblable au giaour ! Demandons la dissolution du corps des nizams ! Permettons à ces jeunes soldats, contraints ou réduits, de gagner leurs foyers ; mais frappons ces ministres et ces chefs criminels qui ont corrompu la pureté de la foi, et qui ont juré la perte des janissaires, colonnes de l'empire. »

Des acclamations forcenées éclatent sur la place. Cabatchi-Oghli s'arrête, et déployant une liste de proscrits, dressée d'avance par le caïmakam, il la lit à haute voix aux janissaires et désigne au peuple et aux troupes les victimes qu'ils peuvent immoler. A ces noms, des détachements de sicaires, comme ceux qui sortaient des légions à la voix de Sylla ou de Marius, pendant les proscriptions romaines, s'élancent, dirigés par des yamaks armés, et parcourent la ville pour découvrir et égorger les proscrits. Peu échappèrent, quoique cachés chez les chrétiens ou chez les juifs de leur domesticité.

Pendant ces exécutions, le caïmakam envoya sur la place de l'Atmeïdan, à Cabatchi-Oghli, en signe de satisfaction et d'hommage, les cadavres de ses collègues étranglés le matin chez lui. Les détachements, revenant de leur mission sanguinaire, apportaient tour à tour les têtes des proscrits qu'ils avaient frappés, et les jetaient en monceau à côté des cadavres et des marmites aux pieds du nouveau Marius.

XIX

Des épisodes atroces signalèrent ces proscriptions.

Un des proscrits s'étant réfugié chez un juif de son intimité, avec une cassette qui renfermait ses trésors, fut trahi par son hôte, qui voulut s'emparer de ses richesses en livrant sa tête au bourreau.

Un autre, en cherchant à gagner l'abri du sérail, fut reconnu par les assassins, qui poussèrent la rage jusqu'à dévorer son cœur sanglant.

Celui-là, réfugié dans la maison d'un jardinier grec, fidèle à son malheur, mais craignant à la fin de perdre son sauveur, alla se livrer lui-même, calme et résigné, aux yamaks. Sa vertu, sa figure vénérable, la lassitude d'immoler peut-être, attendrirent la multitude étonnée de la sérénité du mourant.

« Braves janissaires, dit Cabatchi-Oghli, la confiance de ce vieillard n'est-elle pas le préjugé de son innocence ? Faut-il qu'il meure ou qu'il vive ? C'est à vous de prononcer.

» — Qu'il vive ! » s'écria la foule.

Et cette foule, aussi versatile en Orient qu'en Europe, lui fit cortége jusqu'à sa maison.

XX

Le peuple, lassé de victimes vulgaires, demandait à grands cris, à travers les portes fermées du sérail, la tête du bostandji-baschi, le général des gardes personnels du palais, jeune favori aimé entre tous du sultan. Sélim III, qui entendait ces cris, tremblait que la sédition obstinée ne s'apaisât qu'au prix d'une victime qu'il ne pouvait livrer sans livrer son cœur et sa conscience aux factieux. A ces cris de mort poussés contre lui, et que la résistance de Sélim changeait en cris de rage et de malédictions contre le sultan lui-même, le jeune esclave, estimant plus le salut de son maître que sa vie, se jeta en larmes aux pieds de Sélim et le conjura de le livrer mort à ses ennemis, afin que sa tête, jetée au peuple, préservât celle de son ami.

Sélim hésitait et faisait un geste d'horreur. Le bostandji insistait, en implorant la mort comme les lâches implorent la vie.

XXI

Le sultan mit les deux mains sur ses yeux : « Eh bien ! mon fils, dit-il à son esclave, puisque tu consens toi-même à ta propre mort pour désarmer ce peuple sans pitié, meurs donc, et que la bénédiction de Dieu t'accompagne dans le ciel, qui récompense les généreux dévouements! »

Le bostandji tendit le cou à un exécuteur, qui lui trancha la tête et qui la jeta aux janissaires par-dessus les créneaux de la Sublime Porte ; les janissaires la ramassèrent avec des cris de tigre et la portèrent sur l'Atmeïdan, aux pieds de Cabatchi-Oghli.

Dix-sept têtes des chefs et des ministres du parti de la réforme étaient rangées en face de ce souverain de la révolte, et en face des marmites des ortas. Il y avait trois nuits et trois jours que le sang coulait, et que le sultan, captif dans les murs du sérail, entendait le massacre de ses amis. Pas un membre du divan n'avait survécu. Mais Sélim III régnait encore. Le vieux respect pour le sang d'Othman protégeait la vie et le sceptre de ce prince, même contre le fer qui venait d'immoler tous ses serviteurs. Les chefs invisibles de la sédition, le caïmakam et le mufti, délibéraient. Fallait-il laisser sur le trône un prince dont le cœur était aux innovations détestées? un prince offensé par tant d'outrages, et dont la soumission apparente et momentanée à leur volonté ne couvrirait jamais qu'une tardive, mais inévitable vengeance? Les demi-forfaits, se disaient-ils, ne sont-ils pas la perte certaine des criminels ?

Ils décidèrent que la déposition de Sélim était la seule absolution de leur audace. Ils se résolurent à placer sur le trône, à sa place, le jeune et léger Mustafa, fils aîné du dernier des sultans, Abdul-Hamid.

Cabatchi-Oghli, qui paraissait seul devant les troupes et devant le peuple, arriva le quatrième jour, au lever du soleil, suivi d'un imposant cortége sur la place de l'Atmeïdan, et, montrant du geste les têtes livides étalées devant les ortas des janissaires :

« Vous voilà vengés, dit-il ; vos ennemis ont péri ; la cause de la religion et des lois a vaincu ; le sultan vient de prononcer l'abolition des nizams : vous n'avez plus de rivaux à redouter.

» Mais, reprit-il avec un accent plus terrible, ce prince, notre ennemi depuis qu'il respire, mérite-t-il notre confiance parce qu'il se déclare notre ami depuis qu'il ne peut plus nous haïr impunément? Il accorde tout en ce moment, parce que sa tête et sa couronne sont sous l'ombre de nos yatagans; mais une fois que nous aurons essuyé nos sabres et que nous serons dispersés à la défense de l'empire, ne reprendra-t-il pas ses projets contre nous? Nous serions forcés de ressaisir une seconde fois les armes, et de refaire avec des flots de sang ce que nous avons fait ! Insensés ! nous préparerions à cet empire deux révolutions au lieu d'une !

» N'exposons pas l'empire à des secousses pareilles. Vous m'entendez et je vous entends. Vous demandez que le sultan Sélim soit déposé à l'instant; mais ce n'est pas à vous seuls, braves janissaires, de décider une si importante question; c'est à l'oracle de la loi, c'est au mufti ; consultons-le avec respect, et que son fetwa nous dise si Sélim doit rester sur le trône ou doit en descendre pour faire place à son successeur. »

Les janissaires et le peuple, avec cette gravité qui caractérise même les séditions chez les Ottomans, donnèrent leur assentiment à cette audacieuse proposition. Le dictateur chargea quelques émissaires de porter à l'instant au mufti la question constitutionnelle, qu'il rédigea en ces mots :

« Un padischah qui viole le Coran mérite-t-il de rester sur le trône ? »

L'astucieux mufti, qui avait inspiré la demande, feignit l'étonnement et la consternation au moment de donner la réponse. Il s'apitoya hypocritement sur les malheurs de la nation et sur le sang versé.

« Malheureux prince, s'écria-t-il, corrompu par les vices de ton éducation, la faiblesse de Vély-Zadé, mon prédécesseur, a complété ton aveuglement : des conseillers prévaricateurs, que la justice du peuple vient de frapper, ont entraîné ta jeunesse loin du sentier du salut ; tu as oublié que tu étais le père des croyants. Au lieu de mettre ta confiance dans ce Dieu qui peut pulvériser en un instant les plus formidables armées, tu as voulu assimiler les Osmanlis aux giaours ; Dieu, que tu as offensé, t'abandonne. Comment règnerais-tu au nom de nos lois que tu méprises ? Les soldats qui devaient te défendre n'ont plus confiance en toi. Ton règne ne servirait qu'à perpétuer nos discordes. Je te plains, car tu avais des vertus qui auraient pu faire la gloire d'un empire. Mais je place avant tout l'intérêt de la foi et le salut des Osmanlis. »

Il sortit, et rentra bientôt en rapportant son fetwa contenu dans un seul mot en grosses lettres : « *Non.* » Mais, comme s'il eût voulu se réserver un double sens ou une excuse dans l'avenir pour tant d'audace, il écrivit au bas du *non* fatal ce proverbe turc, qui laisse l'esprit humain dans le doute, et qui renvoie toute responsabilité au ciel : « *Dieu sait le meilleur.* »

« Eh bien! janissaires, s'écria Cabatchi-Oghli en ouvrant et en lisant le fetwa, vous l'entendez : Sélim est condamné par la voix même de celui qu'il avait choisi pour être l'interprète du Prophète. Prononcez maintenant : pouvez-vous vous fier à Sélim ?

» — Non! non! s'écrièrent les musulmans en hochant la tête; nous ne voulons plus qu'il soit notre souverain! Qu'il soit déposé! Vive le sultan Mustafa! »

Cabatchi, reprenant alors la parole, déclara, au nom de la nation, du mufti et des janissaires, que le sultan Sélim III, fils de sultan Mustafa, avait cessé de régner, et que sultan Mustafa IV, fils d'Abdul-Hamid, était proclamé empereur des Ottomans.

XXII

Cependant une grande anxiété pesait sur l'esprit de Cabatchi-Oghli et des janissaires : le sultan Mustafa était au pouvoir de Sélim, le sérail était fermé, les pages, le corps des bostandjis étaient sous les armes dans les cours intérieures. Les révoltés n'avaient ni les canons, ni les échelles nécessaires pour donner l'assaut aux murailles ou pour enfoncer les portes. L'audacieux mufti, se fiant au caractère d'inviolabilité dont la religion l'investissait, osa se charger de pénétrer dans le sérail, d'informer le sultan

Sélim de sa déposition, et de l'engager à s'y soumettre sans défense. Ce pontife connaissait trop la douceur de Sélim III pour craindre la vengeance de son souverain.

Avant l'entrée du mufti dans le sérail, des émissaires du parti de Sélim, répandus dans la foule, lui avaient rapporté, sur la foi de la rumeur publique, un reste d'espérance. Les officiers supérieurs des janissaires, mécontents, disait-on, de voir un homme de rien, tel que Cabatchi-Oghli et ses vils yamaks, disposer de la multitude et décerner l'empire, allaient se joindre aux nizams et se retournaient du côté de Sélim. Ces bruits relevaient le cœur des femmes, des esclaves et des derniers amis dont le sultan était entouré.

Ce prince était sorti du harem au lever, pour attendre dans les appartements publics ce que le jour lui préparait. Il se tenait dans la grande salle de réception du palais, assis dans l'angle d'un divan, immobile et silencieux comme l'attente. Ses esclaves et ses familiers, debout devant lui, étouffaient leurs gémissements et contenaient leurs sanglots. Le mufti se présenta, s'avança à pas lents, les yeux baissés, feignant une douleur qu'il exprimait par des gémissements affectés. Le sultan le regardait de ce regard scrutateur et inquiet qui semble vouloir arracher à la physionomie le mot du *destin que les lèvres retiennent encore.* Le mufti se prosterna au pieds du sultan :

« O mon maître ! dit-il, je viens accomplir une mission douloureuse; mais j'ai dû l'accepter pour empêcher une multitude furieuse de violer cette enceinte sacrée. Les janissaires et le peuple viennent de proclamer empereur votre cousin, le sultan Mustafa. Toute résistance serait inutile, elle ne servirait qu'à faire immoler vos derniers amis. C'était écrit. Que pouvons-nous, faibles mortels, contre la volonté de Dieu? Humilions-nous devant lui et résignons-nous à ses décrets. »

Le sultan parut écouter avec impassibilité le mufti. Le sang qu'il aurait fait répandre eût été perdu. La pâleur et le frisson de la crainte étaient sur tous les visages. Il se leva, embelli, dit-on, ennobli encore par la majesté de son infortune. Il semblait couronné de la pureté de ses intentions et de tout le bien qu'il avait voulu à son peuple. Ses yeux se mouillèrent de larmes en promenant un regard d'adieu sur toute sa cour et sur ses serviteurs, dont il allait se séparer pour jamais. Il traversa lentement la salle d'audience et alla s'enfermer dans la partie reculée du sérail, où il avait langui vingt-huit ans avant d'être appelé au trône.

Au moment où il descendait l'escalier qui conduit à l'appartement des princes captifs, il rencontra sur la même marche son cousin Mustafa qui en sortait pour monter au trône :

« Frère, lui dit Sélim en l'arrêtant, Dieu me fait descendre du trône où vous allez prendre ma place. J'ai encouru la colère de ce peuple pour avoir voulu élever la nation au rang qui lui appartient. Je suis réprouvé pour mes bonnes intentions. Je rentre sans regret dans la vie privée. Plus heureux que moi, vous allez régner sur les Osmanlis avec la force que leur enthousiasme vous prête, et j'ai la certitude que vous répondrez à leur amour par vos vertus. »

Mustafa, léger et ingrat, que Sélim III avait comblé de sollicitude et de tendresse pendant son règne, sembla écouter avec impatience et comme pressé de régner les touchantes paroles de Sélim. Il reçut avec froideur l'embrassement du sultan déposé. Sélim entra dans les appartements que Mustafa venait de quitter ; il y trouva Mahmoud, jeune frère de Mustafa, dont il allait désormais partager la reclusion et l'infortune.

Ce jeune prince, à peine adolescent, mais doué d'un cœur affectueux, de sentiments nobles et d'une heureuse intelligence, vénérait Sélim et lui payait en amour et en reconnaissance les soins véritablement paternels que Sélim avait eus de ses cousins. Il tomba aux pieds du sultan déposé avec un respect plus tendre qu'il n'en aurait montré au sultan sur le trône ; il embrassa longtemps ses genoux et baigna ses mains de larmes. Ces larmes aidèrent celles de Sélim à couler. Tant d'affection à l'heure où toutes les affections se refroidissent sembla le consoler de son malheur. Il se consacra à l'éducation de Mahmoud. Ces deux princes, recueillis dans la solitude, se pénétrèrent de cet esprit de réforme qui avait causé la chute de l'un et qui devait faire la grandeur de l'autre. L'âme de Sélim se transmit et se perpétua ainsi dans Mahmoud.

XXIII

A la nouvelle de la déposition du sultan, les nizams, redoutant la vengeance du peuple, et délivrés de leur serment, abandonnèrent leurs casernes. Ils dépouillèrent leurs uniformes et se dispersèrent un à un, comme des malfaiteurs, à travers toutes les provinces de l'empire. Des salves de toutes les batteries de Constantinople annoncèrent la révolution accomplie à tous les quartiers. Mustafa confirma dans leurs emplois le grand visir et les ministres absents, qui étaient au camp de Schumla. Les janissaires reprirent leur service, rentrèrent dans leurs casernes avec leurs marmites, et recouvrèrent tous leurs priviléges. Les yamaks, instruments dédaignés d'une révolution accomplie, reçurent une misérable gratification et furent renvoyés par le caïmakam dans les châteaux du Bosphore, leur ancienne résidence. Cabatchi-Oghli, ce dictateur de trois jours, qui avait gouverné la nation, jugé les ministres, déposé le sultan et couronné son nouveau maître, rentra, sans prétentions et sans murmure, dans l'humble poste de commandant militaire de ces forteresses.

XXIV

La révolution de Constantinople n'excita que de légers mouvements dans l'armée du Balkan. Le grand vizir et les ministres, satisfaits de conserver leurs emplois, firent saluer l'avénement de Mustafa IV par les troupes. Le seul aga des janissaires, choisi naguère par Sélim III, parce qu'il voulait, comme son maître, régénérer ce corps, murmura hautement contre la conduite de ses soldats dans la capitale, déshonorés, disait-il, par leur complicité avec les vils yamaks et par la déposition de leur souverain. Les janissaires du camp, prenant parti pour leurs camarades flétris, se soulevèrent contre leur chef. Il fit face avec une intrépide indignation aux séditieux ; mais, abandonné par ses officiers, il tomba sous les coups de ses soldats. Le grand vizir ayant montré aussi quelques nobles sentiments de fidélité à Sélim et d'indignation contre la révolte, fut destitué par le caïmakam.

Tchlemi-Pacha, ancien ministre, fut nommé à sa place pour commander les troupes. Ces secousses, ces mobilités du gouvernement et ces déplacements d'autorité annulèrent la campagne. Les Russes, sans ennemis devant eux, débordèrent dans la Valachie et dans la Moldavie. Heureusement pour les Turcs, la paix de Tilsitt (1807) força les Russes à respecter leurs frontières.

XXV

Mustafa IV n'était qu'un nom sur le trône. Prince léger, capricieux, à la fois flexible et cruel, il n'aimait du pouvoir que ses magnificences et ses voluptés. Le caïmakam et le mufti régnaient à sa place. Mais ce règne partagé, acquis par des crimes communs, ne pouvait suffire à aucun des deux; ils se le disputaient avec acharnement; la haine avait succédé à la complicité.

Cabatchi-Oghli, un moment oublié, reprit un rôle et une importance. Celui qui avait fait la révolution parut à la fois, au caïmakam et au mufti, le seul homme capable de consolider leur fortune. Ils se disputèrent son amitié. Cabatchi-Oghli, en homme habile, pressentit la force du côté du mufti. Son influence comme pontife assurait à sa cause le parti entier des oulémas et des imans.

La popularité du caïmakam ne tenait qu'à son titre de grand vizir. Le fanatisme, moins fugitif que la popularité, assurait au mufti un ascendant sacré sur la nation. Cabatchi-Oghli se donna à lui. Ce hardi conspirateur, que le peuple et les prêtres regardaient comme le libérateur des musulmans, avait inspiré le respect et l'admiration par la modération de ses désirs et par son éloignement modeste de la capitale après avoir régné en maître absolu sur son pays. C'était un Sylla sauvage se promenant, après son abdication du pouvoir, parmi les bourreaux et les victimes de sa dictature.

XXVI

A l'appel secret du mufti contre le caïmakam, Cabatchi-Oghli, que la victoire avait sacré aux yeux de ses deux mille yamaks, leur donna l'ordre de se porter de nouveau à Constantinople, et d'y venger la cause de la religion attaquée, leur dit-il, par l'ingrat vizir caïmakam dans la personne du mufti. Un détachement d'yamaks part à sa voix. Ils remplissent la ville de leurs murmures et de leurs accusations contre l'ancien instigateur de leur première révolte. Ils rallient à eux les janissaires asservis à leurs caprices, les mécontents, les imans, la populace, écume toujours flottante au vent des séditions. Ils entourent le palais du caïmakam; ils demandent à grands cris sa tête. Le mufti triomphant s'interpose entre les séditieux suscités par lui-même et son ancien complice. Un reste de pitié pour ce rival désormais abattu l'engage à lui laisser dédaigneusement la vie. Un lointain et honteux exil relègue le caïmakam dans une bourgade de la Syrie.

Un complaisant de sérail, un homme d'intrigue, Tayar-

Pacha, soupçonné de vénalité et d'intelligence avec les Russes, fut choisi par le Grand Seigneur, à l'instigation du mufti, pour remplacer l'exilé dans la vice-royauté de Constantinople. Le Grand Seigneur, indifférent à l'usage qu'on faisait de son autorité, ne songeait qu'à dévorer son règne et à jouir des splendeurs et des apparences du pouvoir suprême; le mufti ne songeait qu'à pressurer l'empire et à entasser dans son trésor ces richesses portatives dont les Osmanlis croient toujours faire le gage de la continuation de leur puissance, et qui deviennent toujours l'envie et la proie de leurs successeurs. Le nouveau caïmakam ne songeait qu'à se maintenir par une souplesse qui cédait à tout, par les cérémonies et les fêtes prodiguées au sultan, par l'obéissance au mufti. Un seul homme reprenait une autorité réelle sur l'opinion et dans les affaires : c'était Cabatchi-Oghli. Cette seconde victoire faisait de lui l'arbitre caché de l'empire, de la capitale et du sérail. Il acquérait le respect par la modestie, et le prestige par la distance. Caché au fond du Bosphore, à quelques heures de Constantinople, dans un des châteaux qui ferment l'embouchure de la mer Noire, au milieu de ses yamaks, il régnait de là, invisible, par ses menaces ou par ses conseils.

Les ambassadeurs recherchaient en secret sa faveur pour leurs cours; le général Sébastiani eut l'art de l'attacher, par la franchise de ses manières et par son caractère de représentant du héros de l'Europe, aux intérêts de la France.

XXVII

Suspendons un moment le récit des événements de Constantinople, pour voir, dans une bourgade d'Allemagne, l'effet produit sur l'âme de Napoléon par la nouvelle inattendue de la déposition d'un sultan. Napoléon, vainqueur, quelques jours auparavant, des Russes à Friedland, se délassait à Tilsitt dans un armistice, en dictant les conditions de la paix. Le secrétaire d'ambassade, porteur des dépêches du général Sébastiani, y arriva dans la nuit, après avoir traversé le champ de bataille encore fumant de la dernière victoire. Rien ne pourrait égaler la grandiose et pittoresque naïveté de cette entrevue et de ces entretiens racontés par un des deux interlocuteurs :

« Tilsitt, dit-il, est une petite ville régulière et nouvellement bâtie; ses rues sont larges et tirées au cordeau; ses maisons peu élevées étaient peintes de couleur vert pomme, blanche et rosée. Celle où logeait l'empereur, située sur un grand espace irrégulier formant place, avait deux étages à l'exposition du plein midi, ce qui, par une chaleur de plus de trente degrés Réaumur, était moins un avantage qu'un inconvénient. Ce n'était point un palais, mais une habitation dans de bonnes et agréables conditions. En avant, se présentait un perron à double rampe circulaire en fer, décoré, suivant le goût du Nord, d'ornements contournés en cuivre et de pommes luisantes du même métal. Il conduisait à un rez-de-chaussée, puis à un premier étage, vaste et élevé, revêtu à l'extérieur de hauts pilastres cannelés, supportant un comble à l'italienne, qui masquait les toitures.

Mon excuse de parler de cette demeure illustrée par le séjour de Napoléon, c'est qu'elle fut plus tard détruite par un incendie. Au dehors, il y avait deux guérites pour les sentinelles de service et un poste de grenadiers de la garde; plus loin, sur la place, à l'ombre, étaient des bancs garnis de nombreux soldats.

» J'entrai au premier étage dans un grand salon boisé, peint en blanc. A droite, s'ouvraient deux croisées dont les persiennes étaient fermées, mais l'ardeur du soleil faisait régner un jour suffisant ; entre les fenêtres, une large console contournée, en marbre blanc, portait un vase de cristal garni de fleurs. Au fond de la pièce était un bureau chargé de papiers. J'étais dans le salon de l'empereur ; il marchait avec animation ; dès qu'il me vit, il s'arrêta et me regarda fixement, quand je l'eus salué.

» — Qui êtes-vous ? me dit-il.

» — Je suis attaché à l'ambassade de Votre Majesté à Constantinople.

» Et je me nommai. Quittant alors la porte où j'étais demeuré, je m'avançai à quelques pas de lui pour être plus à portée de l'entendre.

» — Eh bien ! que se passe-t-il là-bas ?

» — Les janissaires ont déposé le sultan.

» Puis j'exposai rapidement cette catastrophe. Ce mot de déposition, si mal sonnant à toute oreille souveraine, devint magique par l'indignation qu'il souleva.

» — Quelle abominable chose ! quels misérables que ces gens-là !

» Puis, après quelques moments de réflexion, il reprit avec un mécontentement contenu :

« — Mais, bon Dieu ! comment cela a-t-il pu aller si vite ?

» Il y avait loin de là à l'insouciance de son ministre ; sa vive intelligence avait rapidement senti la portée de l'événement ; il était impatient, curieux, passionné. Évidemment, depuis qu'il avait appris ces nouvelles, elles l'avaient uniquement occupé. Sa contenance le témoignait, et l'emploi de sa matinée confirmait cette conjecture. En effet, j'avais quitté à neuf heures M. de Talleyrand, qui était resté jusqu'à onze heures avec lui ; mais ni cette conversation, ni la dépêche du général Sébastiani, n'avaient pu suffire à Napoléon. A l'issue de son déjeuner il m'avait mandé, tant il avait besoin de pénétrer les causes fatales qui dérangeaient sa politique. Il y a, pour les esprits supérieurs, une étude salutaire dans la méditation des faits, qui atténue ou détourne leurs conséquences fâcheuses ; mais quand ils sont relatifs au renversement d'un trône, les souverains seuls éprouvent des sollicitudes particulières que n'éveillent pas en eux d'autres événements. L'esprit le plus élevé n'en pénètre pas les conséquences avec autant de sagacité. C'est dans cette disposition intellectuelle que se trouvait alors Napoléon ; nous avons fait connaître celle de son ministre.

» Bien que l'empereur eût peu de foi dans la puissance des Turcs, il fut touché du brusque renversement de Sélim III. Il aimait ce prince, il lui avait su gré de sa docilité politique, de son succès récent à repousser la flotte anglaise, de sa confiance dans la fortune de la France, que ce prince personnifiait en lui Napoléon, de sa constante admiration, qui remontait à l'expédition d'Égypte, et l'avait porté enfin à se déclarer contre leurs communs ennemis, la Russie et l'Angleterre. Sélim était donc pour lui un allié plein de zèle, utile dans la mesure de ses moyens, et sur la fidélité duquel il pouvait compter. Sa chute du trône, et surtout ce qu'elle avait d'imprévu, durent le surprendre et l'affliger tout ensemble.

» C'est ce qui inspirait à Napoléon ces énergiques interruptions : « Les misérables ! les barbares ! » Bientôt il porta son investigation sur les motifs de cette révolution.

» — Mais la cause, la cause, quelle est-elle ?

» — La cause, c'est, pour les masses, l'horreur du changement ; pour les janissaires, l'orgueil militaire humilié ; pour les oulémas, leurs intérêts menacés, qu'ils couvrent habilement d'une atteinte portée aux sentiments religieux. Ils redoutent les sciences, les arts, les progrès en toutes choses ; ils représentent la réforme comme une violation du Coran, argument puissant chez un peuple dont la croyance est facile à alarmer. Ils savent que tout s'enchaîne dans l'intelligence, et que l'esprit d'examen, une fois éveillé, ruinerait le Coran, et par suite leur influence. Aussi, tant qu'on s'est borné aux améliorations de l'artillerie, de la marine, des manœuvres, de la discipline en général, ils ont laissé faire ; lorsqu'on a institué des écoles de sciences, l'opposition s'est ravivée, et l'ignorance du peuple l'a pleinement secondée.

» — La cause est donc religieuse ?

» — C'est du moins la plus grande force de l'attaque qui cherche à lui conserver cette apparence, bien qu'en réalité l'ambition et la cupidité y aient la plus grande part. Les oulémas ne concourent point aux charges publiques, ne payent aucune taxe, sont à l'abri des confiscations, et, privilége immense, ne peuvent être punis de mort. Voilà ce qu'ils défendent ; tout ce qui tend à porter atteinte à leurs droits les inquiète, et ils ont recours aux idées religieuses pour entraver ces innovations et les renverser au besoin.

Sans l'alarme des consciences, la tentative d'une révolution eût été vaine ; en d'autres termes, le caïmakam aurait échoué sans le concours du mufti.

» — Y a-t-il longtemps que ce mufti est en place ?

» — Environ deux mois ; le précédent, dont l'esprit était élevé, secondait la réforme ; celui-ci, pour arriver, a d'abord feint de lui être favorable alors qu'il l'attaquait constamment, mais sourdement. Une fois en fonction, il a préparé la révolution. Ce sont les maximes suivantes, mises en avant par lui et ses adhérents, qui ont tout fait : « Qui » imite les infidèles est un infidèle ! » Axiome dont la conséquence a été plus tard cette question posée au mufti : « Le souverain qui combat l'esprit du Coran doit-il rester » sur le trône ? » A quoi le mufti n'a pas manqué de répondre négativement. Voilà le genre d'attaque employé par les ennemis de la réforme et du sultan.

» — Mais pour arriver à de tels résultats, il a fallu des menées de longue main ; comment ont-elles échappé à Sébastiani ?

» — Elles sont parties de trop haut pour être aperçues. Les deux plus grands fonctionnaires de l'empire conspirant contre le sultan, comment soupçonner cela ? Lorsqu'au jour de l'insurrection, le corps diplomatique fit connaître au divan la dangereuse tendance des rebelles et de leur chef, c'est à ce substitut du vizir qu'on s'adressa pour la combattre, alors qu'il agissait, lui, pour la propager. Il répondit : que le gouvernement surveillait ce mouvement avec prévoyance et sollicitude. C'est seulement le succès de cette révolution, dont le caïmakam et le mufti ont profité, qui a révélé leur complicité et leur trahison ; Sélim lui-même a perdu le trône sans soupçonner leur duplicité. Il a cru amicale et sincère la dernière démarche du mufti pour l'engager à abdiquer, et sa résignation l'a acceptée comme une preuve de dévouement.

» — Pauvre Sélim ! reprit Napoléon, c'est vraiment incroyable.

» — Et à quoi cela a-t-il tenu ! Lors du départ des troupes pour le Danube, l'ambassadeur engagea le sultan à commander ses armées, mais l'insinuation fut complétement déclinée. Ce parti l'eût sauvé. Quant à toutes ces intrigues, elles ont à peine duré un mois, en voici la preuve. C'est dans le mois d'avril qu'est mort le précédent mufti, le sage ami de Sélim ; c'est à la fin du même mois que son successeur est entré en fonction. A ce même moment, le grand vizir est parti pour le Danube et a nommé son substitut le caïmakam ; or, une fois au pouvoir, un mois a suffi à ces deux ambitieux pour satisfaire leurs mauvaises passions. Ce sont eux qui ont fomenté la révolte aux châteaux du Bosphore, qui ont consigné les troupes régulières dans leurs casernes ; eux qui ont fait mettre à mort les ministres et autres hommes d'État dévoués au sultan : eux enfin qui seuls ont recueilli les fruits de ce grand complot. Maintenant ils sont sans rivaux et plus maîtres que le sultan Mustafa, prince de vingt ans, dont on ignore les facultés, le caractère, et sans aucune expérience d'ailleurs. Comment soupçonner la trahison de fonctionnaires si près du trône ? Non, Sire, cette révolution qui bouleverse l'empire ottoman a été ourdie ténébreusement et sans complices. Il n'y a eu que des instruments. Elle était impossible à prévenir ! — Pauvre Sélim ! »

Ici le secrétaire d'ambassade raconta ce que nous venons de raconter nous-même des événements du sérail, interrompu à chaque circonstance du récit par une exclamation douloureuse ou par une question inquiète de Napoléon.

« Mais, disait-il souvent, je ne vois jusque-là dans tout ceci qu'une sédition ; il y a loin d'une sédition à une révolution... Ne pouvait-il étouffer cette sédition? Pauvre Sélim ! » reprenait-il sans cesse ; puis il se promenait dans la chambre, et, après un moment de silence, il se promenait de nouveau.

« Sultan Sélim a manqué de génie pour fonder le bien qu'il a conçu, reprit-il. Qu'est-ce que tout cela deviendra? Ses sujets sont des parricides ; il était trop bon, trop supérieur à eux, ils le renversent!... Qu'est-ce que tout cela deviendra? répétait-il en se promenant avec plus de vivacité. Quelle est votre opinion, à vous? L'empereur Alexandre ne sait pas un mot de ces événements, je vais les lui apprendre, cela l'intéresse. Allez dormir, vous devez être fatigué. »

XXVIII

Napoléon, tout entier alors à sa passion de lutte à mort contre l'Angleterre, dont il détestait les principes libéraux de gouvernement, et qu'il voulait murer ou étouffer dans ses îles, ne tarda pas à oublier le cri de pitié momentané que lui avait arraché la catastrophe de Sélim.

Un historien, M. Thiers, Quinte-Curce de cet autre Alexandre, trop séduit par l'éclat de son héros pour ne pas admirer jusqu'à ses vertiges diplomatiques, raconte les entretiens de Napoléon et d'Alexandre à Tilsitt sur le partage de la Turquie, ou plutôt sur l'Orient livré par la France aux Russes. S'il fallait une démonstration de plus à l'histoire de la versatilité, du néant et de l'horizon borné de la diplomatie de l'empire, on la trouverait dans ces entretiens de Napoléon et d'Alexandre.

Sébastiani était encore à Constantinople avec la mission de régénérer et de fortifier la Turquie, comme le rempart nécessaire contre la Russie, et déjà Napoléon, oubliant pour une haine inconsidérée et pour une victoire d'un jour l'intérêt permanent de la France à conserver en Orient un contre-poids à la Russie, proposait follement au czar de lui sacrifier le sultan. Un souverain véritablement diplomate aurait conçu, comme Louis XIV, précisément le système inverse; il aurait profité de son ascendant, de sa victoire sur la Russie pour en exiger la restitution des démembrements de l'empire ottoman, pour étayer cette digue de l'Orient contre le débordement moscovite, et pour ressusciter la Pologne. Mais dans l'aveugle emportement de sa nouvelle amitié, il traita la Turquie comme la Pologne, jetant deux empires aux pieds de son ennemi de la veille et de son ennemi du lendemain, pour lui livrer ses amis naturels de tous les temps.

Cette politique saccadée de Napoléon, qui avait été sa politique dans l'expédition d'Égypte, comme elle était celle de Tilsitt à l'égard de la Turquie, lui fit expier, en 1812, cette prodigalité de largesses faites aux dépens des Turcs à la Russie. Il le reconnut trop tard, aux jours des revers; mais alors il ne voyait que la vanité de traiter du monde moderne avec un jeune souverain de vieux sang dynastique, comme Pompée, César et Crassus avaient dépecé le monde romain dans l'île du Réno. Sa diplomatie, complétement accidentelle et subordonnée à son épée, au Caire, à Varsovie, à Tilsitt, à Madrid, à Rome, ne fut jamais un plan, mais toujours une exaltation ou un abattement de sa fortune. Il ne combinait pas le monde, il le jouait au jeu de hasard de son génie et du champ de bataille. Les historiens qui ont voulu, après coup, lui prêter les vues lointaines et la sagesse profonde d'un homme d'État, ont été obligés de lui inventer autant de prétendus systèmes qu'il y a eu de caprices dans sa destinée et dans son génie.

Laissons parler l'historien de l'empire.

XXIX

« Un coup du ciel, dit Napoléon à Alexandre, vient de
» me dégager à l'égard de la Porte. Mon allié et mon ami
» le sultan Sélim a été précipité du trône dans les fers.
» J'avais cru qu'on pouvait faire quelque chose de ces
» Turcs, leur rendre quelque énergie, leur apprendre à se
» servir de leur courage naturel : c'est une illusion. Il faut
» en finir d'un empire qui ne peut plus subsister, et empê-
» cher que ses dépouilles ne contribuent à augmenter la
» domination de l'Angleterre. »

» Après avoir assigné à Alexandre la Finlande, comme prix de la guerre contre l'Angleterre, Napoléon lui fit entrevoir quelque chose de plus brillant encore du côté de l'Orient.

« Vous devez, dit-il à Alexandre, me servir de média-
» teur auprès de l'Angleterre, et de médiateur armé qui
» impose la paix. Je jouerai le même rôle pour vous auprès

» de la Porte. Je lui signifierai ma médiation ; si elle refuse
» de traiter à des conditions qui vous satisfassent, ce qu'il
» ne faut pas espérer dans l'état d'anarchie où elle est tom-
» bée, je m'unirai à vous contre les Turcs, comme vous
» vous serez uni à moi contre les Anglais, et alors nous
» ferons de l'empire ottoman un partage convenable. »

» C'est surtout ici que le champ des hypothèses devenait immense, et que l'imagination des deux souverains s'égara dans des combinaisons infinies. Le premier vœu de la Russie était d'obtenir tout de suite, quoi qu'il arrivât de la négociation avec la Porte, une portion quelconque des provinces du Danube. Napoléon y consentait en retour de l'assistance que la Russie lui prêterait dans les affaires d'Occident. Cependant, comme il était probable que les Turcs ne céderaient rien, la guerre allait s'ensuivre, et après la guerre le partage. Mais quel partage ! La Russie pouvait avoir, outre la Bessarabie, la Moldavie, la Valachie, la Bulgarie jusqu'aux Balkans. Napoléon devait désirer naturellement les provinces maritimes, telles que l'Albanie, la Thessalie, la Morée, Candie. On trouverait dans la Bosnie, dans la Servie, quelques dédommagements pour l'Autriche, soit en les lui cédant en toute propriété, soit en faisant de ces territoires l'apanage d'un archiduc, et on tâcherait de la consoler ainsi de ces bouleversements du monde, desquels elle sortait chaque fois plus amoindrie, et ses rivaux plus grands.

» Qu'on se figure le jeune czar, humilié la veille, venant demander la paix au camp de Napoléon, n'ayant sans doute aucune inquiétude pour ses propres États, que l'éloignement sauvait des désirs du vainqueur, mais s'attendant à perdre une notable portion du territoire de son allié le roi de Prusse, et à se retirer déconsidéré de cette guerre ; qu'on se le figure transporté soudainement dans une sorte de monde à la fois imaginaire et réel, imaginaire par la grandeur, réel par la possibilité, se voyant, au lendemain d'une défaite éclatante, sur la voie de conquérir la Finlande et une partie de l'empire turc, et de recueillir d'une guerre malheureuse plus qu'on ne recueillait jadis d'une guerre heureuse, comme si l'honneur d'avoir été vaincu par Napoléon équivalait presque à une victoire et en devait rapporter les fruits ; qu'on se figure ce jeune monarque, avide de gloire, la cherchant partout depuis sept années, tantôt dans la civilisation précoce de son empire, tantôt dans la création d'un nouvel équilibre européen, et ne rencontrant que d'immortelles défaites, puis trouvant tout à coup cette gloire si recherchée dans un système d'alliance avec son vainqueur, alliance qui devait le faire entrer en partage de la domination du monde, au-dessous, mais à côté du grand homme, qui voulait bien la partager avec lui, et valoir à la Russie les belles conquêtes promises par Catherine à ses successeurs, tombées depuis Catherine dans le royaume des chimères ; qu'on se le figure, disons-nous, passant si vite de tant d'abattement à de si hautes espérances, et on comprendra sans peine son agitation, son enivrement, sa subite amitié pour Napoléon, amitié qui prit sur-le-champ les formes d'une affection enthousiaste, et assurément sincère, au moins dans ces premiers instants.

» Alexandre, qui était, comme nous l'avons déjà dit, doux, humain, spirituel, mais mobile autant que son père, se jeta brusquement dans la nouvelle voie qui lui était ouverte par son habile séducteur. Il ne quittait pas une fois

Napoléon sans exprimer une admiration sans bornes. « Quel
» grand homme! disait-il sans cesse à ceux qui l'appro-
» chaient; quel génie! quelle étendue de vues! quel capi-
» taine! quel homme d'État! Que ne l'ai-je connu plus tôt!
» que de fautes il m'eût épargnées! que de grandes choses
» nous eussions accomplies ensemble! » Ses ministres qui
l'avaient rejoint, ses généraux qui l'entouraient, s'aperce-
vaient de la séduction exercée sur lui et n'en étaient pas
fâchés, car ils s'applaudissaient de le voir sortir d'un très-
mauvais pas avec avantage et honneur, à en juger du
moins par la satisfaction qui rayonnait sur son visage.

. . . .

» Le partage possible, probable, de l'empire turc était
le sujet continuel de l'entretien. Un premier partage avait
été discuté, comme on vient de le voir; mais il semblait
incomplet. La Russie avait les bords du Danube jusqu'aux
Balkans; Napoléon avait les provinces maritimes, telles
que l'Abanie et la Morée. Les provinces intérieures, telles
que la Bosnie, la Servie, étaient données à l'Autriche. La
Porte conservait la Roumélie, c'est-à-dire le sud des Balkans, Constantinople, l'Asie Mineure, l'Égypte. Ainsi,
d'après ce projet, la clef des mers et, dans l'imagination
des hommes, la vraie capitale de l'Orient, Constantinople,
tant promise aux descendants de Pierre le Grand par l'opinion universelle, opinion formée des espérances des Russes
et des craintes de l'Europe, Constantinople restait, avec
Sainte-Sophie, aux barbares de l'Asie.

» Alexandre y revint plus d'une fois, et un partage plus
complet, qui eût donné à Napoléon, outre la Morée, les
îles de l'Archipel, Candie, la Syrie, l'Égypte, mais Constantinople aux Russes, lui aurait plu davantage. Toutefois,

Napoléon, qui croyait en avoir assez fait, trop même pour s'attacher le jeune empereur, ne voulut jamais aller aussi loin. Céder Constantinople, n'importe à qui, fût-ce à un ennemi déclaré de l'Angleterre, laisser faire ainsi à quelqu'un, lui vivant, la conquête la plus éblouissante qui se pût imaginer, ne devait pas convenir à Napoléon. Il pouvait bien, comme obéissant à une tendance naturelle des choses, et pour résoudre beaucoup de difficultés européennes, pour se donner enfin une puissante alliance contre l'Angleterre, il pouvait bien permettre au torrent de l'ambition russe de venir battre le pied des Balkans, surtout dans le désir de détourner ce torrent de la Vistule; mais il ne voulait pas lui laisser dépasser ces montagnes tutélaires. Il ne voulait pas que l'œuvre la plus éclatante des temps modernes fût accomplie par quelqu'un à sa face, à côté de lui! Il était trop jaloux de la grandeur de la France, trop jaloux d'occuper à lui seul l'imagination du genre humain, pour consentir à un tel empiétement sur sa propre gloire.

» Aussi, malgré l'envie de séduire son nouvel ami, il ne se prêta jamais à un autre partage que celui qui enlevait à la Porte les provinces du Danube mal attachées à l'empire, et la Grèce, déjà trop réveillée pour subir longtemps le joug des Turcs.

» Un jour les deux empereurs, au retour d'une longue promenade, se renfermèrent dans le cabinet de travail, où se trouvaient étalées de nombreuses cartes de géographie. Napoléon, paraissant continuer une conversation vivement engagée avec Alexandre, demanda à M. Menneval une carte de Turquie, la déploya, puis, reprenant l'entretien et posant tout à coup le doigt sur Constantinople, s'écria plusieurs fois, sans s'inquiéter d'être entendu du secré-

taire, dans lequel il avait une confiance absolue : « Con-
» stantinople ! Constantinople ! jamais ! c'est l'empire du
» monde. »

XXX

Ce mot, rapporté comme une explosion de sagesse dans la bouche de Napoléon par l'historien, ne signifiait en réalité que le remords contradictoire d'un homme qui accorde et refuse à la fois; car, après la cession des provinces danubiennes, du périple de la mer Noire et de l'Asie aux Russes; après la cession de la Servie et de la Bosnie à l'Autriche, et après l'envahissement de la Grèce, du littoral de l'Adriatique et de l'Égypte par l'empire français, qu'était-ce que Constantinople? un vain nom de capitale laissé à un empire détruit, une Rome de l'islamisme sans pape.

On ne peut s'étonner assez que l'historien qui a écrit ces pages, devenu plus tard homme d'État lui-même, ait voulu exercer contre le sultan Mahmoud la même spoliation que Napoléon offrait à Alexandre d'exercer contre Mustafa IV, et qu'il ait armé la France et engagé nos flottes pour donner à un pacha précaire en Syrie, en Arabie et sur le Nil, une partie de l'héritage d'Othman.

Revenons à Constantinople.

XXXI

Cette politique de Napoléon à Tilsitt, connue bientôt à Constantinople et à Londres, rejeta forcément la Turquie dans les bras de l'Angleterre et prépara le Grand Seigneur aux ouvertures de réconciliation et d'alliance que le cabinet de Londres avait chargé lord Paget d'aller faire à Constantinople. Ce diplomate se défia naturellement de Cabatchi-Oghli, qu'on savait lié avec Sébastiani. Il noua ses trames dans l'intérieur même du sérail par un jeune homme, favori du sultan, émir akhor ou grand écuyer de Mustafa IV.

L'émir akhor avait entraîné son maître et le divan; le traité avec l'Angleterre, préparé sous le voile du plus profond mystère, allait être signé. Un de ces Grecs, interprètes de la Porte, que la connaissance des langues européennes et la confiance obligée de la Porte introduit dans la confidence de ses négociations, le prince Alexandre Soutzo, révéla au général Sébastiani le traité conclu avec l'Angleterre.

« Prince, lui dit Sébastiani, vous avez bien fait de vous confier à la France, la reconnaissance de l'empereur vous élèvera bien haut. »

Sébastiani courut à la Porte, protesta, s'indigna, intimida l'émir akhor, et obtint de leur terreur la rupture de la négociation et l'éloignement de lord Paget. Tout fut ajourné avec l'Angleterre, rien ne fut rompu.

XXXII

L'émir akhor et le sultan découvrirent promptement le traître qui avait livré les pièces et qui les traduisait à Sébastiani. Le lendemain du jour où il croyait avoir conservé son crédit à la Porte, tout en s'assurant pour l'avenir la faveur de la France, le prince Soutzo, assis dans le palais du grand vizir, au fond de la loge obscure où les drogmans de l'État attendent les ordres de leur maître, jouissait de son succès et se croyait sûr de l'impunité. Un ordre du caïmakam vint l'interrompre dans ses plans de grandeur. Il y vola, croyant qu'il s'agissait de traduire quelque pièce diplomatique. Le reïs-effendi, ou ministre des affaires étrangères, lui fait signe de le suivre; il le mène en silence devant le caïmakam. Celui-ci, sans lui parler, le montre du geste aux bourreaux, toujours présents, qui s'emparent de lui. En vain il demande quel est son crime. On ne daigne pas lui répondre. Les bourreaux le chargent de coups de fouet et le traînent pâle et souillé de poussière sur la place des supplices d'État, devant la grande porte du sérail. Sa tête, tranchée et déposée en signe d'infamie entre ses jambes, resta trois jours exposée avec son cadavre en exemple aux traîtres et en horreur au peuple. La Porte confisqua ses immenses richesses, exila sa famille errante, qui ne fut pas même recueillie par la pitié de Napoléon.

Prompte et terrible justice du secret de l'État, livré par ambition aux étrangers!

C'est alors que le général Sébastiani, dégoûté de la politique inconsistante qu'on lui traçait de Paris et de Tilsitt, et dont on intervertissait le lendemain les voies, écrivait dans ses dépêches confidentielles, où nous puisons une partie de ce récit :

« La France a abandonné son ancienne politique en Turquie, elle passe sous silence l'empire ottoman dans les conférences et dans le traité. — Il faut peu compter sur les Grecs, tous dévoués à la Russie, ajoute cet ambassadeur ; ils flattent la France pour devenirs princes ou hospodars, et la trahissent après: j'excepte Soutzo et Callimaki. »

« Le sultan Sélim, dit-il ailleurs à Napoléon, est bien traité dans sa prison par son neveu Mustafa. Mustafa le consulte souvent sur la conduite des affaires d'État. Sélim, fatigué des vicissitudes et des calamités de l'empire, s'applaudit de sa déchéance, et se félicite de ne plus porter la responsabilité des affaires. J'ai des communications secrètes avec ce prince; le peuple et même les ministres de Mustafa reviennent à des sentiments d'estime, de regret, de pitié pour le sultan déposé; je me tais moi-même sur l'intérêt que la France lui porte, de peur d'accélérer sa mort par la crainte qu'on aurait de sa restauration sur le trône. »

LIVRE TRENTE-SIXIÈME

―――

I

Le général Sébastiani avait vaincu, grâce à l'interprète du divan, l'indiscret Soutzo; mais le caïmakam Taïas-Pacha et le mufti se vengeaient sourdement de leur déférence apparente à l'influence de cet ambassadeur. Sébastiani s'éloigna d'une scène qu'il ne pouvait plus dominer et que la mort récente de sa jeune femme lui rendait odieuse. Le sérail resta livré à ses propres intrigues, l'empire à son entraînement vers l'Angleterre. Le caïmakam Taïas-Pacha, luttant en vain d'une part contre les insatiables avidités des eunuques, des favorites, des grands officiers du sérail et du harem, de l'autre contre la rivalité du mufti et de Cabatchi-Oghli, tantôt unis, tantôt divisés, céda aux difficultés qui le pressaient, déposa le pouvoir et se retira à Rustschuk, auprès de Mustafa-Baraiktar, qui regardait de loin ce règne avec indignation et mépris.

La capitale resta libre aux menées du mufti et ouverte aux yamaks de Cabatchi-Oghli. Le sultan s'ennuyait de son oisiveté et de ses pompes dans ses maisons de plaisance. L'infortuné Sélim, oublié dans l'appartement des princes déposés au sérail, gémissait sur la décadence de l'empire, se consolait dans l'amour de quelques sultanes de son harem, et s'efforçait d'inspirer à son jeune cousin Mahmoud la passion toujours vivante en lui dont il était possédé pour la régénération de l'Orient.

« Plus heureux que moi, lui disait-il sans cesse, ton enfance te préservera du supplice qui attend tôt ou tard les princes de notre race redoutés de celui qui règne. La Providence nous a réunis pour que le flambeau de la nouvelle civilisation, qui s'est éteint avec mon règne, se rallume un jour dans ta main. »

Mahmoud, prince généreux, que l'infortune et la vertu de son cousin attachaient de jour en jour davantage, gravait ses conseils dans sa mémoire, et lui jurait de reprendre son œuvre, si jamais il sortait de cette prison pour monter au trône. Ainsi s'écoulaient les mois de leur captivité.

II

Cependant la paix humiliante et forcée, signée avec les Russes (août 1807), laissait la pensée de l'armée du Balkan se reporter plus librement sur les factions intérieures. Les troupes se disloquaient en partie. Le grand vizir Ibrahim et les ministres de Sélim III, que Mustafa IV avait confirmés dans leurs fonctions pendant la campagne, continuaient à résider à Andrinople, au milieu de l'armée dans une situation ambiguë. A la fois nommés par Sélim, et provisoirement maintenus par son successeur Mustafa, ils appartenaient à deux règnes, ne sachant et n'osant se demander pour lequel des deux leurs sentiments inclinaient, silencieux, se redoutant les uns les autres, craignant de se révéler, asservis, en attendant, aux caprices de la capitale et à la sédition perpétuée de Cabatchi-Oghli.

Telle était la situation véritable de ce divan ambulant d'Andrinople et des généraux dont il était entouré. Pour s'en rendre bien compte, il faut se souvenir que ce titre de grand vizir investit celui qui le porte d'un caractère de souveraineté déléguée, aussi absolu et aussi sacré que l'autorité même du sultan. Il faut aussi se souvenir que le grand vizir avait emporté, selon l'usage, à l'armée, le drapeau de Mahomet, signe révéré qui rallie l'armée et la nation avec un prestige divin. La moitié de l'empire était donc en réalité avec Mustafa IV au sérail, l'autre moitié avec le grand vizir, l'étendard du Prophète et l'armée au camp d'Andrinople, seconde capitale de la nation.

III

Cependant Mustafa-Baraiktar, nommé récemment par Sélim III pacha à trois queues, en récompense de l'armée qu'il avait formée et de l'attitude qu'il avait seul gardée contre les Russes sur le Danube, continuait à rester isolé à Rustschuk. Son cœur saignait des malheurs de Sélim et de l'humiliation des Osmanlis sous une horde de yamaks d'Asie donnant ou retirant l'empire. Mais son patriotisme lui commandait le silence et l'immobilité devant l'ennemi prêt à franchir le Danube. Nul ne soupçonnait que sa pensée était à Constantinople, pendant que son regard semblait n'observer que les Russes. La dissimulation, qui est un vice gratuit dans les pays de liberté, est une vertu dans les contrées despotiques. La vertu même a besoin de se couvrir d'ombre pour ne pas se révéler par son éclat. Les grands desseins ne seraient, sans cette précaution, que de grandes témérités. Ils doivent mûrir dans les derniers replis du cœur. Les mystères du harem accoutument les Ottomans à ces mystères de la politique. Mustafa-Baraiktar n'avait, dit-on, pour confident de ses gémissements sur le sort de Sélim que l'esclave albanaise qu'il aimait, et l'eunuque abyssinien, gardien de son harem. Partout ailleurs, il écoutait sans trahir ses pensées profondes. On ne le croyait attentif qu'à son armée et aux Russes; les nouvelles publiques ne lui arrivaient que par des bruits confus du sérail.

IV

Nous avons vu que le caïmakam Taïas-Pacha, expulsé de Constantinople par le mufti et par Cabatchi-Oghli, s'était retiré et comme exilé après sa destitution à Rustschuk. Ce ministre disgracié, mais toujours altéré du pouvoir dont il avait à peine goûté, arrivait l'âme ulcérée de sa chute, irrité contre le parti de Constantinople, contre le mufti, contre Cabatchi-Oghli, plein de ressentiment et de mépris contre le sérail et contre le sultan qui l'avait si facilement sacrifié à ses ennemis. Il trouva dans Mustafa-Baraïkar un homme sensible à ses plaintes et avide de ses confidences.

Taïas-Pacha, dans ses longues intimités, instruisit le pacha de Rustschuk de toutes les circonstances de la révolution qui avait détrôné Sélim III, des intrigues du mufti, des trahisons du premier caïmakam, assassin de ses collègues, de la domination insolente des yamaks, de la servile turbulence des janissaires recevant le signal et l'exemple de ces prétoriens d'Asie, de l'habile et sourde direction d'un fanatique consommé, Cabatchi-Oghli. Il avait vu Sélim abandonné et négligé dans un kiosque intérieur du sérail ; il avait été témoin de sa résignation et de ses larmes ; il tremblait tous les jours pour sa vie et pour celle de Mahmoud. L'immolation de ces deux princes du sang d'Othman pouvait être d'un moment à l'autre inspirée au sultan pour assurer son règne en supprimant tout compétiteur ou tout successeur au trône. Il y avait au sérail des cœurs assez profonds pour couver ce double crime, des bras assez féroces pour l'accomplir. La coupe empoisonnée, le cordon, le sabre, étaient à toute heure dans les mains des courtisans de Mustafa IV. N'était-ce pas ainsi qu'Ismaël-Pacha, le fidèle favori de Sélim, le sauveur des Dardanelles, venait de périr? Où s'arrêterait la faiblesse de Mustafa, le besoin du mufti de couvrir ses crimes par d'autres crimes, la sauvage obstination de Cabatchi-Oghli à précipiter l'empire en arrière dans les mains des seuls oulémas que ce barbare ignorant croyait les oracles du Prophète? où s'arrêterait enfin l'abaissement du divan de Constantinople, obligé de vendre le règne aux étrangers pour acheter quelques jours de domination et de rapines de plus dans le sérail et dans le harem?

V

Le pacha de Rustschuk écoutait tous ces récits avec une apparente impassibilité; il y donnait seulement assez d'attention pour ne pas décourager Taïas de ses plaintes et pour recueillir dans ses entretiens les notions et les détails nécessaires à son esprit pour concevoir et pour combiner les plans de sa vengeance. Quand il se fut bien assuré de la sincérité des ressentiments de Taïas et qu'il eut en gage ses trésors et sa vie, il s'ouvrit davantage; il lui laissa lire à demi dans l'ombre de ses desseins, et résolut de se servir de cet homme d'intrigue et d'entreprise pour sonder les choses, ébranler les hommes et pour éclairer ses propres pas. Il ne voulait en risquer aucun avant de s'être assuré du sol. Son plan était avorté s'il était entravé ou s'il éclatait avant le dernier jour. Il devait donner à ses démarches des apparences tellement vagues, des interprétations tellement confuses, des aspects tellement divers, qu'il fût impossible de leur attribuer une signification quelconque. L'indécision et l'hésitation devaient être le double voile de ses projets, afin que tout le monde y vît une espérance, surtout un doute, et que chaque parti, en les combattant, craignît de s'opposer à son propre salut.

Tel fut le plan du pacha de Rustschuk. L'instinct d'un Albanais, éclairé par la reconnaissance, lui révéla la politique de Monk, sans l'abaisser à ses mensonges et à ses dégradations de cœur.

VI

Mustafa-Baraiktar s'attacha de plus en plus à aguerrir et à discipliner sa petite armée; elle ne s'élevait en tout qu'à seize mille hommes. Mais l'expérience qu'elle avait acquise dans ses fréquentes rencontres avec les Russes, le légitime orgueil de ses succès, l'esprit de corps et surtout son admiration passionnée pour son chef, élevaient son importance bien au delà du nombre de ses régiments; c'était l'élite des frontières.

Les armées dans l'Orient s'identifient bien plus qu'en Occident avec les chefs qui les commandent. Le recrutement appartient aux généraux. L'armée n'est pas seulement leur commandement, elle est leur ouvrage; chacun des soldats qui la composent voit dans ses chefs le maître auquel il s'est dévoué. La gloire et la fortune d'un pacha sont la fortune et la gloire de chaque combattant. Là où la discipline et la loi sont peu de chose, l'homme tient la place de tout. Mustafa-Baraiktar en occupait une immense dans l'imagination et dans le cœur de ses soldats. Aventuriers heureux et braves, ils voyaient en lui leurs victoires et leur fortune. Son nom, sur les bords du Danube, avait la valeur d'un fanatisme. Il était sûr qu'on le suivrait partout sans lui demander compte de ses intentions ni de ses vues.

Mais avant de faire le premier pas, il voulut se faire précéder par un négociateur habile, qui sèmerait, selon les circonstances et selon les dispositions du divan et de la grande armée d'Andrinople, les vagues pressentiments d'un grand dessein. Il lui fallait un homme consommé dans l'art d'ébranler les opinions, dans la parole et dans la réticence. Le hasard le lui fournit dans la personne de Begdji-Effendi, intendant des vivres de l'armée. Ce jeune homme, aussi intelligent qu'actif, élevé à l'école du génie militaire sous les yeux et sous la main de Sélim III, gardait en secret à ce prince la plus touchante fidélité, et portait la haine la plus vive aux ennemis de la réforme, aux yamaks, aux oulémas et aux janissaires oppresseurs de son maître. Le pacha de Rustschuk chargea Begdji-Effendi de s'insinuer dans la confiance du grand vizir Ibrahim, de sonder ses dispositions, de faire briller à ses yeux les promesses, de prodiguer l'or, d'agiter l'armée par des mécontentements indéterminés, mais de ne pas prononcer encore le nom de Sélim. Après avoir semé ainsi une agitation sans objet précis dans le camp et après s'être assuré du concours éventuel ou tout au moins de l'inaction du vizir, le négociateur avait ordre de se rendre à Constantinople. Là, il devait rechercher avec prudence les rares amis que la terreur ou l'infortune n'avait pas détachés du sultan, leur faire espérer un retour de la fortune, écouter leurs conseils, étudier leurs combinaisons et s'entendre d'avance avec eux sur les moyens les plus sûrs de détruire les yamaks, de renverser Mustafa IV et de rétablir Sélim III sur le trône.

L'habile intendant des vivres exécuta rapidement ce qui lui avait été prescrit. Il gémit à demi-voix devant le grand vizir sur la décadence de l'autorité du divan, sur l'abaissement de l'armée et sur le triomphe insolent d'un ramas d'Asiatiques régnant sous le nom d'un maître impuissant à Constantinople, et reléguant aux pieds du Rhodope tout ce que l'empire possédait de plus éminent et de plus respecté. L'orgueil humilié du grand vizir, caressé par de telles paroles, brisa le sceau de toute discrétion sur ses lèvres. Vieux soldat, incapable de déguiser longtemps sa pensée, il gémit, il murmura, il s'indigna avec l'émissaire du pacha de Rustschuk. Il exhala sa haine contre les yamaks et son mépris contre la faiblesse d'un prince avide du trône et incapable de régner. A ces aveux, l'envoyé de Rustschuk ne cacha plus au grand vizir l'intention où était Baraiktar de conspirer avec lui la perte du mufti, de Cabatchi-Oghli et de la faction qui asservissait le sérail. Il voulait, disait-il, restaurer sur leurs ruines la vieille autorité du grand vizir et du divan. Il n'alla pas plus loin ; il se tut sur Mustafa et sur Sélim.

VII

Le grand vizir, soit qu'il entendît à demi-mot, soit qu'il ne rêvât, en effet, que la restauration du divan et la sienne, reçut avec reconnaissance les insinuations et les propositions de Mustafa-Baraiktar. Pour activer ses résolutions, il donna à son émissaire des lettres confidentielles pour les principaux personnages de Constantinople, qu'il croyait être les plus animés contre la faction régnante.

Sûr du concours du grand vizir, dans les limites au moins de ses confidences, l'effendi se rendit dans la capitale. Il porta au mufti et à Cabatchi-Oghli les paroles les plus propres à endormir leurs soupçons sur les intentions de Baraiktar. Il les combla de présents au nom de son maître, il profita de la confiance qu'il avait ainsi inspirée pour voir en liberté les hommes les plus influents du parti de la réforme, et pour nouer avec eux les premiers fils d'une vaste conspiration.

En repassant par Andrinople, l'effendi rendit compte au grand vizir de la partie de sa négociation qu'il lui était permis de dévoiler. Il cacha le reste; le nom de Sélim ne fut point prononcé. Il fut convenu seulement que le pacha de Rustschuk se rendrait immédiatement à Andrinople pour se concerter avec le grand vizir sur les mesures ultérieures. Baraiktar était autorisé à se faire suivre de quatre mille hommes d'élite, choisis dans son armée, afin d'intimider et de contenir un même nombre de janissaires présents à Andrinople, dans le cas où ces fanatiques tenteraient de soulever l'armée et de résister au vizir.

VIII

Aussitôt que Mustafa-Baraiktar eut entendu le rapport de son agent, il se mit en marche, à la tête de sa troupe d'élite; mais, voulant à la fois servir et dominer le grand vizir, il se fit suivre, à quelques marches de distance, par douze mille hommes qui composaient le reste de son corps d'armée.

Il arriva accompagné de ses seize mille hommes à la porte d'Andrinople (1808), avant que le bruit de sa marche eût été répandu dans l'armée et dans le divan. Les ministres, qui ignoraient les rapports secrets du grand vizir et du pacha de Rustschuk, tremblèrent à son approche, incertains de l'objet de son mouvement. Ils tentèrent de fuir. Baraiktar, prévoyant cette fuite, qui aurait déconcerté ses plans, en enlevant à ses actes l'autorité du divan, avait envoyé dans la nuit des postes de cavalerie à toutes les portes.

Les ministres, sans issue, rentrèrent; Mustafa les rassura, les combla de présents, et, s'exposant courageusement lui-même pour sauver son plan, il écarta son armée à peu de distance, il la cantonna dans quelques villages de la vallée du Rhodope, et entra seul, accompagné d'un détachement peu nombreux, dans Andrinople. C'était dire assez au vizir et aux ministres: « Fiez-vous à celui qui se fie à vous, je me livre moi-même en otage de ma propre sincérité. » Le divan passa de la défiance à l'enthousiasme pour Baraiktar. Les natures timides sont toujours disposées à aimer davantage ceux qui les ont d'abord menacées.

IX

Des conférences secrètes s'ouvrirent entre les ministres et le pacha. Tous s'accordèrent sur la nécessité de terminer ce long et honteux interrègne de Constantinople, et de restituer enfin au grand vizir et au divan l'exercice du pouvoir antique dont leur absence et celle de l'armée les avaient depuis si longtemps dépouillés.

« La paix avec les Russes, leur dit le pacha de Rustschuk, n'exige plus la présence de l'armée sur le Danube ou au pied du Balkan ; l'étendard du Prophète semble inutilement et honteusement exilé de la capitale. Marchez de vous-mêmes pour le reporter en son sacré dépôt dans le palais du sultan. Je marcherai à quelque distance derrière l'armée pour la soutenir au besoin, si on lui fermait les portes de Constantinople. J'entrerai sur vos pas, mais je ne resterai à Stamboul que le temps nécessaire pour refréner les vils yamaks, notre honte à tous, et pour affermir le pouvoir ministériel régulier dans vos mains. »

X

Ce plan, simple et énergique comme la pensée d'un soldat, ne souffrait pas d'objection. Mais il dépendait d'un seul homme de le faire avorter ou de le changer en guerre civile sanglante, en fanatisant les deux millions d'hommes qui habitent Constantinople et les villes voisines.

Cet homme, digne au moins par son influence, par son génie et par son audace, de contre-balancer Baraiktar, était Cabatchi-Oghli, le tribun militaire de cette longue sédition d'un an. Deux conseillers habiles et rusés de Baraiktar, Ramis-Pacha et Taïas-Pacha, revenu avec son ami de Rustschuk, pour lui prêter son expérience et pour le préserver des piéges, proposèrent un plan qui coupait la résistance dans sa racine. Ce plan, aussi féroce que téméraire, répondait complétement au caractère aventureux et sauvage de l'Albanais. On l'adopta.

Il fut convenu que pendant la marche des deux armées vers Constantinople, par la vaste plaine qui conduit d'Andrinople à la mer de Marmara, un détachement de cavalerie, composé d'une centaine d'Albanais d'élite, se porterait rapidement et secrètement, en marchant surtout la nuit, par les montagnes à gauche de l'embouchure de la mer Noire, au château de Fanarki. Cette forteresse, bâtie sur le Bosphore, à l'endroit où il s'engouffre dans le canal de Constantinople, était commandée par Cabatchi-Oghli. C'est de là qu'il lançait ses yamaks, qu'il ourdissait ses trames et qu'il intimait ses volontés au mufti, au sérail et aux janissaires. Une maison du village de Fanarki, au pied du château, lui servait d'asile ainsi qu'à sa famille. Un intrépide Albanais, nommé Hadji-Ali, homme dévoué jusqu'à la démence au pacha de Rustschuk, se chargea de commander et de diriger ce détachement, dont chaque cavalier était décidé au martyre. Le grand vizir remit à Hadji-Ali un firman qui l'autorisait à étrangler Cabatchi-Oghli et à prendre à sa place le commandement de tous les châteaux et de toutes les batteries du Bosphore.

XI

Ces dispositions prises et le détachement parti, l'armée commença son mouvement sur la capitale. Baraiktar ralentit, à dessein, la marche, pour donner le temps à Hadji-Ali de tenter l'exécution de son entreprise et pour ébranler peu à peu l'imagination du peuple, étonné de ce retour, dont le sultan n'avait pas donné l'ordre. Il faisait rassurer les populations par des bruits de paix définitive conclue avec tous les ennemis de l'empire, et du prochain licenciement de tous les régiments. Constantinople et le sérail étonnés ne savaient à quelle audace ou à quelle obéissance il fallait s'attendre de la part d'une armée marchant ainsi d'elle-même, et n'osaient s'en assurer en l'interrogeant. Les jours s'usaient en incertitudes. Le sultan, affectant la sécurité, n'interrompait ni ses cruautés ni ses plaisirs.

Baraiktar attendait avec anxiété des nouvelles de l'interprète d'Hadji-Ali. Il envoyait émissaire sur émissaire du côté des montagnes qui encaissent le Bosphore, pour lui rapporter les premières rumeurs du succès ou de la perte de son détachement : aucun ne revenait.

Cependant Hadji-Ali, après une course de trente-six heures par les sentiers le moins fréquentés du Balkan, et calculant les pas de sa cavalerie sur la marche du soleil, était arrivé sans être découvert, à quelque distance de la mer, dans une gorge boisée séparée seulement par une colline basse du village de Fanarki. Il y fit reposer ses chevaux, rafraîchir ses soldats, préparer les armes; il anima à voix basse ses camarades de l'intrépide résolution dont il palpitait lui-même. Le sort de l'empire était entre leurs mains : ils jurèrent de le sauver ou de mourir. Hadji-Ali attendit que les premières heures de la nuit eussent été chantées sur les minarets de Bouyoukdéré avant de faire franchir la colline à ses cavaliers et d'entrer dans le village de Fanarki. Il y fondit comme la foudre; il cerna la demeure où Cabatchi-Oghli dormait sans défiance dans son harem. A la tête de quatre de ses hommes, descendus de cheval et cachant leurs armes sous leurs manteaux, Hadji-Ali frappa à la porte de la maison, en disant qu'il apportait une dépêche très-pressée de Constantinople.

A ces paroles, le portier, les esclaves et quelques yamaks, domestiques de la maison, se hâtent d'ouvrir; Hadji-Ali et ses quatre fantassins les saisissent, les garrottent, les bâillonnent et les donnent en garde aux cavaliers restés dans le chemin; puis, se faisant indiquer l'appartement de Cabatchi-Oghli, ils s'y précipitent sans respect pour la sainteté inviolable du harem, ils y surprennent Cabatchi nu et sans défense au milieu de ses femmes et de ses esclaves effrayés; ils l'arrachent de leurs bras et le traînent hors de la maison.

« Que voulez-vous de moi? Par quel ordre? Quel est mon crime? criait en vain le yamak étonné. Est-ce la mort? Accordez-moi au moins le temps de faire mes prières. »

Mais Hadji-Ali, sans céder à la pitié ou à la religion une minute, qui aurait pu être mortelle à Baraiktar :

« Il n'est plus temps pour toi de prier, scélérat, lui dit-il : meurs et expie tes meurtres! »

Et brandissant son poignard, il le plonge dans la gorge

du yamak. Cabatchi tombe et expire sur le seuil de sa maison. Hadji-Ali lui tranche la tête, la jette dans un sac, et charge deux cavaliers, montés sur des chevaux du désert, de la porter le plus rapidement possible à Baraiktar (1808).

XII

Hadji-Ali avait accompli sans bruit son sanglant message. Il dispersa ses cavaliers dans les maisons du village de Fanarki, exclusivement peuplé de Grecs; il fit garder les issues pour qu'aucune rumeur de l'événement ne parvînt aux châteaux et aux batteries où couchaient les yamaks. Il attendit le jour pour se présenter à ces troupes, pour leur déployer le firman du grand vizir, pour leur annoncer le supplice de leur chef, et s'emparer, grâce à leur surprise et à leur obéissance, du commandement dont Baraiktar l'avait investi.

Les yamaks avaient dormi en effet dans le château sans soupçon du meurtre de leur commandant, ni de l'approche de la vengeance de Sélim sur leurs têtes. Au lever du jour, Hadji-Ali, seul, s'approche des portes, entre dans la cour, appelle à lui les officiers et les soldats, déclare sa mission, lit à haute voix le firman de mort dont il est porteur, et annonce aux troupes que Cabatchi-Oghli a cessé de vivre. Il les somme en même temps de reconnaître en lui le chef nommé par le divan pour les commander.

L'étonnement, les fréquences de ces revers foudroyants et de ces élévations subites, en Orient, l'habitude de voir le meurtrier récompensé du meurtre par la place de la victime, la consternation chez les uns, la haine contre Cabatchi-Oghli satisfaite chez les autres, la voix de quelques officiers pressés de se ménager le pardon par l'obéissance, engagent les yamaks à se soumettre à une fatalité accomplie. Hadji-Ali est prêt à saisir sans opposition le commandement.

Mais dans ce moment d'hésitation des soldats, la mère, les femmes légitimes et les enfants de Cabatchi-Oghli, qui habitaient le château, informés de la mort de leur fils, de leur mari, de leur père, sortent en larmes et en poussant des cris de désespoir de la maison où ils sont enfermés. Les femmes se répandent, les cheveux épars, à demi vêtues, les bras levés vers le ciel, dans les cours, parmi les soldats. La pitié réveille l'attachement chez ces barbares. Ils s'attendrissent à la vue de la famille en pleurs de leur commandant massacré.

Un membre de cette famille, Soliman-Aga, oncle de Cabatchi et commandant en second dans les batteries, élève la voix : « Janissaires ! s'écrie-t-il en montrant du geste Hadji-Ali, prenez garde à ce que vous allez faire ! on vous trompe ; cet homme et ses compagnons ne sont que de lâches assassins ; jamais le sultan, qui comblait hier Cabatchi-Oghli des marques de sa faveur, n'aurait ordonné la mort ignominieuse qui vient de le frapper. Ces instruments de la trahison veulent vous perdre avec l'empire ! Vengeons sur eux le sultan, la religion, nos lois, notre chef, notre honneur menacés ! Punissons ces vils meurtriers, et apprenons à Baraiktar comment ses ordres et les exécuteurs de ses crimes sont reçus par les fidèles musulmans ! »

XIII

A ces mots, à ces cris de femmes, à ces larmes des petits enfants présentés aux yamaks dans les bras des mères, les soldats retournés poussent des hurlements de rage et courent aux armes. Hadji-Ali, que ses cavaliers avaient rejoint dans la cour, n'a que le temps de tourner la tête de son cheval vers les portes, et de s'enfuir vers les siens au village de Fanarki. Il s'y barricade dans un groupe de maisons voisines de celle où il a passé la nuit. Deux fois les milliers de yamaks, conduits par Soliman-Aga, viennent lui donner l'assaut; deux fois son feu, dirigé du haut des maisons et des murs crénelés, les repousse. Les yamaks, décimés par les balles d'Hadji-Ali, reviennent armés de torches et mettent le feu au village. Le vent du nord, régulier et violent, qui se lève au milieu du jour et souffle de la mer Noire, les seconde. Les maisons consumées vont servir de tombeau aux cavaliers de Baraiktar. Ils prennent conseil du désespoir; au lieu de fuir vers les collines boisées qui les ramèneraient au Balkan, ils font une sortie, du côté du Bosphore, contre les yamaks; ils les enfoncent, ils les traversent, ils se précipitent dans une vaste tour en pierre servant de fanal sur la côte; ils en referment les portes, et se couvrent à la fois des boulets et des flammes de l'incendie par les voûtes épaisses et par les murailles de la tour.

Trois jours et trois nuits les yamaks et les janissaires, exaltés par la rage, tournèrent les canons de leur batterie contre ces quatre-vingts braves enfermés dans ce bloc de pierre à moitié écroulé. Les décharges de leur canon étonnaient et troublaient la capitale. Les yamaks, disait-on dans la ville, sont aux prises avec une bande de brigands descendus du Balkan pour piller les villages grecs de la côte, et pour incendier Constantinople même, afin d'en emporter les dépouilles.

Le sérail, mieux informé, mais croyant à un mouvement combiné entre Hadji-Ali et l'armée bientôt sous ses murs, restait immobile, et attendait l'événement pour se décider. Le sultan tenait conseil sur conseil. Privé de son énergie par la mort de Cabatchi-Oghli, il appelait en vain au palais tous les hommes influents de sa capitale pour leur demander la résolution qui lui manquait. Tous hésitèrent à se prononcer. Les janissaires de la ville, ayant à combattre leurs frères dans ceux de l'armée d'Andrinople, qui s'approchait, s'armeraient-ils? Les artilleurs dont la moitié revenait avec le grand vizir, combattraient-ils leurs camarades? Les yamaks, sans leur âme évanouie avec Cabatchi-Oghli, suffiraient-ils avec la populace et les imans pour résister à une armée de trente mille hommes, commandée par le pacha de Rustschuk, et portant l'étendard vénéré du Prophète? On se décida à la temporisation, qui laisse éclater le secret du destin et s'accumuler la ruine sur la tête des hommes indécis.

Baraiktar, informé enfin par les deux cavaliers d'Hadji-Ali de la mort du chef des yamaks, précipite, sa tête à la main, la marche de l'armée qu'il avait ralentie jusque-là. Le quatrième jour après le meurtre de Fanarki, elle était campée au Grand-Pont, village à quatre lieues de Constantinople, dans une attitude muette et menaçante.

XIV

De là, le grand vizir Ibrahim envoya au sultan le ministre des affaires étrangères, Galib-Effendi, homme impassible et rompu à la dissimulation des cours. Il était chargé de dire à Mustafa IV que son armée et celle du pacha de Rustschuk' venaient uniquement pour délivrer leur souverain, la capitale et l'empire de l'insolente oppression d'un ramas d'Asiatiques qui déshonoraient le nom ottoman ; que, bien loin de vouloir faire violence à lui ou à son trône, ils lui offraient leur sang pour laver les affronts dont les yamaks avaient souillé son règne. Ils le priaient de leur accorder trois choses en gage de réconciliation : la destruction du corps des yamaks, la déposition du mufti, organe de leur tyrannie, et enfin le pardon du mouvement qu'ils avaient fait faire à l'armée en devançant ses ordres et l'oubli d'une désobéissance qui n'était qu'un dévouement téméraire à sa volonté présumée.

XV

Le sultan, qui s'attendait à la déposition et à la mort, respira en écoutant des paroles si respectueuses, présage d'un changement de gouvernement qui lui importait peu et d'un règne continué sous d'autres ministres. Il se hâta de prononcer le licenciement des yamaks, la punition de leurs chefs, la déposition du mufti. Hadji-Ali se vit délivré dans sa tour par la mort des officiers qui l'assiégeaient ; le mufti paya, par la spoliation de son trésor et par un lointain exil, sa courte et criminelle domination.

Le sultan chercha à deviner quels étaient les hommes de son gouvernement ou de son sérail dont la perte et les dépouilles complairaient le plus à Baraiktar. Il se hâta de les sacrifier. Le lendemain il se rendit en pompe au camp du Grand-Pont, sous prétexte d'y recevoir l'étendard sacré. Il caressa Baraiktar, en qui il voyait son vainqueur et son maître. Le pacha de Rustschuk masqua de même, par un respect grave et affecté, la pensée qui couvait dans son cœur et qu'il n'était pas l'heure encore de révéler. La révolution parut finie. L'ombre seule de l'armée du grand vizir et de Baraiktar avait fait évanouir la faction des ennemis de Sélim. Le grand vizir et le divan reprirent leurs fonctions au nom de Mustafa IV. Baraiktar resta à la tête de l'armée, et continua à camper avec les troupes à Daoud-Pacha, station ordinaire des campements, aux portes de Constantinople, sur la route d'Andrinople et de la Roumélie.

XVI

Là, Baraiktar recevait de nombreuses visites des fonctionnaires et des ambassadeurs, qui voyaient en lui l'arbitre de la politique et de la fortune ; il s'enveloppait de modestie, et répétait à tous que son œuvre était accomplie, et que, puisque Allah lui avait permis de délivrer le sultan du joug des yamaks et d'affranchir le peuple de leurs vexations, il ne lui restait qu'à retourner à son poste sur le Danube et à y ramener son armée aussitôt qu'elle se serait reposée de ses fatigues.

Ces propos rassuraient les amis du sultan et ne décourageaient pas les amis de Sélim. Ils étaient commandés à Baraiktar non par la perfidie, mais par sa sollicitude pour les jours de son maître Sélim, qu'un seul soupçon du sultan pouvait immoler dans l'ombre du sérail.

Pendant ces jours de repos pour l'armée et de loisir apparent pour Baraiktar, ses affidés et ses émissaires nouaient un à un dans la ville, et jusque dans le divan, les fils de la révolution qu'il méditait.

Les partisans et les amis de Sélim, le capitan-pacha lui-même, nommé autrefois à ce poste par ce prince, et traître à Mustafa IV par reconnaissance, se soudaient, s'entendaient, se concertaient, s'assuraient de l'appui du pacha de Rustschuk, agitaient l'opinion, semaient les mouvements, préparaient les cœurs et les esprits à quelque événement inconnu, mais favorable à tous. Baraiktar, par l'intermédiaire des eunuques et des femmes, faisait porter à son souverain captif des paroles et des signes qui franchissaient les murs de sa prison. Il lui recommandait de ne manifester ni joie ni espérance, et de s'abstenir de tout breuvage qu'il ne recevrait pas des mains de ses intermédiaires secrets. Sélim et Mahmoud, sachant tout, feignant de tout ignorer devant les esclaves du sultan, vivaient dans une fiévreuse anxiété, attentifs au moindre bruit de la ville ou de la mer, entre l'espérance qui s'approchait et la mort suspendue sur eux.

XVII

Cinq jours s'étaient écoulés ainsi, sans que rien manifestât au dehors le travail qui s'opérait en dedans. Les mesures de Baraiktar étaient prises, il n'attendait plus que l'occasion. Elle se présenta le sixième jour.

Les sultans ont l'habitude, pendant l'été, d'aller une ou deux fois par semaine en grand cortége, soit à cheval, escortés des principaux officiers du sérail, soit par mer, sur de magnifiques barques dorées à seize rames, passer la journée dans un des kiosques entourés de jardins et arrosés de fontaines qu'ils habitent sur les bords du Bosphore, soit en Europe, soit en Asie. Mustafa IV, pour mieux montrer aux yeux du peuple la parfaite liberté de son esprit, sortit de bonne heure du palais le 28 juillet 1808. Il s'embarqua sur un de ses bateaux de parade; il traversa le port au bruit du canon qui saluait son passage, et se rendit avec quelques sultanes et quelques favoris au kiosque écarté de *Cheuk-Soug*, sur la rive asiatique du canal. Ce kiosque est à environ deux heures de navigation du sérail. Il se proposait de ne revenir qu'à la nuit.

XVIII

Baraiktar, informé de moment en moment de ses mouvements par des espions, saisit l'heure. Il fit avertir les conjurés de venir le joindre à Daoud-Pacha un à un et par des portes diverses. Il manda le grand vizir, dont il se défiait, au camp, sous prétexte d'une imminente sédition à prévenir parmi les troupes. Le grand vizir accourut à cette invitation. Baraiktar, qui jusque-là n'avait montré à Ibrahim que la moitié de son âme, la lui dévoila tout entière.

Ibrahim, qui n'avait pas cru que son premier pas à la suite de Baraiktar l'entraînerait à une telle extrémité, pâlit, hésita, trembla, étonné de se trouver en face d'une si terrible résolution. Baraiktar, aimant mieux briser un instrument douteux que de le voir se briser à l'œuvre, s'indigna contre la timidité du vizir, lui reprocha sa faiblesse, son ingratitude envers son ancien maître Sélim, lui arracha de ses propres mains avec violence le cachet de l'empire, signe de son autorité, et le jeta prisonnier dans une tente voisine de la sienne, sous la garde de quelques-uns de ses soldats les plus dévoués, chargés de lui en répondre, mort ou vif. Sans perdre un instant, il fit prendre les armes à l'armée, toujours sous le prétexte de rendre les honneurs militaires à l'étendard du Prophète, et marcha à la tête des troupes de son camp de Daoud-Pacha jusqu'à la porte principale du sérail.

Le peuple des faubourgs et de la ville, ne voyant dans la marche de l'armée qu'un cortége pacifique et triomphal, et les honneurs rendus à la relique de la nation, couvrit Baraiktar et ses troupes d'applaudissements et de fleurs. Les janissaires qui gardaient la porte du palais s'ouvrirent respectueusement pour laisser passer l'étendard du Prophète. Baraiktar, profitant de cet étonnement des janissaires, fit entrer dans la première cour du sérail une nombreuse colonne de son armée. C'était la première fois qu'une armée violait cette enceinte. Le pacha, en s'emparant ainsi du palais, espérait prévenir toute résistance et toute effusion de sang. Mais il lui restait encore deux cours à traverser pour arriver jusqu'au sérail.

Le général des bostandjis, corps d'environ deux mille hommes qui garde les enceintes intérieures du palais, étonné d'une audace dont il commençait à craindre les suites, fit fermer précipitamment les portes de fer de la seconde cour, qui renferme le palais des icoglans et les demeures des principaux officiers et des gardiens du palais. La colonne s'arrêta devant cet obstacle inattendu. Le pacha de Rustschuk, écartant toute réserve et perdant toute mesure, ordonna à ses sapeurs d'enfoncer les portes. Aux premiers coups portés par les sapeurs, le chef des eunuques blancs, qui commande cette partie du sérail, montra sa tête pâle d'effroi au-dessus des créneaux de la porte, et demanda d'une voix grêle et tremblante par quel ordre on voulait ainsi forcer l'enceinte sacrée confiée au respect de tous les musulmans.

« Ouvre la porte, esclave, répondit Baraiktar d'une voix tonnante, sinon à moi et à mon armée, au moins à l'étendard du Prophète. »

L'eunuque descendit pour obéir, mais le commandant des bostandjis, arrachant des verrous les faibles mains de l'esclave intimidé, répondit à travers la porte à Baraiktar qu'on n'ouvrirait que sur l'ordre du sultan.

« Du sultan ! répondit d'une voix courroucée l'impatient Baraiktar ; et de quel sultan oses-tu parler ? Il ne s'agit plus du sultan Mustafa, vil esclave : c'est au sultan Sélim, ton maître, que tu dois désormais demander des ordres ; c'est lui qui est notre empereur et le tien. Nous venons l'arracher à ses ennemis, déposer nos armes à ses pieds et le replacer sur le trône de ses ancêtres. »

Et il ordonna de faire entrer les pièces de canon pour enfoncer les portes.

Cependant le bruit de cette altercation, la voix retentissante du pacha de Rustschuk, les cris des soldats affidés dont il était entouré et qui redemandaient avec fureur leur sultan Sélim, le roulement des pièces d'artillerie sur le pavé de la première cour, avaient intimidé tellement la nombreuse population du sérail, que, malgré la consigne et les efforts du commandant des bostandjis, les portes allaient s'ouvrir quand le sultan Mustafa parut.

Au moment où l'armée de Baraiktar avait commencé son mouvement vers la ville, un messager parti du sérail s'était rendu, à force de rames, au kiosque de campagne où le sultan savourait la fraîcheur et le murmure du Bosphore. Étonné d'apprendre que le pacha de Rustschuk et le grand vizir eussent ordonné, sans l'avertir, une cérémonie aussi auguste que la rentrée de l'étendard du Prophète dans son propre palais, il pressentit qu'on avait voulu profiter de son absence pour l'exécution de quelque hardi complot. Arraché à son inertie par sa terreur, il se hâta de se jeter dans le premier bateau qui passait sous les jardins du kiosque, et de se faire ramener inconnu et déguisé sur la plage qui sépare les murs du sérail du port de Constantinople. Baraiktar, ne soupçonnant dans ce souverain efféminé ni cette promptitude ni ce courage, avait négligé de faire surveiller la mer. Mustafa, rejetant son déguisement en franchissant la porte des jardins de son palais, monta précipitamment par les terrasses et par les escaliers des kiosques des sultanes, et parut inopinément au milieu de ses serviteurs au moment même où leur lâcheté allait céder aux injonctions de Baraiktar. Sa présence, son geste et sa parole grandirent l'énergie des défenseurs du sérail.

Il ordonna au kislar-aga ou chef des eunuques noirs de monter sur la terrasse qui dominait la Porte, de temporiser un moment par d'astucieuses paroles échangées avec le pacha de Rustschuk, et de lui annoncer que le sultan Sélim, arraché de sa prison et revêtu du costume impérial, allait paraître lui-même pour recevoir l'hommage de son armée. L'imprévoyant Baraiktar crut à la parole du kislar-aga. Il ordonna à ses canonniers d'abaisser leurs mèches, et à ses soldats d'attendre en silence l'arrivée de leur véritable souverain.

XIX

Cependant l'ingrat Mustafa IV, oubliant la vie qu'il devait à Sélim, ordonna tout bas au kislar-aga et à plusieurs bourreaux noirs qui l'accompagnaient de se rendre à la prison de ses neveux et de lui rapporter le cadavre de Sélim.

Le chef des eunuques, avec cette bestialité de dévouement qui caractérise cette race, obéit sans hésiter. Il frappa, à la tête de huit ou dix exécuteurs, aux portes du kiosque des princes captifs. Séparés du lieu du tumulte par les deux cours, par le palais et par un jardin du sérail, ils ignoraient les événements de la journée. Les clameurs mêmes de l'armée n'avaient pas troublé le silence de cette partie de l'enceinte. Leurs esclaves ouvrirent sans soupçon au kislar-aga. Le chef des bourreaux trouva le sultan Sélim à genoux sur son tapis et faisant la prière des musulmans au milieu du jour. Ce prince, au visage du kislar-aga et à l'aspect des eunuques qui le suivaient, reconnut la mort ; il s'y attendait. Il s'y était résigné depuis l'heure où il était descendu du trône. Il n'adressa ni une plainte, ni un cri de grâce à ses bourreaux, ni un reproche au ciel. Il demanda seulement qu'on lui laissât le temps d'achever sa prière, pour que son âme remontât plus calme et plus sanctifiée à son créateur.

Mais le chef des eunuques, pressé de délivrer Mustafa IV du seul compétiteur qui pût lui disputer le trône, refusa durement cette dernière minute de temps à son ancien maître, et ordonna aux bourreaux de l'étrangler. Ils se précipitèrent sur ce prince et le renversèrent sous leurs genoux sur le tapis. Sélim, plus indigné du refus du kislar-aga et de l'impatience de ses meurtriers que de la mort même, leur disputa sa vie avec acharnement. Doué de toute la vigueur de sa race, accrue encore par les exercices militaires auxquels il s'était exercé pendant sa jeunesse et que le désespoir redoublait en lui, il se releva sous les genoux et sous les bras des exécuteurs, il en renversa trois sur le pavé, et il luttait avec les autres, quand le kislar-aga, voyant la lutte indécise, se précipita sur lui et fut renversé à son tour. Mais ce noir féroce, se relevant, le saisit par le cou, le fit évanouir de douleur et tomber sans connaissance à côté de lui. Les bourreaux, profitant de cet évanouissement, se hâtèrent de serrer le lacet fatal. Sélim expira sans avoir senti une seconde fois la mort (1808).

XX

Le kislar-aga et les bourreaux l'apportèrent dans leurs bras et le déposèrent aux pieds de Mustafa IV, dans le divan, où ce prince impatient attendait le corps de sa victime. Il parut jouir, en le contemplant, de la certitude du trône ; et, se retournant pour passer dans son harem, il dit avec dédain à ses serviteurs :

« Ouvrez la porte maintenant et remettez à Mustafa-Baraiktar le maître souverain qu'il demande. »

Les eunuques ouvrent la porte ; Baraiktar se précipite le premier pour tomber aux genoux de Sélim !... Son pied heurte le cadavre étendu sur le seuil. Il recule d'horreur, et, levant les bras au ciel :

« Malheureux ! qu'ai-je fait ! s'écrie-t-il. O mon maître ! j'ai voulu vous rétablir sur le trône de vos ancêtres, et ma fidélité n'a fait que précipiter votre mort ! Était-ce là le sort que le ciel devait à tant de vertus ! »

A ces mots, il s'agenouille devant le cadavre de Sélim, il l'entoure de ses bras, il lui baise les pieds et les mains, il arrose son visage de ses larmes et sanglote comme un faible enfant. Ses soldats consternés et muets s'écartent d'horreur, demeurent immobiles et mêlent leurs larmes à celles de leur général.

XXI

Mais ces larmes étaient un danger, elles consumaient le temps que les partisans de Mustafa IV pouvaient saisir pour raffermir le respect par la nécessité de conserver cette dernière goutte de sang ottoman. Baraiktar, découragé, savait à peine pourquoi il agirait encore depuis que le prince adoré, pour lequel il avait tout fait, gisait inanimé à ses pieds. Sa révolution ne valait plus la peine d'être achevée. Elle n'avait plus d'autre intérêt pour lui que sa propre sûreté et la sûreté de ses complices. Que lui importait, après le meurtre de Sélim, quel prince avili ou inconnu du sérail occuperait le trône? L'ambition n'était pas le mobile qui avait amené de si loin Baraiktar : c'était l'amitié. Il aurait donné, pour ranimer Sélim, tout le sang qu'il avait risqué pour le couronner de nouveau.

Telles étaient les mornes pensées du pacha de Rustschuk, tandis qu'il contemplait, la tête baissée et les bras pendants, le voile de soie jaune qu'on avait jeté sur le visage de ce prince. Baraiktar semblait lui envier son linceul et demander au Prophète d'être enseveli à ses pieds.

XXII

Le capitan-pacha ou grand amiral Saïd, que nous avons trouvé tout à l'heure au nombre des complices secrets de

Baraiktar, moins attendri que lui par une affection moins vive pour Sélim, conservant plus de présence d'idées, sentait le refroidissement hostile des troupes inactives, la vengeance prompte et inévitable de Mustafa IV. Après avoir laissé quelque cours aux larmes du général, il le prit par le bras, et, le secouant fortement, comme pour l'arracher à un rêve :

« Est-ce au pacha de Rustschuk, lui dit-il tout bas, de pleurer comme une femme? C'est une vengeance, et non des pleurs, que le sultan Sélim attend en ce moment de nous. Punissons ses meurtriers! et surtout ne donnons pas au sanguinaire Mustafa, qui n'a pas reculé devant la mort de son bienfaiteur et de son cousin, d'achever son crime en égorgeant son jeune frère Mahmoud. »

XXIII

Baraiktar, rappelé comme d'un rêve par la voix du capitan-pacha, relève la tête, essuie ses larmes, reprend la physionomie, le geste, la voix dominatrice du général en chef et du chef de parti.

Il se tourne vers les soldats et vers la foule des serviteurs du sérail, des icoglans, des pages, des fonctionnaires qui entouraient le tapis mortuaire de Sélim :

« Qu'on saisisse Mustafa, s'écrie-t-il, qu'on proclame à sa place le jeune et innocent Mahmoud, son frère, l'ami et l'élève de Sélim, qui respire encore, et que les assassins de son maître et ceux qui ont conseillé sa mort périssent à l'instant sous le sabre des bourreaux! »

A cet ordre, les soldats, les officiers du sérail, les spectateurs, confondus dans une même anxiété, se précipitent les uns dans le palais pour s'emparer du sultan Mustafa IV, abandonné des siens et réfugié dans les bras de ses femmes, les autres à travers les jardins ou kiosques des princes emprisonnés, pour sauver et couronner Mahmoud II.

Une longue et cruelle incertitude, manifestée par un douloureux silence, règne en ce moment parmi cette foule et parmi cette armée qui attendaient qu'on leur montrât un maître.

On ne trouvait pas Mahmoud; les bruits les plus sinistres se répandaient dans cette multitude. On croyait que les bourreaux qui avaient tué Sélim avaient en même temps sacrifié le jeune prince à la sûreté de son frère Mustafa. Les esclaves en fuite du kiosque ne pouvaient donner aucun renseignement sur son sort. Ceux qui parcouraient les appartements craignaient à chaque pas de rencontrer seulement un cadavre de plus.

Cependant ces crimes et ces terreurs avaient été également trompés.

Au moment où le kislar-aga et les eunuques noirs entraient dans cette partie du sérail pour exécuter l'arrêt de Mustafa IV, le pressentiment du sort qui menaçait le jeune prince avait saisi ses serviteurs; ils s'étaient jetés, le poignard à la main, au-devant des eunuques, et leur avaient disputé un moment l'entrée du corridor qui conduisait aux appartements intérieurs de l'enfant. Les eunuques, bientôt occupés à lutter contre Sélim, avaient cédé, soit par impuissance, soit par pitié. Mahmoud, au bruit et aux cris du combat prolongé entre Sélim et ses assassins, avait eu le temps de fuir dans les couloirs les plus sombres du palais.

Là, un jeune esclave de son âge l'avait roulé dans un tapis recouvert encore d'un ou de deux rouleaux de nattes, et s'était dérobé lui-même du palais, de peur de trahir par sa présence le lieu où son maître était caché.

Mahmoud avait entendu de là les derniers gémissements de son cousin et de son ami Sélim, le tumulte des cours et des jardins, le bruit des armes, les clameurs confuses qui remplissaient les allées de cyprès. Averti par Sélim des projets de délivrance médités par Baraiktar, certain d'une résolution et d'un combat sous les murs, incertain du succès, ne pouvant distinguer à travers ces voix confuses qui montaient jusqu'à lui quel était le cri et le nom que la victoire ou la défaite faisait retentir à ses oreilles, il gémissait dans l'agonie et l'attente, pleurant son ami et résignant son propre sort à la fatalité. On ignore s'il fut ainsi préservé par le mystère de sa retraite ou par la pitié de Mustafa IV.

XXIV

L'esclave qui l'avait caché et qui s'était jeté ensuite dans la foule, apprenant la déposition du sultan et la proclamation de Mahmoud II, accourut le délivrer de ses voiles, et saluer son empereur dans l'ami et dans l'enfant qu'il venait de sauver. La foule enivrée le conduisit devant Baraiktar.

Baraiktar, se précipitant à genoux devant Mahmoud, baisa le pan de sa pelisse, et fit le geste de mettre sa tête sous le pied de son jeune souverain.

« Mon maître, lui dit-il, un crime exécrable vient de priver l'empire de son légitime souverain dans la personne du sultan Sélim! Il fut votre père adoptif, vous fûtes son élève et son ami; ses principes et ses vertus revivent en vous; vivez pour défendre la religion du Prophète; vivez pour relever la force et la gloire des Osmanlis ! »

Cent mille hommes dans les cours et dans les jardins du sérail, bientôt un million de voix sur la mer et dans la ville, répètent cette acclamation de Baraiktar à Mahmoud II. Le pacha de Rustschuk, anéanti à la fois de douleur, de respect et de joie, ne se releva de la poussière qu'après que le jeune sultan le lui eut ordonné à plusieurs reprises, en le proclamant à son tour le vengeur de Sélim, son sauveur à lui et le grand vizir de l'empire.

Ainsi se termina cette révolution, la plus tragique, la plus pathétique de toutes les révolutions qui changèrent jamais la face d'un empire, la seule peut-être où les sentiments du cœur humain eurent plus de part que les opinions, les ambitions, la politique. Elle fut un augure de la décadence de ce corps funeste au repos et à l'honneur des Osmanlis, de l'émancipation des souverains asservis aux turbulences de cette aristocratie de la plèbe, et du triomphe définitif de l'ordre et de la civilisation en Orient.

XXV

Baraiktar remplit de son nom le cœur et l'imagination du peuple. Tout s'inclina et trembla devant lui ; aucun grand vizir n'eut dans la main à la fois plus d'ascendant sur un maître enfant et reconnaissant comme Mahmoud II, ni plus de fanatisme dans son armée, plus d'autorité sur le divan et sur la capitale. Aucune rivalité n'était à redouter à côté de lui. Il n'avait à craindre que l'excès de sa puissance et l'éblouissement de sa grandeur.

Il commença par venger Sélim III. La vengeance, que les races sauvages confondent toujours avec la justice, est la première soif de leurs cœurs. Les vainqueurs ne se croient pas justes tant qu'ils n'ont pas puni. Le jour même, trente-trois têtes des ennemis de Sélim tombèrent sous la hache des bourreaux, et furent exposées devant la porte du sérail en expiation. Les hommes qui contemplèrent de près ces revirements soudains de la mort se retournant contre ceux qui venaient de frapper pour les frapper eux-mêmes, purent distinguer parmi ces têtes celle du féroce chef des eunuques noirs, le kislar-aga qui avait martyrisé et livré Sélim évanoui à ses bourreaux ; à côté, celle de l'émir akhor ou grand écuyer favori et conseiller de Mustafa IV; enfin, celle du brave et fidèle commandant des bostandjis, qui avait fait fermer, contre toute une armée, les portes du palais confiées à sa garde.

Les Osmanlis, respectant la dignité turque dans le crime et dans le supplice, avaient placé la tête du chef des eunuques noirs sur un bassin d'argent, à cause de son premier rang dans le sérail. On précipita dans le Bosphore tous les chefs des yamaks que la fuite n'avait pas dérobés à la justice de Baraiktar, et Hadji-Ali vint recevoir la récompense de son dévouement. La vengeance même alla chercher la complicité jusque dans le cœur des femmes, des favorites, des esclaves privilégiées du sérail de Mustafa IV. Celles qui furent dénoncées comme ayant témoigné leur joie de la mort de Sélim, soit par complaisance, soit par amour, soit par cruauté, furent livrées aux bourreaux, cousues dans des sacs et jetées dans la mer, sous les murs du sérail. Le flot les rejeta, plusieurs jours après, sur les bords de ces jardins où leur beauté et la faveur du sultan les avaient fait régner quelques mois. Une vingtaine de ces victimes furent ainsi immolées à la passion du pacha de Rustschuk pour le maître que la mort lui avait dérobé; la puissance suprême n'était rien pour lui sans Sélim; il ne jouissait que du droit de le venger.

Il lui fit des obsèques dignes du souverain de soixante millions d'hommes. Elles furent accompagnées par les larmes de Mahmoud II et de Baraiktar; un immense gémissement s'éleva tout le jour des quartiers de Constantinople et de la mer couverte de navires et de barques de deuil. Sélim III était adoré en secret de tous ceux qui voient dans la bonté la plus pure émanation de la divinité dans un prince. Les janissaires seuls le haïssaient, parce qu'ils voyaient en lui le libérateur d'un peuple que leur secte voulait continuer à asservir. Son éloge était dans tous les entretiens. Des conteurs publics, répandus près des fontaines, dans les cafés, dans les cours des mosquées, racontaient au peuple ému, aux femmes, aux enfants, les circonstances touchantes de sa déposition, de son emprisonnement, de son amitié pour le jeune Mahmoud, de son combat dans le cachot, de sa prière, de son supplice et de sa mort! On voyait dans ces récits son cadavre jeté en dérision à l'armée et les larmes de Baraiktar. Jamais souverain n'eut un pareil cortége de pleureurs et de pleureuses, sans autre provocation que la pitié autour de son tombeau. C'était ce même peuple pourtant qui, treize mois auparavant, avait abandonné ce jeune souverain à la sédition d'un ramas d'Asiatiques, à l'oppression des janissaires, à la vengeance des oulémas. Mais la main de Baraiktar avait brisé le sceau de la discrétion et de la timidité. L'amour éclatait dans les larmes.

Nous l'avons dit, Sélim III eut plus d'un rapport avec le dernier roi que la révolution française chargea d'accomplir les grands changements que son époque demandait, et qui le punit ensuite de lui avoir obéi, en le précipitant du trône sur l'échafaud. Il eut les audaces de Pierre le Grand, sans avoir cette féroce obstination qui les ensanglante en les accomplissant. Tout réformateur doit être pontife ou soldat. Sélim n'était ni l'un ni l'autre. Pieux sans fanatisme, courageux sans élan, homme de conseil, non d'exécution, aimant à délibérer avec les sages de son empire, et se confiant à ses instruments du soin d'accomplir ce qu'il avait pensé, la nature ne l'avait pas créé pour la lutte à mort avec une soldatesque organisée et tyrannique comme celle des janissaires ; il sentait leur oppression, il voulut la détruire ; il menaça et n'osa frapper qu'à demi. Sa douceur encouragea l'insolence. Il succomba et l'empire avec lui.

Tel fut Sélim : un de ces princes que l'on pleure plus qu'on ne loue, une de ces victimes couronnées de regrets, que l'on expose après leur mort au pied des trônes, pour apprendre à leurs successeurs l'imitation de leurs vertus et l'exemple de leur chute, hommes pour qui l'admiration est toujours mêlée de pitié.

XXVI

Peu de jours après les obsèques de Sélim III, Baraiktar fit couronner Mahmoud II. Cette investiture de la souveraineté chez les Turcs n'est que la marche solennelle du sultan de son palais à la mosquée d'Aïoub, pour y ceindre le sabre de Mahomet. Chez une nation de militaires et de conquérants, le diadème n'est pas sur le front, mais dans la main. C'est la poignée du glaive qui sert de sceptre aux fils d'Othman.

Le plus tendre intérêt s'attachait au spectacle de cet adolescent à peine sorti de la captivité pour monter au trône sur les ruines de la fortune de son frère et en franchissant le corps de son ami. La beauté de Mahmoud II ajoutait un prestige de plus à son titre. Jamais les Turcs n'avaient vu sur le front de leur souverain plus d'augures d'une grande destinée et plus de promesses de douceur et de force. Le sultan n'avait pas encore seize ans; sa taille moyenne, souple et forte, avait cette agilité nerveuse que la molle reclusion du sérail affaisse trop souvent chez les Orientaux. Son turban cachait des cheveux bruns qui révélaient une mère circassienne. Sa barbe n'assombrissait pas encore le teint éclatant de blancheur et coloré de jeunesse que le sérail n'avait ni détruit ni ridé. Ses sourcils, relevés par la fierté de sa race, formaient l'arc d'Othman sur ses yeux. Un feu doux, mais mobile et pénétrant, jaillissait de son regard. Ses lèvres étaient fermées, son sourire empreint d'une gracieuse supériorité.

Un nuage de tristesse tempérait sa physionomie. On voyait qu'il se souvenait de la prison et qu'il méditait des choses lointaines. Ses épaules larges, ses bras bien noués aux épaules, ses jambes un peu arquées par le cheval et par la posture des musulmans sur le divan, étaient courtes et agiles. Il maniait avec dextérité l'étalon turcoman, dont la crinière entrelacée de perles, et la queue teinte de henné rose, balayaient les flancs. Tel il était selon le récit d'un des icoglans, qui me transmettait, en 1834, le souvenir de ce premier jour de son règne; tel je le contemplai moi-même plus tard, avec l'expression du génie laborieux, souffrant, mais persévérant sur les traits.

XXVII

Baraiktar semblait couver de l'œil la jeunesse de Mahmoud et protéger son règne d'une forêt de sabres. Pour la première fois un grand vizir osait mêler l'aspect des armes aux pompes civiles et religieuses du couronnement du souverain. Les janissaires eux-mêmes n'y paraissaient qu'un bâton blanc dans la main, afin de bien montrer à l'empire que le trône vient du droit, de l'hérédité, non de la force.

Mais le pacha de Rustschuk, soit crainte d'un soulèvement des partisans de Mustafa IV, soit reconnaissance aux soldats qui avaient purgé et relevé le trône, soit habitude d'un guerrier qui ne voit rien de plus splendide que les armes, viola cette étiquette de l'Orient. Il se fit précéder et suivre de trois cents de ses cavaliers albanais armés de fusils, de sabres et de poignards, et le pistolet à la main.

Un murmure des janissaires et du peuple attesta le mécontentement que cette inconvenance excitait sourdement dans les cœurs. On y voyait l'affectation d'une prédominance des Albanais, compatriotes de Baraiktar, sur les autres troupes, et un manque de respect au sultan. C'était là, disaient les ennemis encore timides de la révolution, le geste de mépris d'un aventurier albanais au peuple et de défi à son jeune souverain.

XXVIII

Le grand vizir composa son ministère à son gré. On s'attendait à y voir entrer les principaux complices et les instruments les plus habiles et les plus actifs des derniers événements, Taïas-Pacha, cet ancien caïmakam de Mustafa, réfugié à Rustschuk, et dont le ressentiment avait éclairé la vengeance de Baraiktar, Sayd, le capitan-pacha, traître à son dernier maître pour restituer l'empire au premier. Il n'en fut rien.

Soit que Baraiktar redoutât les talents de ces hommes vendus à deux règnes, soit qu'après s'être servi d'eux pour accomplir son œuvre, il voulût les punir de n'avoir pas toujours été fidèles à Sélim III, Taïas-Pacha eut le supplice pour prix de ses inspirations et de ses services. Sa tête, tranchée par les bourreaux, prit sur les murs du sérail la place de la tête de l'eunuque noir. Le capitan-pacha fut exilé sur un rocher de l'Archipel. Ramis-Pacha et Begdji-Effendi, seul des confidents et des instruments de Baraiktar, partagèrent sa fortune. Ramis fut nommé par lui grand amiral à la place de Sayd. L'habile et courageux Begdji-Effendi fut élevé au rang de ministre. Quant au grand vizir, arrêté par lui dans son complot, Baraiktar méprisait assez sa simplicité pour lui laisser la vie et ses biens. Il lui permit, sans colère et sans reproche, de rentrer dans l'obscurité dont le hasard d'une révolution l'avait tiré, homme loyal, mais faible, qui n'avait su qu'obéir en gémissant à la double impulsion de deux maîtres.

XXIX

L'œuvre principale de Baraiktar pour l'affermissement de son pouvoir et pour l'indépendance du trône était la réforme ou l'extinction des janissaires. Jusque-là son pouvoir n'était qu'un coup de main projeté, et le sultan, que le jouet aujourd'hui adoré, demain brisé d'une soldatesque. Il confia son plan au sultan, déjà pénétré de la nécessité de cette réforme par les trois catastrophes dont son enfance avait été victime, plus encore par les récits et les leçons de Sélim III. Ramis-Pacha et Begdji-Effendi partageaient la haine et le mépris de Baraiktar et des hommes éclairés contre ce corps. Ce n'était pas tout d'avoir balayé les yamaks, il fallait dominer les janissaires. Un moment intimidés par la mort de Cabatchi-Oghli et par l'ascendant de Baraiktar et de ses Albanais, ces turbulents prétoriens de Constantinople ne tardèrent pas à remuer et à s'imposer au divan.

Décider cette race orgueilleuse et paresseuse, maîtresse des villes et des casernes, à se réformer elle-même et à se soumettre aux rudes exercices des camps, aux sévérités de la discipline, c'était au-dessus des forces d'un gouvernement. Le seul moyen de les réformer était de les détruire ou de les contre-balancer par des corps réguliers et disciplinés, armés et formés sur le modèle des troupes d'Europe. L'esprit de corps et la rivalité naturelle qui s'établirait entre les anciennes et les nouvelles milices serait pour un sultan habile, persévérant et intrépide, l'appui de ses réformes et le but de son indépendance. Baraiktar et ses deux collègues conçurent de loin ce plan d'affranchissement de la souveraineté et de la nation. Ils en pénétrèrent l'esprit de Mahmoud II, et l'on peut dire que l'extinction préméditée des janissaires, exécutée avec un héroïsme de résolution antique par ce prince, fut encore l'œuvre du pacha albanais.

Il fallait coïntéresser l'empire tout entier, et surtout les provinces si souvent ravagées et humiliées par les janissaires, à cette entreprise. Ce n'était que par la manifestation unanime de l'esprit national qu'on pouvait étonner et comprimer les résistances des grandes villes où les janissaires régnaient sans rivaux.

XXX

Dans cette vue, Baraiktar convoqua, par un katti-chérif du sultan, les personnages notables de toutes les provinces de l'empire, prenant exemple de Louis XVI, quand ce prince voulut, par la force de l'opinion générale de son empire exprimée dans une assemblée, imposer aux privilégiés, aux aristocrates, et corriger les abus invétérés des siècles. Bien que le despotisme existe au sommet de l'État en Turquie, et qu'il règne aussi par délégation aux pachas aux extrémités, cependant les autorités municipales, les autorités paternelles des cheiks sur les tribus, les autorités héréditaires et féodales de certaines grandes familles sur leurs provinces et sur leurs domaines, composent l'État d'une multitude de centres d'action, indépendants les uns des autres et dépendants seulement de l'État lui-même. La conquête a soumis, mais n'a pas effacé ces magistratures populaires, électives, féodales, répandues sous des noms divers sur l'universalité de ce vaste empire. La Turquie, bien étudiée par l'observateur et par l'historien, n'est qu'une fédération d'éléments divers et incohérents, reliée au sérail par la main toute-puissante qui serre la poignée du sabre impérial.

L'opinion publique, en matière d'administration et de gouvernement, s'y compose donc de l'assentiment exprimé ou tacite de cette variété de pouvoirs publics, héréditaires, paternels ou féodaux, qui régissent les populations sous la volonté supérieure et irrésistible du sultan. Mais les sultans, trouvant plus facile et plus traditionnel de gouverner ces populations par leurs pouvoirs propres et habituels, n'ont jamais songé à les remplacer par des fonctionnaires directs. Contents d'être obéis dans la personne de leurs vizirs, de leurs pachas, de leurs séraskiers, de leurs gouverneurs de provinces; de recevoir les tributs, de recruter les contingents de troupes pour la guerre, de matelots pour la flotte, ils se servent des instruments tout créés par les mœurs, que le temps, les pays, les races, leur ont offerts pour le gouvernement. On conçoit qu'une représentation générale de toutes ces races, provinces, tribus, familles, investies de l'autorité sur leurs différents groupes de population dans l'empire, devait imprimer un immense caractère d'autorité, de volonté générale et de sentiment national aux réformes sur lesquelles le sultan allait les consulter. Ses ordres pèseraient sur la capitale et sur les janissaires du poids du pays tout entier.

Ce fut la pensée de Baraiktar. Elle consola les hommes éclairés, elle éblouit les hommes ignorants, elle scandalisa les oulémas et les prêtres. Elle porta dans l'âme des janissaires et de leurs partisans une terreur qu'ils n'osaient encore exprimer; la popularité du jeune sultan, le nom de Baraiktar et la présence de son armée de seize mille Albanais aguerris, campés aux portes de Constantinople, comprimaient jusqu'au murmure dans les cœurs.

XXXI

De toutes les parties les plus reculées de l'empire, les chefs de ville, les *ayams* (espèces de maires), les cheiks de tribu, les représentants des grandes familles princières des provinces de l'Asie Mineure, de l'Anatolie, de la Roumélie, des îles, les gouverneurs et les pachas secondaires arrivèrent à Constantinople, ou y envoyèrent leurs agents, leurs fondés de pouvoirs. Chacun d'eux, vêtu et armé selon les usages immémoriaux de sa race ou de sa contrée, était accompagné d'un cortége imposant de fantassins ou de cavaliers, proportionné à sa richesse, à sa puissance ou à son luxe. Des caravanes éclatantes d'or, d'argent, de pierreries, d'armes bizarres, de turbans de toutes formes et de toutes couleurs, arrivaient à toute heure par les portes de la capitale. Elles dressaient leurs tentes autour de la ville, dans les faubourgs, sur les places. On eût dit le campement d'une croisade de toutes les familles de l'Orient prête à marcher sur l'Occident.

XXXII

On remarquait dans cette foule de notables de l'empire, au nombre et à l'éclat de leur suite, à la beauté de leurs chevaux, à la magnificence de leur équipement, les beglerbegs d'Asie et d'Europe et les grands feudataires de Caramanie, les chefs et les fils des familles souveraines de Caraman-Oghli et de Tchiapan-Oghli, familles qui lèvent chacune des armées de leur clan dans les montagnes et dans les vallées du Taurus. Des corps de cavalerie les accompagnaient.

Baraiktar, qui méditait des coups de force après les délibérations et les conseils, avait envoyé un confident à Cadi-Pacha, cet ancien soutien des réformes militaires de Sélim, qui gouvernait toujours dans l'Asie Mineure et qui avait maintenu sous les armes et formé à la tactique nouvelle un corps d'armée indépendant des janissaires. Cadi-Pacha reçut l'ordre secret de se faire suivre jusqu'aux portes de Scutari, en face du sérail, de trois mille soldats d'élite, sous prétexte de rendre les honneurs militaires au nouveau sultan.

Le cœur aigri de Cadi-Pacha, aussi dévoué à Sélim III que Baraiktar lui-même, bondit de joie à l'idée de se venger de Constantinople et des janissaires qui l'en avaient jadis expulsé.

Les pachas de Damas et de Bagdad ne purent s'y rendre à cause de la distance. Ali, pacha de Janina, rêvait déjà l'indépendance, mais, affectant encore le zèle d'un fidèle soutien du trône, il n'osa paraître de peur d'un piége; il envoya seulement un corps de troupes et un lieutenant avec l'instruction secrète de ménager tous les partis, de ne compromettre son maître avec aucun et de voter toujours avec le plus fort. Mehemet-Ali, pacha d'Égypte, se dispensa de venir et d'envoyer un représentant, sous prétexte que l'Égypte, ne connaissant pas l'institution des janissaires, n'avait pas d'opinion à donner sur la réforme à opérer dans cette milice.

On remarqua comme un signe caractéristique du cœur humain que les chefs, les ayams et les représentants des familles principales de la Bulgarie et de l'Albanie se refusèrent seuls à paraître à Constantinople, par dédain pour leur compatriote Baraiktar, dont la basse origine et la grandeur actuelle contrastaient à leurs yeux, les humiliaient, les rendaient jaloux. Le sol même où ce grand homme était né lui pardonnait le moins son élévation, tant les vices de la nature humaine se ressemblent sous tous les costumes et sous tous les soleils!

XXXIII

La salle principale du palais de Baraiktar fut le divan où se réunirent les représentants de l'empire. Ils y trouvèrent le grand vizir entouré des ministres, des conseillers de la couronne et de toutes les pompes de la souveraineté. Baraiktar prit la parole au nom de son maître.

« Fidèles soutiens de l'empire, leur dit-il, ô vous, les plus illustres et les plus puissants de la race des Osmanlis! notre maître à tous m'a chargé de faire appel à votre sagesse et de prendre vos conseils sur les nécessités du peuple innombrable qu'Allah lui a remis à gouverner. Nos conquêtes en Asie, en Afrique, en Europe, nos victoires de plusieurs siècles sur nos ennemis, nos derniers combats et nos triomphes ici même sur les factions intérieures prouvent assez au monde que le courage des Ottomans n'a pas dégénéré.

» Mais des revers successifs dans nos dernières campagnes, nos frontières insultées et rétrécies pour un moment par les Russes et les Autrichiens, nous montrent que Dieu nous punit d'avoir négligé les sages institutions de nos ancêtres.

» Personne n'a plus de vénération que moi pour la glorieuse milice des janissaires, à laquelle j'appartiens moi-même. Cette milice redeviendrait invincible comme elle le fut si longtemps, si de pernicieux abus ne s'étaient introduits dans ses rangs et n'avaient corrompu l'institution d'Hadji-Begtasch. Les emplois vendus, les casernes changées en vils bazars, les chefs achetant les grades de l'indiscipline des soldats, les ortas infectées de vices, les exercices du canon abandonnés comme des pratiques indignes de ces mains oisives, les rançons arbitraires imposées aux sujets du sultan, rajas ou giaours, au lieu de veiller au maintien des règlements, à la police de la capitale, à la sûreté du sultan; l'ignorance, la paresse, l'insubordination, l'insolence d'un corps refusant aux braves Osmanlis le droit de sauver un pays qu'ils ne veulent plus servir eux-mêmes, voilà les janissaires d'aujourd'hui !

» Leur solde, qui ruine l'empire, ne sert, vous le savez, qu'à salarier les domestiques des grands et les vils rebuts de la populace turbulente de la capitale. Leurs titres d'inscription dans les rangs, titres qui donnent droit à une solde journalière et n'imposent aucun devoir de présence au drapeau, sont vendus, troqués, escomptés par des juifs qui emploient ces sangsues des compagnies pour sucer la sueur du peuple laborieux. Il est temps que ces hontes et ces rapines cessent. Le redoutable sultan le veut, tout fidèle Osmanli doit le vouloir. Il ordonne par ma voix, conformément aux institutions primitives de cette milice :

» Que les grades n'y soient plus vendus, mais conférés aux services ;

» Que les casernes, devenues des lieux de débauches contre nature, soient purgées de ces infamies et de ces commerces, et restituées aux soldats de service ;

» Qu'aucune solde ne soit payée à tout janissaire qui ne sera pas soumis au règlement militaire et qui n'habitera pas la caserne ;

» Que tout janissaire soit soumis à la discipline et au service du soldat ;

» Qu'ils adoptent les armes dont l'usage a valu aux chrétiens tant de triomphes humiliants pour nous, et uniquement dus à l'obstination des janissaires à refuser de s'en servir.

» Je n'ignore pas que ces réformes vont faire murmurer des hommes puissants qui s'enrichissent de la honte de l'empire. Les vrais janissaires les confondront. C'est dans leurs rangs que le sultan veut choisir parmi les plus braves une milice de seymen ou seghbans, janissaires adjoints, chargés de régénérer les autres et d'offrir aux armées musulmanes le modèle de l'organisation et de l'armement, qui seuls peuvent protéger son peuple et son trône.

» Néanmoins, avant de commencer cette œuvre de reconstitution de notre puissance militaire, le padischah ou roi des rois a voulu connaître votre pensée. Chacun de vous, en émettant son opinion libre et réfléchie, va l'écrire et la signer, pour qu'elle atteste à jamais votre inébranlable dévouement aux résolutions de notre maître. »

XXXIV

Ainsi parla le grand vizir; ses paroles correspondaient à la pensée secrète et presque unanime des représentants de la nation opprimée, vendue et livrée par cette milice. Peut-être néanmoins n'auraient-ils pas osé l'avouer sans l'énergie qui éclatait dans l'âme et dans la voix du pacha de Rustschuk, sans la présence de ses troupes et de leurs propres détachements, et sans l'obligation où il les mettait de signer leur avis et de se déclarer eux-mêmes ennemis du sultan en résistant à ses désirs.

Tous signèrent sans autre observation qu'un murmure d'approbation. La plupart se sentaient vengés par la ruine d'une milice dont ils subissaient en silence l'oppression. Cadi-Pacha promit au vizir de rester campé à Scutari, à portée de canon du sérail, jusqu'à ce que les janissaires eussent obéi. Caraman-Oghli et Tchiapan-Oghli laissèrent en repartant chacun une partie de la cavalerie qui les avait accompagnés à Constantinople. Ali-Pacha rappela son lieutenant et ses détachements, de peur de se trouver engagé dans la lutte ; mais il combla d'or arraché à l'Albanie par ses concussions le trésor de Baraiktar et du sultan.

Tout le reste de l'empire envoya des adresses d'approbation. Les janissaires, unanimement répudiés par l'opinion, se courbèrent sous l'animadversion générale des provinces et affectèrent quelques jours d'accepter avec empressement eux-mêmes la régénération de leur milice. Les oulémas se turent ; le nouveau mufti, choisi par Baraiktar, rendit un fetwa ou bref sacré qui approuvait la transformation du corps et l'usage des armes européennes pour la défense de l'empire, de la religion et des lois.

Tout souriait au grand vizir, dont la sagesse jusqu'ici semblait éclairer l'audace ; cet excès de fortune l'éblouit. La soumission facile d'un peuple, étonné de ce qu'on osait contre ses préjugés, lui fit croire que ces préjugés étaient vaincus. Ils n'étaient que comprimés et muets. L'intérêt et le ressentiment de trois cent mille janissaires et de soixante mille oulémas, répandus dans l'empire et concentrés surtout dans la capitale, ne pouvaient pas tarder à les réveiller. Ces sectes déshonorées n'attendaient que des fautes du grand vizir pour se retourner contre lui. Baraiktar, enivré de sa toute-puissance, en commit quelques-unes. Plus énergique que prévoyant, entouré de complaisants serviles, intéressés à le tromper pour le perdre, il ne vit pas avec assez de coup d'œil le premier reflux d'opinion qui commençait à ramper contre lui dans le peuple, dans les oulémas, dans les janissaires irrités et jusque dans le sérail du jeune Mahmoud II, qu'il humiliait par trop de hauteur.

Prenant pour augure de son ascendant invincible tous les pas qu'il avait faits depuis le jardin du pauvre Bulgare, son père, et depuis l'étrier du pacha de Rustschuk qu'il avait tenu jusqu'à la coupole du divan, second trône du sérail où il régnait, il se crut l'instrument de Dieu, il prit le fanatisme de lui-même, il méprisa tout ce qui lui était obstacle, se confiant pour tout franchir à l'élan de son cœur et à la protection de son astre.

Ses ennemis, d'autant plus dangereux qu'ils étaient plus muets en sa présence, s'aperçurent de cet enivrement et s'étudièrent à l'exagérer. Ils parvinrent même à semer dans l'âme du jeune sultan quelque défiance des ambitions personnelles de son vizir, et quelque pudeur secrète de l'effacement de la majesté du monarque derrière la toute-puissance du soldat.

XXXV

Cependant Baraiktar n'apportait pas à la transformation des janissaires les temporisations, la mesure, les transitions de prudence nécessaires à toute réforme opérée sans révolution par un gouvernement. Il extirpait avant d'avoir déraciné les abus, il expulsait brutalement des compagnies et des ortas les bons et les mauvais, sans égards pour les anciens services ; il tarissait les pensions ; il suspendait sourdement les soldes ; il donnait le murmure et le spectacle de la misère pour auxiliaire au mécontentement. Il encourageait mal les nouveaux soldats à s'enrôler dans les cadres réguliers. Il leur marchandait les soldes et les équipements nécessaires pour attirer dans ces régiments les janissaires licenciés. Il les composait d'un ramas de gens sans aveu, recrutés dans la lie des faubourgs. Il faisait de leur nom un titre de diffamation parmi le peuple. Pour comble d'imprudence, il leur donnait pour casernes ces mêmes casernes de Levend-Chiflik, dépopularisées par le séjour et l'expulsion des nizams-djérids, ces premiers rivaux des janissaires et ces premières victimes de la réprobation contre Sélim III. Il s'irritait contre les avis désintéressés de ses vrais amis ; il s'isolait dans sa force ; il écrasait de sa volonté irrésistible ceux-là mêmes qui venaient servir ses desseins, mais qui les servaient autrement que ses familiers et ses esclaves.

Ses ennemis voulaient eux-mêmes l'isoler plus complétement encore. Une sourde et habile conjuration se négociait en ce moment pour le séparer de ses troupes personnelles, appui invincible de son autorité tant qu'elles seraient aux portes de Constantinople.

Il y a dans le caractère des révolutions de l'empire ottoman, malgré l'énergique loyauté du sang d'Othman, quelque chose du génie astucieux et machinateur du Grec, soit que le mélange des deux races, partant de femmes ioniennes passées dans les harems des Turcs, ait communiqué à la race conquérante l'habileté native de la race conquise, soit que l'ombre des sérails soit favorable par elle-même au génie ténébreux de l'intrigue, et que les conjurations naissent d'elles-mêmes du silence et de la dissimulation obligée des gouvernements despotiques.

XXXVI

Une de ces conspirations se formait contre lui, et ralliait même à ses plans les amis les plus zélés de la monarchie d'Othman.

Une témérité coupable de Baraiktar, si elle n'était pas un simple défi au peuple, acheva de les acharner à la perte d'un vizir qui semblait menacer son maître. Les khans de Crimée, de race tartare, sont la seule branche de la famille des empereurs ottomans qui puisse être appelée au trône, si jamais le sang impérial venait à tarir à Constantinople. Saïm-Ghéraï, vassal de l'empire et dernier khan de la Crimée, était réfugié non loin de la capitale. Au moment où les murmures de la ville et du sérail éclataient avec le plus de force contre l'insolent vizir, qu'on accusait de vouloir effacer son sultan, Baraiktar, comme pour braver l'opinion, ou comme pour montrer au sérail qu'il pouvait se passer au besoin d'un enfant sacré, envoya solennellement des présents presque royaux à l'héritier éventuel du trône, Saïm-Ghéraï, descendant de Gengis-Khan. Il semblait indiquer du geste un protecteur pour lui-même et un maître pour l'empire.

XXXVII

Cette témérité, vivement ressentie par le sérail et par les vieux musulmans, noua enfin contre lui tous les fils épars d'une conspiration qui cherchait en vain depuis quelque temps un centre commun pour se réunir. Les conjurés dépêchèrent des agents secrets dans les montagnes de la Roumélie qui séparent l'Albanie de la Bulgarie, pour exciter les montagnards de ces Alpes à recommencer leurs incursions dans la Turquie d'Europe, et à menacer surtout les environs de Rustschuk. Ils poussèrent un aga de Philippopolis, ville importante au pied du Rhodope, homme célèbre par sa valeur et par ses brigandages, à se mettre à la tête des montagnards et à en former un noyau d'armée insurrectionnelle.

Le grand vizir, sans soupçon des connivences de la capitale à cette insurrection, honteux de voir sa propre ville et sa province ravagées par ces bandes de brigands, détacha de son armée, campée à Constantinople, un corps de six mille hommes pour aller châtier les insurgés. Mola-Aga fut battu, mais il reparut bientôt dans la province de Rustschuk à la tête de nouvelles bandes. Baraiktar, pris une seconde fois au piége qu'on lui tendait, affaiblit son corps d'armée par de nouveaux détachements. Son armée de seize mille hommes se trouva ainsi réduite, vers le commencement de l'hiver (1808), à six mille; c'était trop peu pour assurer une domination qui devenait de jour en jour plus odieuse à la capitale. Baraiktar pouvait la recruter, il

négligea de le faire ; au lieu de solder les troupes nécessaires à sa sûreté et à l'accomplissement de ses plans, il
prodigua le trésor de l'État à ses créatures. Il fit plus :
trop confiant dans les promesses que les pachas et les gouverneurs des provinces voisines lui avaient faites d'entretenir leurs détachements à sa disposition, il fit lever les tentes
de son camp de Daoud-Pacha et dispersa ses six mille
soldats chez les habitants de Constantinople.

Les nouveaux corps à peine formés, déjà méprisés,
étaient plus propres à exciter des révoltes qu'à les contenir ; les robustes enfants du mont Hémus, du mont Taurus,
des montagnes de la Chimère et du Pinde, qui recrutaient
ordinairement les gardes particulières du pacha, auraient
rougi de s'incorporer dans les rangs de cette milice, ba-
layure d'une capitale, et où on leur demandait le sacrifice
de leur liberté, de leur costume et de leurs armes. Le mois
de ramadhan venait de s'ouvrir, cette époque où pendant
trente jours le jeûne, l'activité, les prédications et le fanatisme prédisposent les musulmans aux séditions les plus
dangereuses ; les nuits remplacent les jours ; ils se réunis-
sent après le coucher du soleil dans les cours des mosquées,
dans les cimetières, sur les places publiques, dans les cafés ; ils y écoutent des orateurs ambulants ou des conteurs
publics, qui sont aux Orientaux ce que les journaux sont en
Europe. Ils y parlent avec une extrême liberté des événements du jour, des affaires publiques, des ministres, du
sultan lui-même ; ce sont là les foyers fiévreux de l'opinion,
d'autant plus hardie qu'elle s'y couvre du manteau de la
religion et qu'elle y est plus insaisissable à toute la police
du gouvernement. On y peignait le pacha de Rustschuk
comme un giaour dont le sang infidèle venait d'une source

chrétienne, homme audacieux, avide, à la fois protecteur et oppresseur de son maître, mille fois pire que ces ministres de Sélim III dont Cabatchi-Oghli, maintenant pleuré, avait délivré les Osmanlis. Ces rumeurs nocturnes fanatisaient tellement le bas peuple, qu'on entendait prêcher à haute voix dans les bains, autour des fontaines, qu'il fallait se défaire de ce chien d'infidèle, et que des placards affichés jusque sur les portes de son palais annonçaient le soulèvement et la vengeance du peuple pour les fêtes du beïram, à la fin du ramadhan.

XXXVIII

Les conseillers intimes de Baraiktar l'engageaient à se défier de ces symptômes, à abandonner Constantinople, à conduire à Andrinople le jeune sultan Mahmoud et le sultan Mustafa IV, son prisonnier, à négliger les insurrections de la Roumélie, à rappeler ses troupes personnelles autour de lui, à recruter l'armée licenciée depuis son triomphe, et à marcher ensuite en force sur Constantinople par la même route qui l'avait déjà mené une fois au succès, en traînant après lui les deux sultans, gage de l'obéissance des Osmanlis.

Baraiktar dédaignait ces précautions et ces craintes ; l'exemple de Cabatchi-Oghli, qui avait contenu, soulevé et calmé à son gré la capitale, sans autre appui que quelques centaines d'Asiatiques indisciplinés, lui faisait croire que ses six mille Albanais étaient plus que suffisants pour réprimer une ville lasse de séditions et divisée en factions contraires ; mais le pacha de Rustschuk oubliait que Cabatchi-Oghli avait eu pour lui le peuple et que la popularité vaut dix armées. Il affecta plus d'audace et plus de sécurité que jamais ; l'insolence lui parut une réponse anticipée à la sédition.

XXXIX

Il y a un jour de l'année où le grand vizir fait une visite officielle au mufti, comme pour témoigner de la déférence du pouvoir civil envers l'autorité religieuse. Le grand vizir s'y rendit (novembre 1808) avec une escorte de deux cents Albanais ; soit curiosité, soit préméditation, une foule immense encombrait les rues et les places voisines de son palais ; une agitation sourde, manifestée par les fluctuations du peuple et par ses murmures, révélait une disposition à l'émeute. Mustafa-Baraiktar, s'apercevant du danger, mais le bravant avec l'intrépidité du soldat et avec la brutalité du barbare, ne tourna point la bride de son cheval, comme les chefs de son escorte le lui conseillaient, pour rentrer dans la cour de son palais. Animé, au contraire, par l'insolence des groupes et par le danger qu'il pouvait courir, il ordonna à ses Albanais de fendre la foule avec le poitrail de leurs chevaux et de lui faire place par la force. Ces soldats, à demi sauvages et peu habitués aux égards que les janissaires eux-mêmes ont pour le peuple rassemblé dans les jours de fête, frappèrent à droite et à gauche, du manche de leur fouet et du plat de leur sabre, les hommes, les femmes, les enfants qui obstruaient le chemin. La multitude, obéissante mais indignée, se dispersa d'effroi devant le cheval du pacha. Il ne trouva en allant et en revenant que le silence et la solitude sur sa route.

Mais le peuple dispersé par les Albanais s'était réfugié dans les bazars et dans les cafés des quartiers voisins. Là, les hommes et les femmes frappés par le fer ou par le fouet des Albanais adressaient leurs plaintes aux janissaires répandus dans ces lieux publics. Ceux-ci, profitant de l'émotion du peuple et la tournant en leur faveur contre le ministre, aigrissaient encore de leurs paroles les griefs de cette multitude. « Voilà, disaient-ils, ce que vous avez mérité en nous abandonnant ; un vil chef de brigands des frontières est devenu le maître du sultan et le bourreau des Osmanlis. Pour renverser à la fois les deux colonnes de cet empire, la religion et les lois, il proscrit les oulémas et les janissaires. Osons nous retourner enfin contre cette poignée de pillards et d'assassins qui le soutiennent. C'est notre seule lâcheté qui fait leur force et leur insolence ; c'est notre désunion qui les encourage à nous fouler aux pieds. Unissons-nous, musulmans et janissaires, peuple et soldats. Allons sommer l'aga de notre milice de marcher avec nous contre le palais du vizir. Dieu et le Prophète seront avec nous. »

XL

A ces discours, aux clameurs des femmes, aux pleurs des enfants, aux gémissements des blessés, une foule innombrable accourut de tous les quartiers et se porta devant le palais de l'aga des janissaires. Les chefs de la sédition et les oulémas, qui s'attendaient à ce mouvement, y étaient déjà réunis. Il fut résolu que de nombreux détachements de janissaires iraient surprendre et attaquer un à un les soldats du grand vizir imprudemment dispersés, comme nous l'avons vu, dans les différents quartiers de la ville; qu'une colonne de six mille hommes armés se porterait sur le palais de Baraiktar, et qu'une réserve imposante, servant de noyau et de point de ralliement à tous les soulèvements qu'on allait provoquer, stationnerait devant le palais de l'aga des janissaires pour envoyer de là des renforts sur tous les points de la capitale où la résistance des Albanais rendrait le combat douteux.

La présence des oulémas, la voix respectée des imans, le concours des chefs, la colère du peuple, la vengeance longtemps muette des soldats, donnèrent un ensemble et un mouvement irrésistible à cette explosion. Partout à la fois les Albanais de Baraiktar, surpris dans leurs logements, furent immolés sans défense ou forcés de fuir dans la campagne. Nulle part on n'apercevait la lutte entre le peuple et les soldats. Le palais du grand vizir et les cours de ce palais remplies de ses gardes étaient la seule forteresse devant laquelle la sédition pût s'arrêter. Une colonne de janissaires, dirigée, dit-on, par les oulémas, entassa dans les quartiers voisins de ce palais, à l'abri des boulets et des balles, de vastes bûchers dont le vent de la Propontide portait la flamme sur les maisons voisines de ce sérail. En peu d'instants, ce quartier, bâti en bois, ne fut qu'une mer de flammes.

XLI

Cependant, l'imprudent vizir, trompé par la solitude et par le silence qu'il avait trouvés dans les rues en retournant à son palais, s'était retiré sans soupçon dans son harem, et, après un festin prolongé, dormait d'un profond sommeil entre les bras de sa favorite et sous la garde de son eunuque. Les rumeurs de la ville, le bruit des combats partiels, le tumulte des cours et le cliquetis des armes pénétraient à peine dans le séjour de ses délices et de son repos. L'ivresse et la volupté avaient épaissi son sommeil. Les eunuques eurent peine à le réveiller.

Ce réveil fut terrible. Un ciel de feu couvrait son palais. Le sifflement des flammes, le fracas des murailles s'écroulant, les cris désespérés de ses gardes et de ses esclaves cherchant à fuir, et n'échappant à la flamme que pour tomber massacrés sur le seuil par le sabre des janissaires, l'immense mugissement du peuple qui montait de tous ces quartiers comme le bruit d'une tempête vers le lieu élevé, enfin les cris de victoire et de joie poussés autour des murs de l'enceinte par ceux qui égorgeaient ses femmes, ses esclaves, ses gardes, les bonds et les hennissements de deux cents chevaux abandonnés par leurs cavaliers et courant effarés pour échapper aux flammes qui commençaient à les dévorer, tout annonçait au pacha une mort inévitable. Il n'avait de salut que dans une tentative désespérée : réunir un groupe de ses plus braves serviteurs et se faire jour, le sabre à la main, jusqu'au sérail ou jusqu'à une des portes de la ville. Mais au moment où il s'armait pour cette sortie et où il plaçait son esclave favorite, ses eunuques et quelques pages chargés de ses trésors, au milieu du groupe qu'il allait conduire au combat, un bûcher de débris de maisons, de planches et de solives demi-calcinées, construit par les janissaires devant la porte, éleva ses flammes par-dessus les murs et le repoussa dans l'intérieur du palais. Chacun alors parmi les siens chercha au hasard sa perte ou son salut dans la fuite. Le pacha de Rustschuk, comptant sur l'armée dont il ignorait la dispersion complète, et ne doutant pas d'être délivré après l'incendie, ne chercha qu'à se dérober aux flammes et aux balles dont il était entouré et assailli; gagner du temps sur la sédition, pour lui, c'était la vaincre.

Il y avait, à l'extrémité d'une des ailes de son palais de bois, une tour de pierre, destinée par les grands vizirs à servir, en cas d'incendie, d'asile et d'entrepôt à leurs familles et à leurs trésors. Cette tour, à plusieurs étages de voûtes superposées les unes sur les autres, communiquait au palais par un portique en maçonnerie. Elle était fermée par plusieurs portes de fer que les flammes ne pouvaient atteindre, et que les balles ne pouvaient traverser. L'artillerie seule aurait pu ouvrir un passage dans l'enceinte de ce bloc de granit.

Soit que Baraiktar eût pressenti quelquefois les hasards d'une insurrection qui viendrait l'assaillir jusque dans son palais, et qu'il eût en conséquence les clefs de ce bâtiment abandonné dans la main, soit qu'un instinct naturel et prompt lui montrât cette tour comme son seul refuge, il s'y jeta avec sa favorite et l'eunuque confident de son ambition, de ses trésors et de ses amours. Il prit soin d'y porter avec lui des armes, des vivres et ses bijoux les plus précieux. Aucun œil ne le vit entrer. Il referma derrière lui les verrous des trois portes de fer qui défendaient chaque étage et s'enferma, avec la jeune Albanaise et le noir unis à son sort, dans l'appartement le plus élevé de la tour.

Ce qui se passa dans cette retraite pendant les trois jours et les trois nuits où l'abord de la tour fut défendu par les flammes, est un mystère qu'aucune langue n'a révélé. On ne trouve à cet égard dans les dépêches des agents français que des conjectures contradictoires.

XLII

Le palais de l'aga des janissaires et le principal campement de cette innombrable milice qui borde la Propontide, espèce de Stamboul compris entre les vieilles murailles des Grecs et Sainte-Sophie, le vieux sérail aujourd'hui rebâti et habité par le séraskier ou généralissime des troupes, les rues, les bazars, les mosquées de Stamboul, les faubourgs populeux d'Aïoub, les alentours du sérail jusqu'au pied de ses murs, en un mot, toute l'ancienne Constantinople, étaient en armes ou en feu, au pouvoir des janissaires et de leurs partisans. Nul désormais ne paraissait en état de refouler une révolution si générale, si irrésistible, et de balancer la fortune. Deux hommes seuls l'osèrent cependant, et ils prouvèrent ainsi que le pacha de Rustschuk avait bien jugé le caractère et la fidélité des deux soutiens qu'il s'était choisis dans ces périls. Ces deux hommes étaient le capitan-pacha Ramis et le général des troupes régulières d'Asie campées à Scutari, le courageux et obstiné Cadi-Pacha. Le commandant général de l'artillerie les seconda, ainsi que le général des seymen de Levend-Chiflik. Si ces quatre officiers, qui conservèrent leur sang-froid et surent maintenir leurs troupes, avaient eu à leur tête le grand vizir, alors prisonnier de l'incendie, nul doute que Baraiktar vainqueur, après un moment d'étonnement, n'eût exterminé ce jour-là une milice qui ne tomba que seize ans plus tard, après avoir causé, par ses agitations et sa lâcheté, le démembrement de l'empire. Mais l'ivresse, l'amour et le sommeil avaient tout perdu.

XLIII

Ramis-Pacha habitait l'arsenal, séparé du faubourg d'Aïoub, de la ville et du sérail par le golfe de mer qui forme le port et qui va s'enfoncer en se rétrécissant et en mourant entre deux collines couvertes de faubourgs agités dans le vallon des Eaux-Douces d'Europe. Il voyait de ses fenêtres les progrès de la révolte par les progrès de l'incendie; les cris des combattants, les sifflements et les lueurs des flammes arrivaient jusqu'à lui, reflétées par les vagues de la Corne-d'Or, et répercutés par les deux rives. Quelques messagers inaperçus se jetaient dans des caïques et venaient sous les coups de fusil lui annoncer les événements. Il avait appris que le grand vizir, cerné de toutes parts dans son palais sans défense, ne pouvait plus rien pour lui-même. Il ignorait s'il avait péri dans les flammes, ou si, parvenu à s'échapper sous quelque déguisement ou les armes à la main, il était allé aux casernes de Daoud-Pacha, sur la route d'Andrinople, rallier une poignée de ses Albanais et de ses Bulgares pour revenir sauver une seconde fois son sultan. Un faubourg turc, très-peuplé aussi, et un vaste champ de morts planté de cyprès, dominaient l'arsenal et entouraient de menaces et de dangers l'intrépide lieutenant du grand vizir; il fit fermer les accès de l'arsenal, appela ses soldats de marine aux armes, ses officiers au conseil. Jeune, plein de feu et de lumière à la fois, jouissant sur ses marins, sur ses officiers, sur la flotte, sur le peuple même de ce quartier, d'une autorité de confiance et d'estime qui intimidait la révolte devant lui, il harangua ses cohortes, il les pénétra du respect qu'elles se devaient à elles-mêmes, du mépris pour l'indigne rôle de soldats séditieux, et leur fit prêter le serment de n'obéir, dans cette incertitude et dans cette confusion de l'autre rive, qu'aux ordres directs qui lui parviendraient du sultan. Ses troupes se sentirent fières de sa confiance et de leur discipline. Elles jurèrent et tinrent leur serment.

Ramis-Pacha envoya un détachement à Levend-Chiflik, caserne située au-dessus des collines qui dominent l'arsenal, pour dégager le corps des seymen réguliers et faire sa jonction avec lui. Il en dirigea un autre à sa gauche par les quais de Galata, pour se mettre en communication avec les artilleurs fidèles aussi de la caserne de Tophana, maître ainsi par ces trois ponts défendus de toutes les collines et de toute la partie de la rive qui fait face au sérail et à Stamboul.

Par une manœuvre intelligente et hardie, il reprit l'offensive contre le foyer de la révolte. Il ordonna à deux vaisseaux de la flotte, armés et mouillés dans le port, de tourner la pointe du sérail, d'aller s'embosser dans la Propontide, en face de la caserne des janissaires, foyer de la sédition, et de foudroyer le palais de l'aga, le quartier, les casernes et la réserve des factieux campés sur cette place. Enfin il dépêcha une chaloupe à Cadi-Pacha, campé à Chalcédoine avec ses quatre mille Asiatiques réguliers. Il lui ordonna de marcher sur le faubourg de Scutari, faubourg d'Asie vis-à-vis les jardins du Grand Seigneur, d'y laisser deux mille hommes pour contenir ce faubourg, le plus fanatique et le plus turbulent de tous, de s'embarquer avec les deux mille autres, de traverser le bras de mer, et de se jeter avec ce renfort dans les jardins du sérail, pour défendre jusqu'à la mort ou jusqu'à la délivrance la demeure et la liberté du sultan.

Ces dispositions fermes et sages prises, Ramis envoya quelques éclaireurs par le vallon des Eaux-Douces sur les routes d'Andrinople, avec ordre de tuer tous les janissaires qu'ils rencontreraient se rendant à la ville pour renforcer leurs cohortes, et d'interdire à tous les voyageurs l'accès de Constantinople. Il dispersa de plus une foule d'agents secrets et de conteurs publics, dans les foules et dans les cafés, chargés de répandre le bruit de l'évasion de Baraiktar, et de son prochain retour à la tête de son armée, ralliée hors des murs, pour venger sa surprise et punir les séditieux. Ces mesures, ce canon sur la Propontide, ces barques chargées de soldats traversant la Corne-d'Or pour fortifier le sérail, ces rumeurs répandues de bouche en bouche, ébranlèrent la sédition, éclaircirent les rangs du peuple, et réduisirent les janissaires à leur propre force et à la plus abjecte populace, recrutée par le pillage dans les faubourgs mal famés, qui croupissent sous l'ombre, dans les murs de Constantinople.

Que n'eût pas fait dans un pareil moment l'apparition de Baraiktar, si la flamme lui eût ouvert une route vers Ramis! Déjà les imans se retiraient de leurs chaires séditieuses, les oulémas rentraient dans leurs maisons, affectant une prudente neutralité. L'aga et les officiers des janissaires, qui n'avaient obéi à leurs troupes que par impuissance de leur résister, se déclaraient perdus et se préparaient au supplice. Le peuple, croyant à l'évasion de Baraiktar et à son retour à la tête des Albanais ralliés, courait aux portes et aux murailles pour lui fermer tout accès. Les rues et les places voisines de la Propontide se vidaient sous les boulets des deux vaisseaux qui tonnaient depuis deux jours contre le quartier de l'aga. Les murs du sérail étaient défendus par les pages, les bostandjis et les soldats de Chalcédoine, introduits dans les jardins par Cadi-Pacha. Tous les groupes d'insurgés ou de janissaires qui osaient se montrer au pied des murailles jonchaient à l'instant les rues, les places ou la mer de leurs cadavres. Le feu seul, se propageant de maison en maison, de rue en rue, combattait pour les révoltés. Tel était l'état de la ville à la fin du second jour de la révolution, et Baraiktar ne paraissait pas.

XLIV

Entrons au sérail et lisons dans l'âme de Mahmoud.

Ce jeune prince, mûri par la captivité et par l'étude, brûlant d'ardeur, mais contenu par la modestie de son âge, était combattu entre deux sentiments contraires. Effacé, humilié, contraint, menacé même quelquefois par la rude tutelle d'un soldat, plus fidèle que courtisan, il se serait vu, avec une satisfaction secrète, délivré par l'amour de son peuple d'un vizir qui commençait à lui peser. Mais généreux, loyal et reconnaissant, il n'oubliait pas qu'il devait tout à ce vizir ; il aurait souffert de l'abandonner, il rougissait de le trahir. C'était pour l'indépendance de son trône que ce vizir combattait ou mourait en ce moment.

D'un autre côté, l'ombre de Sélim III lui montrait le triomphe des janissaires comme le prélude de l'asservissement du sérail, de la captivité, du détrônement, de la mort des princes, de l'anarchie de la capitale, de l'affaissement de l'empire. Tous ses souvenirs, tous ses sentiments, toutes ses prévisions l'animaient contre eux. Il tremblait aussi que leur triomphe ne fût le signal de sa déposition, de sa captivité, de sa mort, et d'un second couronnement de son frère Mustafa IV. Il connaissait la cruauté et les sanguinaires ressentiments de ce frère, meurtrier de Sélim par précaution, meurtrier bientôt de Mahmoud par vengeance. Son sort flottait dans une tempête de pensées, d'espérances et de terreurs qui se disputaient l'âme d'un enfant. C'est l'heure où la voix des femmes, des mères, des favorites, des eunuques, des esclaves, funestes conseillers de résolutions déplorables, préparent des pages néfastes à l'histoire des peuples, et des remords éternels aux souverains.

XLV

Le sultan, fortifié dans son enceinte par les deux mille hommes de Cadi-Pacha et par le corps entier des seymen, que Ramis envoya aussi au secours du sérail, s'inspira de l'expérience et de l'énergie de Cadi, et forma son armée à l'abri de ses murailles, prêt également à les défendre ou à en sortir selon les éventualités, les progrès ou l'affaiblissement de l'insurrection.

Les seymen furent postés sur les murs entre les créneaux, plongeant leur feu sur tous les abords des jardins. Les pages, troupe dévouée et fidèle, reçurent des armes et se groupèrent comme une armée de la jeunesse autour du sultan. Les bostandjis, divisés en autant de corps qu'il y a de portes, furent chargés de les défendre ou de mourir sur le seuil. Cadi-Pacha et ses deux mille soldats exercés de la Caramanie, se rangèrent en bataille dans la grande cour de Saint-Irénée, devant la porte principale du sérail. Les vivres et les munitions apportés par mer de Scutari et de Chalcédoine ne manquaient pas au palais. L'empire tout entier, réfugié dans cette presqu'île inexpugnable, semblait, comme au temps des empereurs grecs, gardé par les flots des deux mers.

XLVI

Un feu sûr et continuel, échangé entre les janissaires exaspérés et les seymen couverts par les créneaux, fit résonner toute la journée du 15 novembre 1808 les collines, les cyprès et la rade de Constantinople. Partout ailleurs que sur le promontoire du sérail, un calme sinistre et un silence d'anxiété pesaient sur les sept collines de la seconde Rome. Des hauteurs de Scutari, de Galata, d'Aïoub, de Tophana, des dômes et des minarets de Sainte-Sophie, on voyait sous un ciel limpide et inondé de soleil les légères fumées des coups de fusil des seymen couronner les murs d'un feston de feu. Les volées de canon des deux vaisseaux embossés sous le palais de l'aga des janissaires faisaient par moments trembler l'air et frémir les flots. Les flammes rampantes de l'incendie, renfermé encore autour du palais de Baraiktar, semblaient s'affaisser avec la sédition.

XLVII

Ramis-Pacha, satisfait d'une répression qu'on devait tout entière à sa fermeté et à son génie, vit les symptômes de la victoire dans l'ébranlement du peuple et des janissaires. Il résolut de la saisir et de ne pas la convertir en carnage, puisqu'il pouvait l'utiliser en soumission. Une sédition vaincue, lassée et soumise, lui promettait pour Mahmoud un gouvernement affermi et tout-puissant.

Il se jeta dans une barque, traversa le port et s'introduisit dans l'enceinte du sérail. Déjà des ouvertures de pacification étaient échangées du dehors entre les officiers repentants des janissaires et les défenseurs du sultan. Le moment était décisif, il conjura Mahmoud et son conseil de le saisir. Il proposa de proclamer du haut des murs et des minarets une amnistie générale pour tous ceux du peuple et des ortas qui déposeraient les armes, en exceptant un seul homme de ce pardon politique, et en rejetant tout le crime de la sédition sur une seule tête. Cet homme était le faible aga des janissaires ; en lui le corps entier eût été vaincu, réprouvé et châtié. Ce conseil sauvait à la fois le sultan de la dégradation, la capitale des flammes, le gouvernement du joug brisé de cette milice. Il était accepté par les combattants de l'intérieur et du dehors. Le sultan penchait pour ce triomphe qui, en épargnant le sang des Osmanlis, lui épargnait à lui la cruelle alternative où on allait le pousser bientôt après, de se sacrifier avec l'empire, ou de sacrifier Mustafa à la sûreté de son règne.

XLVIII

Mais le bouillant Cadi-Pacha, voyant une victoire plus absolue prête à être saisie dans le sang même des révoltés à demi vaincus, s'indigna contre une telle prudence. Il se souvenait de l'affront fait à lui et à son armée au moment de la déposition du malheureux Sélim, quand les janissaires triomphants l'avaient contraint à reprendre honteusement la route de ses vallées de l'Asie Mineure. Il avait soif de leur sang ou de leur honte à son tour. Il avait promis vengeance à ses troupes et aux cavaliers de Caraman-Oghli. Il proposa de former à l'instant dans l'intérieur une armée d'agression, composée de ses plus intrépides régiments, précédés de quelques pièces de canon, suivis d'une cavalerie mobile et légère, de faire à travers la ville une expédition hardie qui briserait les derniers noyaux de la sédition, qui exterminerait les janissaires et qui éteindrait pour jamais dans leur sang et dans la terreur du peuple les germes et les habitudes de la révolte. Ce langage héroïque enleva tout le monde, fanatisa l'armée et entraîna le sultan. Cadi-Pacha reçut le commandement de ce corps d'expédition.

XLIX

L'intrépide Asiatique forma aussitôt une colonne de quatre mille hommes précédés de quatre pièces de canon ; il fit ouvrir les portes et s'élança avec ses troupes, au pas de charge, au son des tambours et aux applaudissements des gardiens, des esclaves et des eunuques sortis, sur la terrasse qui couronne la porte. Mahmoud lui-même, qui voulait sortir avec ses soldats, fut retenu par Ramis et par ses serviteurs ; il monta l'escalier d'une tour en pierres, qui s'élève contiguë à la porte et dont les meurtrières voient au loin sur la place et dans la ville. Il y passa le temps du combat entre l'espoir et la crainte, observant, à l'aide d'une longue-vue, les progrès ou les revers de ses soldats.

Cadi-Pacha fondit comme une muraille de fer sur la colonne de tête des janissaires, qui occupait la place et qui fusillait les créneaux. Il les refoula, les dispersa, les poursuivit, entra, sur leurs pas, dans leur caserne de la place Sainte-Sophie, les précipita par les fenêtres, parvint à la place de l'Hippodrome, couverte, comme le sol de Balbeck ou de Palmyre, de débris debout ou renversés du moyen âge, balaya devant lui les masses qui entouraient d'un cordon le palais du grand vizir. La flamme qui dévorait encore les murailles et les escaliers de bois de ce palais en interdit l'entrée à ses troupes. Il établit une forte réserve sur la place de l'Hippodrome, et, divisant sa petite armée en trois colonnes, il les lança à travers Stamboul : l'une vers le château des Sept-Tours ; la seconde vers la mosquée du sultan Soliman, point culminant du promontoire et dominant à la fois la Propontide et la Corne-d'Or ; la troisième enfin, commandée par lui-même, vers le foyer de l'insurrection, au palais de l'aga des janissaires. Il ordonna aux deux colonnes dont il allait se séparer ainsi de balayer les rues devant elles et d'immoler sans pitié tout ce qui portait les armes.

Les colonnes obéirent, sans rencontrer d'obstacle d'abord ; mais, trop confiantes dans la solitude des rues, et s'abandonnant au pillage et au massacre dans l'intérieur des maisons forcées, elles s'affaiblirent à mesure qu'elles s'avançaient, laissant la rage et la vengeance derrière elles. Les cris des femmes, les pleurs des enfants, le sang des vieillards, le spectacle des victimes entassées par les survivants sur le seuil des maisons, ou précipitées des fenêtres, rendirent aux habitants le courage par l'excès même de la terreur. Il s'encouragèrent les uns les autres, se reprochant mutuellement leur lâcheté ; ils se rallièrent derrière les colonnes, d'abord par groupes, bientôt par masses ; ils appelèrent les janissaires plus aguerris à les commander, et ils attaquèrent les troupes de Cadi-Pacha à leur retour, tandis que de toutes les maisons sur leur route, les pierres, les tisons, l'huile bouillante, pleuvaient sur elles en les écrasant. Le feu, allumé à la fois par les uns pour dévorer la ville, par les autres pour étouffer leurs ennemis, s'étendit bientôt en vaste incendie. Les trois colonnes, décimées dans leur marche, se replièrent avec peine d'abord sur la place de l'Hippodrome, et bientôt sur la place qui précède la porte du sérail ; là, protégées par l'embouchure des rues étroites qui y aboutissent et par le feu qui partait des créneaux et qui les couvrait, elles résistèrent vaillamment à la multitude des insurgés que la témérité de Cadi-Pacha avait fait refluer contre le palais.

L

Les janissaires, ne redoutant plus de nouvelles sorties des troupes du sultan, se portèrent en masse à leur caserne de Sainte-Sophie pour la reconquérir. Trois cents seymen avaient été oubliés par Cadi-Pacha dans cette caserne. Noyés dans un flot toujours croissant d'assaillants, ces trois cents hommes, sans espérance pour leur vie s'ils rendaient ce poste, résolurent d'y venger du moins leur propre mort. Les janissaires y donnèrent inutilement vingt assauts. Toujours foudroyés au pied des escaliers ou dans les cours, ils mirent le feu à l'édifice. Les seymen s'y laissèrent consumer en combattant jusqu'à l'écroulement des murailles, sous lesquelles ils périrent jusqu'au dernier. L'incendie de cet immense palais jeta ses flammes sur tous les quartiers voisins, et menaça d'entourer le sérail même d'un océan de feu.

Cadi-Pacha avait en vain tenté d'aller délivrer ses seymen. Le feu des maisons, la flamme de l'incendie, les cadavres qui remplissaient les rues l'empêchèrent d'arriver jusqu'à Sainte-Sophie. Le commandant des seymen, Soliman-Aga, renégat prussien, qui avait été un des premiers instructeurs des nizams et à qui Baraiktar avait confié le commandement de ce corps, fut blessé dans cette retraite, tomba de cheval et, saisi par la populace, fut déchiré en mille lambeaux. Cadi-Pacha, ramenant un peuple entier sur ses pas, fut forcé d'abriter ses soldats découragés dans l'enceinte même des cours du sérail. L'incendie, que personne ne cherchait plus à arrêter et que soufflait le vent de la Propontide, couvrit promptement d'une nappe de feu toute la partie de la ville qui s'étend de l'hippodrome et de la place Sainte-Sophie jusqu'aux portes du palais. Les femmes, les vieillards, les enfants, périrent par milliers dans les décombres. Les janissaires, acharnés au combat, ne pensaient qu'à tuer et non à sauver.

LI

Le sultan Mahmoud contemplait du haut de la tour du sérail ses troupes en fuite et sa capitale consumée. Saisi à la fois du sentiment de sa défaite et de pitié pour tant de victimes, il ordonna à Cadi-Pacha de ne plus répondre du haut des créneaux aux canons et aux fusils des janissaires. Il fit lancer par-dessus les murs un décret impérial qui ordonnait à l'aga de cette milice de suspendre la lutte et d'arrêter l'incendie. L'aga, affectant de conserver le respect à l'ordre de son souverain, fit abattre les maisons et concentra le feu dans les foyers étroits et populeux qu'il avait à demi dévorés. Le peuple, à la faveur de cet incendie éteint et du feu des créneaux ralenti, inonda en plus grande masse la place du Sérail et les rues qui circulent au pied de ses murailles. Il élevait jusqu'au ciel ses malédictions contre Baraiktar, Caraman-Oghli, Ramis, Cadi-Pacha, les bostandjis, les seymen, les pages, le sultan lui-même. Des voix menaçantes criaient : « Vive Mustafa! » et faisaient entrevoir à Mahmoud le sort de Sélim. Entre sa perte certaine ou le rétablissement de son autorité et de la paix dans l'empire, il n'y avait qu'une résolution, la mort instantanée de Mustafa. Les serviteurs, les conseillers, les eunuques de Mahmoud se précipitèrent à ses pieds pour l'obtenir. Après avoir résisté deux jours, il y consentit enfin. Ce fut le salut d'un jour, le remords et le deuil de toute une vie. Mustafa IV, condamné d'un geste, cessa de vivre entre les mains des mêmes bourreaux qu'il avait envoyés à Sélim III.

Ce prince, comme tous les princes cruels, ne sut pas mieux mourir qu'il n'avait su régner. Cadi-Pacha, vaincu, rendit à son maître le triste et dernier service de présider à cette exécution (1808).

Ce fut le dernier crime de ce sérail où le fratricide avait été pendant cinq siècles l'échelon de l'empire. Gloire au temps qui ensevelit aussi les forfaits d'État!

LII

La foule ignorait encore la mort de Mustafa; mais, toujours tremblante du retour sans cesse annoncé de Baraiktar, elle se précipita par toutes les issues dans son palais, aussitôt que l'incendie affaissé lui permit de franchir les poutres et les solives enflammées. Les hommes du peuple n'attendaient pas que les cendres fussent refroidies pour chercher à y recueillir les lingots d'or et d'argent fondus dans ce foyer de trois jours. En franchissant les diverses enceintes dont cette vaste demeure des grands vizirs était composée, quelques-uns parvinrent, à travers un corridor creusé dans l'épaisseur d'une muraille en maçonnerie, au pied d'une tour, dont l'entrée était interdite par une porte de fer encore rougie. La soif du butin les porta à enfoncer cette porte à coups de haches et de solives changées en béliers. La porte, en tombant, leur ouvrit un étroit portique circulaire qui conduisait à un escalier. Ils franchirent les marches, et, arrêtés trois fois par de nouvelles portes de fer, trois fois ils renversèrent cet obstacle pour monter plus haut.

La dernière porte enfoncée offrit à leurs yeux un trésor mille fois plus précieux à leur colère que l'or dont ils étaient si avides : c'était le cadavre de Baraiktar. Il était étendu entre l'eunuque noir, son confident, et la jeune Albanaise qu'il avait assez aimée entre toutes ses femmes pour vouloir la sauver seule ou pour lui faire partager sa mort. Des sacs remplis d'or et des écrins de pierreries jonchaient le pavé de la tour à côté des trois cadavres.

Ceux qui les avaient découverts reconnaissant le vizir, que la mort volontaire ou l'asphyxie n'avait point défiguré, appelèrent à grands cris le peuple à jouir de ce spectacle. L'aga des janissaires et les principaux officiers se hâtèrent d'aller contempler le corps inanimé de leur ennemi. Ils firent porter le cadavre en triomphe sur les épaules du peuple, et l'étalèrent comme un drapeau aux yeux des seymen et des bostandjis qui regardaient du haut des créneaux du sérail ; puis ils le traînèrent par les pieds sur la place de l'Atméidan, où ils l'exposèrent trois jours aux yeux du peuple devant leur caserne, comme en expiation de la haine que ce grand homme leur avait portée.

LIII

A la vue du cadavre du grand vizir, les défenseurs du sérail, qu'on avait jusque-là soutenus par l'espoir de son prochain retour à la tête d'une armée libératrice, sentirent leur courage défaillir et les armes tomber de leurs mains. Les seymen et les Asiatiques de Cadi-Pacha crièrent du haut des créneaux au peuple, qu'ils avaient été trompés, qu'ils ne voulaient plus combattre contre les janissaires, leurs frères et les défenseurs de la même religion. Ils jurèrent d'aller venger dans le sang de Ramis et de Cadi-Pacha, leurs généraux, le sang osmanli qu'on leur avait fait répandre.

Mahmoud, que la mort de Mustafa IV rendait sacré même à ses vainqueurs, ne craignait plus rien pour lui-même. Bien loin de chercher à prolonger une lutte inutile, il céda au sort, se promettant de le retourner un jour contre ses ennemis. Il favorisa la fraternisation des seymen et des soldats de la Caramanie avec les janissaires. La réconciliation se fit sur la place et dans la première cour du sérail. Les janissaires, satisfaits, ne demandaient que quelques têtes; le sultan les leur déroba. Il fit embarquer Ramis-Pacha, Cadi-Pacha, Begdji-Effendi et les principaux amis de Baraiktar sur une barque qui les attendait à la pointe du sérail. Des rameurs fidèles, les éloignant aussitôt de la côte, les débarquèrent à Rodosto, sur la Propontide. De là, ils atteignirent Rustschuk, où les partisans toujours fidèles de Baraiktar les dérobèrent quelque temps à la vengeance des janissaires. Leur départ apaisa cette révolution qui avait ensanglanté et incendié la capitale pendant cinq jours. Les janissaires brûlèrent, le même jour, les magnifiques casernes des troupes régulières pour effacer jusqu'à la trace d'une odieuse innovation. Ils envoyèrent, dans la soirée, des députés au sultan pour lui demander pardon de leur révolte et pour l'assurer de leur inviolable fidélité. Le mufti, hostile en secret à Baraiktar, vint, à la tête des oulémas, féliciter le jeune prince de sa défaite comme d'une victoire. Il y voyait le triomphe de la monarchie, de la religion et des vieilles lois. Tout rentra dans l'ordre ancien et abandonna le parti vaincu.

LIV

Peu de temps après, Ramis-Pacha, qui était né en Crimée, alla demander asile à sa patrie, déjà soumise aux Russes. Cadi-Pacha, après avoir erré pendant quelques jours dans la Caramanie, pour y recruter de nouveaux ennemis aux janissaires, fut reconnu à Kutaïah sous l'habit d'un derviche. Sa tête tranchée, portée à Constantinople, fut exposée pendant un mois sur les créneaux de cette porte du sérail, qu'il avait si héroïquement défendue. Le nom de Baraiktar, enseveli pendant longtemps dans le silence de la peur, resta scellé sous la dissimulation des sentiments qu'on lui portait : odieux aux janissaires et aux oulémas, gardiens et possesseurs intéressés des abus de l'empire, sacré aux amis du sage Sélim, à la fois regretté et redouté de Mahmoud, qui lui devait trop de reconnaissance pour ce qu'un souverain peut en porter à un esclave. Quelques années après, on le jugea mieux, on l'admira plus, on le plaignit davantage. Il reste un des plus grands noms de ces drames aventureux qui composent l'histoire d'Orient, si semblable à un poëme; un héros de courage, d'audace et de fidélité, un Antar européen à qui il ne manqua, comme l'Antar arabe, qu'une lyre pour chanter son propre héroïsme et son sacrifice à un maître ingrat.

Fils d'un pâtre des vallées qui séparent la Bulgarie et l'Albanie, berger lui-même, puis dompteurs de ces chevaux qu'il élevait pour les pacha voisins, respirant la guerre pour la guerre, reconnu chef à l'intrépidité et à l'instinct des combats, remarqué par les généraux de Sélim III, élevé par ce prince au rang de pacha, honorant seul les revers des armées ottomanes par des incursions victorieuses sur le territoire ennemi et par la sécurité de la province la plus exposée, confiée à son sabre; se formant sans solde une armée personnelle, maintenue et disciplinée par le sentiment de la supériorité et par l'amour de son chef; fier et tendre comme le lion de Sélim, nom qu'il aimait à se donner; plein de mépris pour ces janissaires amollis, soldats de parade quand l'empire était calme, de sédition quand il était troublé; voyant de loin tomber le maître qu'il adorait sous la turbulence de ces prétoriens, affectant l'indifférence pour mieux cacher la pitié et pour mieux préparer la vengeance, touchant au but de sa conjuration et recevant un cadavre à venger au lieu d'un souverain à replacer sur le trône, pleurant comme une femme, regrettant son héroïsme et sa dissimulation perdus; appelé, enfin, à consommer une révolution par l'impossibilité de reculer après la révolte, couronnant avec indifférence un enfant porté par sa victoire au pouvoir suprême, l'exerçant avec vigueur mais avec rudesse, égaré dans une capitale corrompue entre les intrigues d'un sérail qu'il offense et les ressentiments d'une milice qu'il menace, se décourageant du salut de l'empire, se fiant à son sabre, se réfugiant dans l'amour, s'endormant dans la volupté, réveillé par la sédition, la flamme et la mort : voilà Baraïktar.

Les Bulgares, les Albanais et les pasteurs des bords du Danube chantent encore les légendes sauvages et touchantes de sa vie et de son supplice, comme celles de Scanderbeg et de Czerni-Georges; les Turcs l'oublient; grand homme, mauvais ministre, plus fait pour la guerre que pour le gouvernement, le vizir a fait tort au héros !

LV

Les conteurs des cafés de Stamboul citent seulement quelques traits de courageuse justice qui rappellent les aventures des califes.

La jeune veuve d'un riche négociant turc logeait dans la ville de Galata, au-dessus de la boutique d'un jeune marchand chrétien, né dans une des montagnes de l'Albanie et remarqué de tous les passants pour sa merveilleuse beauté. Il vendait ces étoffes de Caramanie, ces tapis, ces bijoux, ces parfums d'Orient, que les odalisques du harem rêvent, dans les pays de reclusion des femmes, comme la seule consolation de leur esclavage.

A peine sortie de l'enfance, oisive, riche, sans famille à Constantinople, sans autre entretien que celui d'une ou deux esclaves, autrefois ses gardiennes, maintenant ses complaisantes, la jeune veuve, née dans une île de l'Archipel, passait ses journées dans un de ces balcons grillés, en saillie sur la rue, et d'où elle pouvait apercevoir de temps en temps le beau marchand quand il entrait dans son magasin ou quand il prenait le frais dans la rue. Elle s'éprit pour lui d'un amour irrité par la continuelle contemplation et par la solitude; mais cet amour, même muet, était un sacrilége, car la loi turque interdit, sous peine de mort, toute union entre un musulman et un giaour. Elle espérait vaguement que l'aspect de ses charmes et la possession de ses richesses entraîneraient le jeune chrétien à renier pour elle sa foi.

Elle employa toutes sortes de ruses pour parvenir à un entretien chez elle avec lui. Toutes échouaient devant cette terreur qu'inspire à un chrétien l'appartement d'une musulmane, où l'on ne peut entrer sans crime. A la fin elle envoya successivement ses esclaves acheter presque tout le magasin du chrétien, et quand il fallut régler le compte, elle feignit de s'y perdre, de nier ce qu'elle avait reçu, de faire contester par ses femmes sur les objets et sur les prix avec tant de doutes, de malentendus et d'obstination, qu'un éclaircissement de ces comptes parut indispensable entre elle et le marchand lui-même. Le jeune homme, dont la fortune presque entière se trouvait engagée dans ce différend simulé, n'hésita plus à risquer sa vie pour sauver son unique richesse. Il monta l'escalier intérieur de la maison de la belle Turque et fut introduit par une esclave affidée dans son appartement. A son aspect il fut ébloui : elle lui avoua sa passion et sa ruse. Ils s'aimèrent ; ils jouirent quelques mois en tremblant d'un commerce mystérieux que dérobaient à tous les soupçons les murailles d'une maison commune. Ils se proposaient de fuir ensemble pour s'unir dans un pays chrétien aussitôt qu'ils auraient fait passer leurs richesses sur une terre libre.

Cependant une mutuelle terreur corrompait leurs espérances et leurs joies. Leur beauté même attirait sur eux les regards et la pensée de leurs voisins. Nul néanmoins ne se doutait de leurs rapports. Le sentiment de sa faute et de son danger inquiétait seul le bonheur du jeune Grec. Il croyait que son crime était écrit avec son bonheur sur son visage. Tous les regards le troublaient. Le remords le perdit.

Un jour qu'il était monté par l'escalier dérobé chez sa

fiancée, quatre janissaires, sans aucun soupçon, entrèrent dans son magasin pour acheter quelques parfums rares pour leurs femmes. L'enfant qui gardait la boutique pendant l'absence de son maître ne trouva pas dans les urnes et dans les coffrets l'espèce d'aromate demandé par les janissaires. Ils insistèrent, ils s'obstinèrent à attendre le marchand lui-même. L'enfant, intimidé, alla le chercher. Le jeune Grec, voyant dans un hasard une intention, et dans l'insistance des janissaires à le demander une préméditation de le convaincre et de le saisir, parut si pâle, si déconcerté et si balbutiant à leurs yeux, qu'ils furent frappés d'étonnement, et qu'en recherchant les causes de son trouble, ils découvrirent son crime. Ils le menèrent au cadi, qui le condamna au supplice pour avoir violé le harem d'un musulman.

Baraiktar, instruit, cassa le jugement et recommanda aux amants de fuir la vengeance, non des lois, mais du fanatisme : il protégea lui-même leur fuite en Albanie, où son nom est encore béni pour cette clémence.

LIVRE TRENTE-SEPTIÈME

I

La mort du sultan Mustafa IV et l'avénement au trône du jeune et infortuné Mahmoud II (novembre 1808) n'avaient inspiré ni intérêt ni pitié à l'arbitre du monde, Napoléon. Il continuait à flatter, après la paix, l'empereur de Russie Alexandre d'une part immense dans les dépouilles de l'empire ottoman, et à lui permettre de poursuivre contre le jeune sultan une guerre inégale en Valachie et en Moldavie.

« Les Turcs, dit l'historien que nous avons déjà cité,

paraissaient, depuis la chute de Sélim III, arrivés au terme de leur existence ; Napoléon se demandait s'il ne fallait pas en finir avec cette ruine toujours menaçante ; il se demandait encore si ce n'était pas le cas de s'emparer de tous les rivages de la Méditerranée et de se servir du dévouement momentané qu'il inspirait à la Russie, pour diriger une armée sur l'Inde à travers le continent *partagé* de l'Asie. Bien que chimériques, ajoute l'historien de l'empire, aux yeux d'une génération ramenée comme la nôtre à de fort médiocres proportions, il ne faut pas juger ces projets de notre point de vue présent ; il faut songer que l'homme qui concevait ces rêves pouvait à volonté faire et défaire des rois, prononcer d'un mot sur les grandes monarchies de l'Europe, et, bien qu'à notre avis il s'abusât, il ne faudrait pas croire qu'on mesure exactement l'étendue de son erreur en la mesurant d'après nos idées actuelles, car, en jugeant ainsi, notre petitesse se tromperait autant que s'était trompée sa grandeur. »

Cette politique, vue à travers le prisme de la gloire militaire par un historien que la gloire attire et qu'elle éblouit trop souvent, n'avait de grandeur que dans ses chimères. C'est cette fausse grandeur des avances de Napoléon à la Russie qui a précisément ramené si déplorablement la France, en 1814 et 1815, aux médiocres proportions qu'accuse le patriotisme de l'historien. Il nous déclare dédaigneusement incompétents pour mesurer de notre petitesse les proportions démesurées de son héros ; il se trompe en ceci, comme dans l'appréciation de la diplomatie russe alors de Napoléon. La chimère n'est jamais grande dans un homme d'État, et la raison n'est jamais petite dans un philosophe véritablement politique.

C'est cette fatale tendance de Napoléon à sacrifier l'Orient à la Russie, qui rendit le règne de Mahmoud II si pénible, et qui fit succomber si souvent ce prince, abandonné de ses soutiens naturels, dans ses efforts surhumains pour régénérer son pays. La France expie aujourd'hui ces pensées vainement grandies par l'idolâtrie de gloire des panégyristes de l'empire.

II

L'anarchie de Constantinople pendant les deux révolutions du sérail, qui venaient de servir si fatalement les Russes, avait décomposé l'armée ottomane. Napoléon, oubliant à dessein le rôle de médiateur que lui donnait le traité de Tilsitt, avait permis aux Russes de recommencer les hostilités au mois d'avril 1809. Le général Miloradowitz, après avoir défait les Turcs à Giurgewo, avait passé le Danube et s'était emparé d'Issacky. La complicité de Czerni-Georges, ce chef de la Servie insurgée par lui, démembrait l'empire à l'Occident, pendant que Tormazof, prolongeant les pieds du Caucase, écrasait le pacha de Trébizonde.

Czerni-Georges, dont le nom se rattache, comme celui de Washington, à l'émancipation d'une race opprimée, les Serviens ou les Serbes, n'était pas né dans la Servie. Il était né en France, dans un village des environs de Nancy. Il avait appris la guerre et le patriotisme dans les campagnes révolutionnaires de la France, en 1792. L'indignation d'un châtiment disciplinaire immérité l'avait jeté comme déserteur dans l'armée autrichienne, dont il parlait la langue. Cantonné avec son régiment en Transylvanie, et toujours rebelle au joug de la discipline, il y tua en duel l'officier qui l'avait humilié; réfugié pour fuir le supplice en Servie, il y vécut d'abord en brigand, bientôt en chef d'autres brigands, au sein des vastes forêts de cette province. Ses bandes, attaquées par les Turcs et recrutées par le patriotisme des Serbes, devinrent des armées; l'aventurier lui-même, de brigand, devint général; son génie militaire et civil se développa avec sa fortune: il conquit Belgrade, s'allia avec les Russes, dont il reconnut le patronage sur son pays, fonda un gouvernement libre sous forme de sénat servien dont il resta le protecteur, et plus souvent le tyran. La Turquie, en 1803, forcée de s'humilier devant un rebelle, le reconnut, par un traité, hospodar de Servie.

A l'appel d'Alexandre, en 1809, Czerni-Georges avait repris les armes; son armée, unie à celle des Russes, franchit les montagnes et souleva les Monténégrins. Le pacha de Bosnie succomba sous les Serviens et leur abandonna la capitale, Novi-Bazar.

III

Pendant ces désastres de Bosnie, le prince Bagration, repassant le Danube, conquérait Hirsowa et Braïlow, sur la rive droite du fleuve. Pehlivan-Pacha arrêta l'invasion des Russes, à Tatarizza, et les refoula au delà du Danube.

Au mois de mars 1810, ils reprirent les hostilités. Le grand vizir Kios-Yousouf-Pacha rassembla l'armée à

Schumla. Le comte de Langeron, émigré français, naturalisé, comme le duc de Richelieu, pour son courage et ses talents dans les armées du czar, assiégea et prit Silistrie. Schumla repoussa avec succès le siége et le blocus des Russes. Encouragé par la retraite des Russes, le grand vizir sortit de Schumla avec trente mille hommes pour secourir Rustschuk. Les Turcs, refoulés à leur tour, perdirent dans ce combat trois mille morts et trente-deux drapeaux.

Le général comte de Saint-Priest, autre réfugié français, élevé par son mérite au grade de général d'un corps d'armée russe, emporta la place de Sistowa et détruisit la ville jusqu'aux fondements. Douze mille habitants, hommes, femmes, enfants, vieillards, se dispersèrent sans pain et sans vêtements, sans asile, dans les forêts du Balkan. Les pigeons apprivoisés, hôtes innombrables et fidèles des villes turques, continuèrent seuls, dit la chronique bulgare, à roucouler sur les ruines de Sistowa.

Rustschuk capitula devant M. de Langeron. Ainsi la Russie employait des proscrits expulsés de leur patrie à proscrire de leurs foyers d'autres races proscrites.

Kutusof, après la mort du généralissime russe Kaminski, fut chargé du commandement général dans la campagne de 1811.

IV

Ahmed-Pacha, le brave défenseur d'Ibraïlof, fut nommé grand vizir. Il anima de son énergie soixante mille hommes aguerris déjà dans cette longue guerre, et rejeta, à la bataille de Rustschuk, Kutusof au delà du Danube; il rentra vainqueur dans la ville reconquise. Lui-même, traversant bientôt le Danube sur deux ponts dérobés aux Russes, campa sur la rive gauche adossée au fleuve.

Pendant que les deux armées, également fortifiées dans leur camp, semblaient s'observer, Kutusof, trompant Ahmed, lança une colonne de huit mille hommes sur la rive droite, attaqua la réserve d'Ahmed, surprise à Rustschuk, jeta par cette habile manœuvre l'étonnement et la terreur dans l'armée principale d'Ahmed. Les Turcs, se croyant tournés, abandonnèrent leurs retranchements et leur général; ils repassèrent en désordre le fleuve, semant la panique sur leurs pas; une flottille russe, maîtresse du fleuve, canonnait à la fois les deux rives.

Un armistice, humiliant pour les Turcs, fut suivi de négociations ouvertes à Bucharest pour la paix. Cette paix, signée le 28 mai 1812 à Bucharest, modifiait peu les frontières. La Russie, de nouveau en guerre avec Napoléon, tempérait ses exigences pour n'avoir pas à combattre deux ennemis à la fois. Napoléon passait le Niemen avec quatre cent mille hommes le jour où la Russie se hâtait ainsi de désarmer la Porte. Mahmoud II, indigné de livrer aux Russes les embouchures du Danube, conçut contre les janissaires, cause des revers de la dernière campagne, un redoublement de mépris et de haine qu'il ne dissimula plus à ses confidents.

Napoléon, toujours plus soldat que politique, dédaigna les deux seuls alliés que la nature lui offrait pour auxiliaires : les Polonais et les Ottomans ; il n'offrit ni la liberté à la Pologne ni la sécurité à la Turquie. Il marcha sans base à Moscou, et permit à l'armée de Kutusof, disponible par la paix de Bucharest, de revenir sur ses flancs en Pologne, et d'achever ce que l'hiver avait épargné de son armée mourante. Une alliance préalable avec Mahmoud et une armée de secours, envoyée sur le Danube par la Dalmatie avant son invasion de la Russie, aurait occupé trois cent mille Russes sur le Danube et sur le Pruth, et prévenu le désastre suprême de la Bérézina.

Ses offres de partage de l'empire ottoman, au moment où il n'avait d'allié naturel que cet empire, furent punies sur un fleuve de Russie. En politique, on retrouve toujours sa faute sous ses pas, sans savoir ni quel jour ni à quelle station de sa route. La fatalité n'est qu'un mot par lequel l'homme s'excuse de ses imprévoyances. L'homme porte en soi sa fatalité. Celle de Napoléon en 1812 fut d'avoir vendu la Pologne à des complaisances pour l'Autriche, et la Turquie à des adulations pour Alexandre.

V

Mahmoud II profita de la paix avec les Russes pour soumettre les Serviens, dépourvus, cette fois, de l'appui des

Russes. Kourchid-Pacha s'avança par la Bosnie, une autre armée turque par la vallée de Nissa, sur Belgrade. Czerni-Georges, amolli par une longue paix, et envié par les chefs secondaires de la Servie, s'abandonna lui-même, et se réfugia, après une vaine tentative de résistance, sur le territoire autrichien. Ce libérateur de la Servie ne fut plus qu'un proscrit vulgaire soldé par la Russie pour agiter les Serbes; trahi et livré par un boyard servien dont il avait emprunté l'hospitalité dans un de ses retours secrets en Servie, il fut décapité par ses ennemis et mourut en aventurier, après avoir commencé en brigand, combattu en héros et fini en transfuge.

Belgrade rentra au pouvoir des Turcs (1813). Leur vengeance contre les Serviens, complices de l'indépendance de leur patrie, souleva de nouveaux libérateurs. Milosch Obrenowich, rival de Czerni-Georges, s'échappa de Belgrade, jeta le cri de liberté dans les montagnes.

C'était un simple berger dans son enfance; la nature l'avait fait grand, la guerre de l'indépendance brave, la nécessité politique. Une réunion générale de tous les Serviens, chefs de village, le proclama chef suprême du mouvement dans une église de campagne de la haute Servie. Le cri de : «Guerre à nos oppresseurs ! » fut sa seule harangue; tous les échos des montagnes et des vallées lui répondirent. Vainqueur de Kourchid-Pacha dans toutes les rencontres avec les Turcs, Milosch, qui ne voulait pas briser, mais relâcher seulement les liens de vasselage avec la Turquie, se rendit avec confiance au camp de Kourchid pour traiter des conditions de la paix. La Servie, libre et pacifiée, ne fut plus qu'un État tributaire sous le gouvernement héréditaire du prince Milosch. Ce souverain, d'une principauté égale à un royaume ne savait pas signer son nom.

« Ne sachant pas écrire, dit-il lui-même dans sa proclamation aux Serviens, j'ai fait écrire ici, par mon plus jeune fils Michel, mes nom et prénoms dans cet acte, et j'y ai fait apposer mon sceau afin d'attester qu'il émane de moi. »

L'auteur de ce récit a reçu lui-même l'hospitalité, quinze ans après ces événements, dans la famille princière, mais toujours patriarcale, de ces bergers devenus rois des forêts de la Servie.

VI

La chute de Napoléon, la restauration de la maison de Bourbon en France et la paix du monde (1814) promettaient à Mahmoud II une politique plus pondérée, et, par conséquent, plus équitable envers l'empire ottoman. Il faut reconnaître aussi, à la gloire de la vertu sur le trône, que la magnanimité et la modération de l'empereur de Russie, Alexandre, et de ses ministres, correspondaient providentiellement à cette détente générale de l'univers politique, et offraient au sultan, s'il avait eu des ministres dignes de lui, des circonstances favorables à la régénération de l'ordre intérieur et de l'armée en Turquie. Napoléon en s'éteignant semblait avoir éteint le feu de la guerre universelle qui consumait depuis seize ans l'Europe et l'Asie. Les peuples et les princes respiraient ; la paix et la liberté rendaient aux nations ce qu'elles avaient perdu en gloire militaire et en conquêtes.

Mais l'empire ottoman, quoique gouverné par un sultan à qui la fortune seule manquait pour être un grand homme, ne participait pas à cette pacification du globe. Ses mauvaises institutions, nées de la conquête et pour la conquête, s'accommodaient aussi mal de l'état de paix, qu'elles étaient devenues, par la désuétude des choses, inaptes à l'état de guerre. Le *système de l'administration des provinces à forfait* par des pachas dont la mort était la seule responsabilité, et le système prétorien des janissaires, devenus la terreur du trône et l'indiscipline de l'armée, énervaient l'empire, quand il cessait un moment de le démembrer. Mahmoud II luttait péniblement et jusque-là malheureusement contre ces deux vices chroniques de l'empire. Ses pachas devenaient des rebelles partout où ils cessaient d'être des esclaves.

La situation de l'Arabie, de l'Albanie, de la Servie, de la Valachie, de la Moldavie, des régences d'Alger, de Tunis, de Tripoli, de la Syrie, du mont Liban, de l'Égypte enfin, ce royaume des Pharaons, ressemblait plus à une confédération d'anarchies qu'à un empire. En Arabie, les Wahabites, secte devenue indépendante par fanatisme, possédaient les deux villes saintes, la Mecque et Médine, et fermaient les routes du pèlerinage aux caravanes annuelles des musulmans. En Albanie, Ali-Pacha de Janina fondait un empire albanais, par des crimes, sur les traces des héritiers de Scanderbeg. En Afrique, les vice-rois barbaresques, depuis longtemps indépendants, ne recevaient plus leur investiture que de leurs poignards. En Syrie, le pacha de Saint-Jean d'Acre, imitateur de Daher, n'obéissait qu'à ses caprices. Dans le Liban, l'émir Beschir, prince des Druses idolâtres et des Maronites chrétiens, campait, comme *le*

Vieux de la montagne, dans l'inaccessible forteresse de Deïr-el-Camar, au sommet des monts, et descendait à son gré avec quarante mille montagnards intrépides, tantôt sur la vallée de Damas, tantôt sur les plaines de Beïrouth et de Saïda pour y combattre les troupes des pachas. En Servie, un prince surgi d'une révolte, en Valachie et en Moldavie des hospodars, nommés par la Porte, mais contrôlés par la Russie, marchandaient le tribut et contestaient l'obéissance. Enfin en Égypte, un homme équivoque, tantôt l'instrument, tantôt le fléau des Turcs, méditait, avec une audace voilée d'astuce, de fonder une souveraineté héréditaire sur les rives du Nil, et bientôt sur l'Arabie et sur la Syrie. Trop utile pour être désavoué, trop obséquieux pour être aliéné, trop redoutable pour être puni, Méhémet-Ali, pacha d'Égypte, était déjà pour Mahmoud plutôt un allié qu'un sujet ; de là à être un rebelle et un ennemi, il n'y avait que du temps et des circonstances.

Racontons comment cet homme, que nous avons vu surgir, grandir, régner et mourir, s'était élevé à cette vice-royauté de l'Égypte sur les ruines des mameluks, des Turcs, des Français et des Anglais, sur la terre des Ptolémées.

VII

Méhémet ou Mohammed-Ali était fils d'un obscur aga de la Cavale, petit port de l'Épire, où son père exerçait les fonctions de surveillant des routes. Orphelin de bonne heure, le *tchorbadji*, ou intendant de cette bourgade, l'éleva par charité avec ses enfants. Ali, adolescent, pour nourrir sa mère, vendait du tabac de Salonique dans une échoppe du bazar. Son intelligence et son activité lui méritèrent l'estime du tchorbadji. Il l'employa quelque temps à percevoir l'impôt dans les villages voisins rebelles au percepteur (1790), et lui donna à ce titre le grade militaire de boulouk-baschi.

Une veuve de la Cavale, parente de l'intendant, fut frappée, comme la première épouse du Prophète, de la physionomie et de l'aptitude de Méhémet; elle l'épousa, lui livra son commerce de tabac et lui donna en peu d'années ses trois premiers fils, Ibrahim, Toussoun et Ismaïl, devenus plus tard guerriers, pachas et princes en Égypte sous leur père.

Un marchand marseillais, nommé Lion, établi pour le commerce des tabacs à la Cavale, se plaisait dans la société du jeune marchand et lui donnait par ses entretiens les premières notions et les premières émulations des choses d'Europe. De là sa prédilection pour la France, que la guerre, les arts, l'urbanité de ses habitants et le souvenir de son bienfaiteur lui rendaient chère entre toutes les nations. Sa reconnaissance, comme celle du grand vizir Topal, alla depuis chercher en France le vieillard qui avait ouvert à ses yeux l'horizon de la moderne civilisation.

VIII

C'était le temps (1799) où le sultan Sélim III recrutait une armée pour aller arracher l'Égypte à l'invasion sans prétexte des Français. Le gouverneur de la Cavale leva trois cents Épirotes dans ces montagnes pour rejoindre en Égypte l'armée du grand vizir; il donna le commandement de ces volontaires à son fils. Méhémet-Ali suivit comme ami de la famille le fils de son protecteur dans cette expédition. Le jeune Turc, bientôt lassé de la navigation et des fatigues de la campagne, revint à la Cavale, laissant le commandement de sa troupe à Méhémet-Ali, qui prit le titre de colonel ou bim-baschi.

Ce fut son premier pas sur la terre d'Égypte. Il y marcha rapidement aux postes supérieurs à travers toutes les vicissitudes de la domination alternative des Turcs, des mameluks, des Albanais, des Français, des Anglais, des Arabes, qui se succédèrent au Caire ou à Alexandrie. Distingué par tous les vice-rois et par tous les amiraux envoyés par la Porte pour relier le Nil à l'empire, il s'attacha un corps d'Albanais, tantôt auxiliaires, tantôt oppresseurs des vice-rois. Il défendit avec eux le Caire contre les mameluks, et mérita une grande popularité parmi les Arabes de cette capitale par sa vigueur dans la répression des tyrannies soldatesques de ses propres troupes. Kourchid-Pacha, reconnaissant, lui donna le commandement des Turcs, tantôt contre les tyrans circassiens de l'Égypte, tantôt contre les Wahabites du désert d'Arabie.

Nommé par la Porte pacha de Djedda (1808), il vit dans cette investiture un subterfuge du vice-roi Kourchid pour l'éloigner honorablement du Caire. Une révolte de la capitale contre Kourchid, fomentée par lui, le porta révolutionnairement au poste de vice-roi. Kourchid, enfermé dans la citadelle, refusa de descendre à la voix du peuple. Il bombarda la ville par laquelle il était bloqué sur le mont

Mokattam. La Porte, selon son usage de donner raison au vainqueur populaire contre le vaincu disgracié, envoya le capitan-pacha à Alexandrie pour déposer Kourchid et pour investir Méhémet-Ali rebelle de la vice-royauté d'Égypte.

Kourchid, après de longues négociations, consentit à livrer la citadelle au nouveau vice-roi. Il sortit la nuit par la porte du désert avec une poignée de serviteurs fidèles, et s'embarqua pour Constantinople. C'est à Kourchid que le sort réservait d'aller bientôt combattre en Thessalie un nouveau rebelle, le pacha de Janina, de le vaincre, et de recevoir, pour récompense de sa victoire, le cordon de la main des bourreaux.

IX

Les mameluks, milice circassienne, tyrans féodaux de l'Égypte. furent désormais les seuls ennemis de Méhémet-Ali. Tantôt par les négociations, tantôt par les armes, l'habile vice-roi les assouplit, les dompta, les trompa, les conduisit pas à pas au piége, et finit par ramener leurs cinq cents begs ou chefs au Caire, dans une perfide sécurité.

Sous prétexte d'une expédition contre les Wahabites, il avait rassemblé dans la citadelle un corps de quatre mille hommes, commandés par son fils favori, Toussoun-Pacha. Le vendredi 1ᵉʳ mars 1811, Toussoun devait descendre en pompe dans la ville pour aller à la mosquée invoquer la protection d'Allah avant le départ de son armée pour l'Arabie; toutes les autorités civiles, religieuses et militaires de l'Égypte étaient invitées à monter à la citadelle pour faire cortége au jeune pacha et à l'armée dans sa procession à la mosquée. Les cinq cent soixante et dix begs mameluks et leur chef, Chaïm-Beg (l'elfy), devaient s'y rendre à cheval avec leur suite de kiayas, de saijs, de serviteurs et d'esclaves : c'était l'aristocratie circassienne tout entière conviée à l'expiation de leur longue tyrannie sur les Égyptiens, sur les Arabes et sur les Turcs.

Méhémet-Ali avait combiné le massacre avec une astuce et un mystère favorisés encore par la disposition des lieux. La nature lui avait prêté le site de l'embûche. Une route encaissée, étroite, ardue, bordée d'un côté de rochers à pic, de l'autre de précipices et de maisons dont les terrasses dominent le sentier, semblable à un chemin couvert, conduit du Caire aux portes et aux cours de la citadelle, qui couvre le mont Mokattam. Le palais du vice-roi est enfermé dans les murs de la citadelle; l'armée de Toussoun-Pacha campait dans les casernes et dans les cours.

Méhémet, de peur d'ébruiter la vengeance de l'Égypte, avait donné le mot du meurtre au dernier moment à un petit nombre de généraux, suivis chacun pas à pas d'un confident plus affidé et plus résolu du crime; ces chefs étaient rassemblés depuis l'aurore sous ses yeux et sous sa main dans son divan. Lui-même avait promulgué d'avance la veille l'ordre de marche dans lequel les cheiks, les oulémas, les mameluks, les différents corps de l'armée, devaient descendre processionnellement de la citadelle à la mosquée du Caire. Les delis, commandés par Toussoun-Ali, ouvraient la marche; après eux les janissaires, les cheiks, les magistrats, le clergé, les Albanais sous les ordres de leur général Salihkoch, corps aussi propre au rôle de bourreaux qu'à celui de soldats, venaient ensuite; les mameluks les suivaient sans défiance, montés sur leurs chevaux couverts de harnais brodés de pierreries, et escortés chacun d'un groupe de pages, de saijs et d'esclaves nubiens, luxe et faste de leurs maisons; l'infanterie et la cavalerie de l'armée de Toussoun, les armes chargées, accompagnaient, comme l'ombre invisible de la mort, ces tristes victimes sans pressentiment de leur sort. La route, creusée dans le roc vif, présentait çà et là des tournants et des blocs avancés de rochers qui ne permettaient pas à deux cavaliers de marcher de front sur cette corniche; aucune manœuvre, aucune évolution de cheval, aucun retour, aucune fuite n'était possible aux mameluks précédés, suivis, dominés dans cette embûche escarpée de la descente du mont Mokattam.

A peine avaient-ils quitté la plate-forme de la citadelle, pour occuper la place qui leur était assignée dans le cortége, que le général des Albanais Salihkoch fit fermer les portes de la citadelle derrière eux, et donna le signal du massacre à l'infanterie qui les suivait et aux Albanais qui les précédaient. A cet ordre, Albanais et soldats s'élancent de la route sur les rochers et sur les terrasses des maisons qui bordent la corniche, sur des escarpements inaccessibles aux chevaux, et de là, choisissant un à un les mameluks entassés sous le canon de leur fusil, ils encombrent à loisir le défilé de cadavres d'hommes et de chevaux assassinés sans défense et sans fuite par leurs balles. Les mameluks, au premier coup de feu qui les décime, tentent vainement de retourner leurs chevaux sur la corniche pour rentrer dans la citadelle; l'espace, l'encombrement, les chevaux qui se cabrent, les cadavres de ces animaux renversés les clouent sous le feu ; ils se précipitent à terre, jetant les pelisses qui les embarrassent pour tirer leurs sabres et mourir en combattant, ils ne trouvent pour ennemis que des portes fermées, des rochers inabordables, des terrasses couvertes de soldats abrités qui les fusillent.

Leur chef, l'elfy Chaïm-Beg, tomba un des derniers en embrassant le seuil du palais de Saladin. Tous ceux qui gisaient, respirant encore, sur la poussière, furent décapités par les Albanais, et leurs têtes dressées en pyramides dans les cours. Le corps de Chaïm-Beg fut traîné la corde au cou sur la route, comme celui d'un animal immonde. La citadelle et les alentours, dit un témoin, ressemblaient à un cirque sanglant après un combat de gladiateurs ; on marchait dans le sang ; les morts obstruaient les passages ; les chevaux, richement harnachés, palpitaient encore couchés à côté de leurs maîtres inanimés ; les saïjs, les serviteurs, les esclaves qui suivaient à pied les mameluks, frappés des mêmes balles, expiraient près d'eux ; les armes brisées, les cafetans souillés de sang et de poussière, les turbans, les poignards à manches de pierreries, les ceintures de cachemire, les pistolets damasquinés, jonchaient le sol et devinrent la dépouille du meurtre.

Un seul mameluk, Amin-Beg, sur cinq cent soixante et dix, échappa, par un miracle d'audace et par le dévouement de son cheval arabe, au sort de sa race entière. Attardé dans les cours de la citadelle par un hasard de circonstance et cherchant à rejoindre les begs déjà engagés dans le défilé, il vit avec étonnement les portes se refermer tout à coup sur eux, et il entendit les premiers coups de feu et les premières clameurs du massacre. Pressentant à ces signes le sort qui l'attendait, il mesure de l'œil la hauteur du rempart de la citadelle sur la pente la moins escarpée du mont Mokattam, fait flairer le parapet à son intrépide coursier, qui comprend la pensée et la terreur de son maître, s'éloigne pour prendre de l'élan, revient au galop, franchit d'un saut le parapet et le fossé, tombe de soixante pieds d'élévation sur un monceau de fumier, qui amortit la chute, relève son cheval à peine étourdi du saut, le remonte, s'enfuit et disparaît, sans avoir été atteint, dans le désert, d'où il gagne la haute Égypte. On montre encore aujourd'hui, dans la citadelle du Caire, le parapet, le fossé et l'abîme nommé le *Saut du mameluk*.

X

Méhémet, assis dans une fausse impassibilité sur son divan, écoutait avec anxiété les bruits extérieurs du massacre, incertain, non du crime, mais du succès. Plusieurs fois il crut entendre ses victimes, sauvées par la pitié de leurs bourreaux, refluer, le sabre à la main, vers son palais pour l'immoler lui-même dans son meurtre ; sa pâleur, observée par les assistants aux premiers coups de feu, attestait son angoisse. Les premières têtes qu'on jeta à ses pieds lui rendirent la couleur, mais non la parole. Un médecin génois, de sa maison, le félicita sur sa victoire : « C'est un beau jour pour Votre Altesse, lui dit-il. — Donnez-moi à boire, » répondit Méhémet-Ali. Il but de l'eau à longs traits, comme pour étancher une soif fiévreuse longtemps réprimée. Ce fut le seul signe d'émotion donné par le meurtrier de toute une race. L'Égypte était désormais aux

Turcs, il entrevoyait à travers cette fumée de sang le jour où elle serait toute à lui.

Ce massacre, ordonné par le sultan et prémédité avec tant d'astuce par le pacha, fut le prélude de celui des janissaires. On ne purge que par le meurtre la tyrannie soldatesque fondée par le meurtre. L'anarchie conduit à l'assassinat et l'assassinat ramène à l'anarchie. Malheur aux gouvernements du sabre !

Le Caire fut livré pendant deux jours au pillage et aux excès des soldats exécuteurs des mameluks ; ils eurent pour solde le sac d'une capitale. Méhémet-Ali n'osait sévir contre ceux qui l'avaient si bien servi. La lassitude et l'assouvissement de crimes rendirent seuls, après trois jours de spoliation, de viol et de mort, le silence au Caire et la discipline à l'armée.

XI

Un enfant de seize ans, Toussoun-Pacha, précoce en intelligence et en courage, conduisit l'expédition contre les Wahabites. Cette secte tirait son nom et sa doctrine d'Abd-el-Wahab, chef du village d'Ayeyneh, dont la destinée a beaucoup d'analogie avec celle du Prophète, fondateur de l'islamisme.

Né sous la tente d'une tribu arabe, d'un père opulent pour ces contrées, envoyé à Bassorah pour étudier la religion et les lettres arabes, revenu dans sa tribu plus instruit et plus fanatique que ses compatriotes, animé d'une ardente soif de perfection morale pour lui-même et pour l'islamisme déjà altéré par le temps dans sa pureté, pèlerin pieux de la Mecque et de Médine, où il allait invoquer sur son berceau et sur son tombeau l'inspiration du Prophète, marié à une jeune fille de la tribu d'Horeymlà, chassé de cette tribu pour ses prédications importunes contre les vices des musulmans corrompus, recueilli par Mohammed-ben-Sooud, puissant chef de la ville de Derreayeh, capitale d'une des provinces les plus reculées de l'Arabie, adopté comme réformateur et comme prophète par les Arabes, sujets d'Ebn-Sooud et d'Abd-ul-Azis, son fils, Abd-el-Wahab était mort à Derreayeh, à l'âge de quatre-vingt-quinze ans, laissant après lui une secte pour réformer l'islamisme et un peuple pour défendre et propager sa réforme.

Abd-ul-Azis, son disciple et son soldat, avait attaqué la Perse, incendié des villes, conquis la Mecque, interrompu les pèlerinages, indigné par ce sacrilége les mahométans de la secte d'Ali, comme les mahométans de la secte d'Omar. Un Persan fanatique, venu et dévoué pour venger le sacré tombeau, avait poignardé en pleine mosquée Abd-ul-Azis. Le fils et le successeur de ce prince assassiné, Sooud, vengeait sur les Persans et sur les Turcs le meurtre de son père, à la tête d'une armée arabe de quarante mille Wahabites, et faisait trembler Bagdad et Bassorah.

Le sultan, impuissant à réprimer ces agitations de l'Arabie, avait ordonné à Méhémet-Ali de faire marcher contre les Wahabites l'armée d'Égypte. Le vice-roi du Caire brûlait de se signaler aux yeux des Turcs, des Égyptiens, des Arabes, par un nouveau service rendu aux musulmans. L'extermination des Wahabites et la liberté rendue aux saints pèlerinages consacreraient son nom dans la reconnaissance de tous ceux qui professaient le culte du Prophète.

Toussoun-Pacha reconquit lentement Médine et la Mecque. Méhémet-Ali, impatient de purger le désert de cette secte armée qui renaissait de ses défaites, partit lui-même, le 8 mars 1813, pour la Mecque, à la tête d'une seconde armée. Le fils d'Abd-ul-Azis, Sooud, venait de mourir dans sa capitale de Derreayeh à l'âge de soixante-huit ans, laissant un nom vénéré, une armée nombreuse, une ville réputée inexpugnable et quatre fils pour continuer sa mission de réformateur. Abdallah-ben-Soood, son fils aîné, lui succédait dans le protectorat des Wahabites. L'Arabie entière devint un vaste champ de bataille. L'armée du pacha d'Égypte, divisée en trois armées, l'une sous son fils Toussoun, l'autre sous Hassan-Beg, son lieutenant le plus expérimenté, la troisième commandée par lui-même, lutta pendant trois ans, avec des alternatives de grands revers et de grands succès, contre les prosélytes intrépides d'Abd-el-Wahab.

Une paix timide, conclue avec Toussoun-Pacha, par Abdallah-ben-Soood, permit au vice-roi de revenir au Caire. Une conspiration de ses généraux, mécontents de la discipline européenne que le vice-roi établissait parmi ses troupes, l'y attendait. Il se retira dans la citadelle, d'où sa garde extermina les conjurés. Sa discipline et ses institutions calquées sur l'Europe armèrent et pacifièrent fortement l'Égypte. Le monopole du commerce des blés, qu'il exploita seul à la ruine des agriculteurs et des commerçants, remplit son trésor. Son fils chéri, Toussoun, mourut de la peste dans la haute Égypte.

Les Wahabites remuaient de nouveau l'Arabie; il fit

marcher contre eux son fils Ibrahim, né pour la guerre et devenu depuis, sous le nom d'Ibrahim-Pacha, célèbre par ses victoires en Arabie, en Grèce et en Syrie. Ibrahim marcha à travers les déserts et les montagnes du Nedjed, sur Derreayeh, centre et capitale des enfants de Wahab. Cinq villes distinctes, entourées chacune de murs, de tours, de bastions et de forts détachés, composaient, sous un nom collectif, la capitale des Wahabites. Cinq mois d'un siége soutenu héroïquement par les sectaires, ivres de foi et glorieux du martyre, n'avaient pas lassé la constance des assiégés. Ils comptaient sur les miracles : les miracles parurent répondre à leur foi.

Le 26 mai 1818, un tourbillon du vent de simoun, cette tempête des mers de sable, fondit sur le camp d'Ibrahim à l'heure de la prière des Wahabites; les tentes renversées sur les feux s'allumèrent, des lambeaux enflammés furent portés par le vent sur le dépôt des poudres placé entre deux collines de sable à distance du camp; l'explosion de quatre cents barils de poudre, de cinq cents caisses de cartouches, de milliers d'obus et de bombes chargées, fit tomber pendant dix minutes une pluie de feu et de projectiles sur le camp; les magasins d'orge et de blé de l'armée furent consumés, des milliers de cadavres d'hommes et de chevaux calcinés couvrirent la terre comme après un carnage. Les Wahabites, témoins du désastre, profitèrent de la consternation de l'armée pour fondre sur le camp. Ils furent contenus et repoussés à l'arme blanche.

Ibrahim se montra supérieur à la fortune; il s'obstina au siége. Des munitions et des renforts, apportés de cent lieues par quarante mille chameaux du fond du désert, lui rendirent le nombre et les armes. Il emporta d'assaut une à une les quatre villes qui formaient le groupe de Derreyeh. Abdallah restait seul avec cinq cents noirs nubiens dans la dernière.

Un Français, témoin du dernier jour de Derreyeh, raconte ainsi l'extinction du foyer des Wahabites. La générosité d'Ibrahim s'y révèle autant que son courage.

Après quelques heures, Abdallah lui-même vint, accompagné de deux cents des siens, à la tente d'Ibrahim, à qui il fut présenté par son dividar. Ce prince, gardant un extérieur affectueux, était assis sur un divan. Abdallah s'approcha pour lui baiser la main, qu'il retira par modestie; ensuite il le fit asseoir, et lui demanda pourquoi il continuait la guerre, tandis que le peuple était disposé à se soumettre :

« Ainsi le voulait le destin, répondit Abdallah; maintenant la guerre est finie.

» — Si vous voulez encore vous défendre, répliqua le pacha, je vous donnerai de la poudre et des munitions.

» — Non, seigneur; Dieu a favorisé vos armes. Ce ne sont point vos soldats qui m'ont vaincu, c'est lui qui a voulu m'humilier. »

Des larmes étaient prêtes à couler de ses yeux. Ibrahim chercha à le consoler, en lui disant que bien des grands hommes avaient aussi éprouvé les vicissitudes de la fortune. Le chef des Wahabites demanda la paix. Son vainqueur lui accorda tout; mais il lui répondit qu'il n'était point autorisé à le laisser à Derreyeh, que l'ordre de son père était de l'envoyer en Égypte. Abdallah réfléchit un instant, et demanda un délai de vingt-quatre heures pour donner une réponse décisive sur le parti qu'il avait à prendre. Après le café, qu'Ibrahim lui avait fait servir, ainsi que la pipe, il se leva et sortit de la tente avec le même cérémonial qu'il avait observé en entrant. Son fils, Sooud, qui était détenu prisonnier, lui fut rendu. Le pacha conçut des inquiétudes sur le résultat de cette conférence. Il craignait que le prince, déchu de son pouvoir, n'eût pris la fuite, ou ne se fût donné la mort avant de se décider à partir pour le Caire. Cette pensée l'occupa tellement qu'il ne prit point de repos. Il donna des ordres à tous les chefs de cavalerie d'établir partout la plus grande surveillance.

Dans le court entretien qu'il avait eu avec Ibrahim, Abdallah avait conçu une favorable opinion de sa personne. Ces dispositions contribuèrent à l'abuser sur la destinée qui lui était réservée. Il pouvait sans doute prendre la fuite, monté sur un dromadaire agile, et à la faveur d'une nuit obscure, mais il craignit que sa famille ne reçût des outrages, et que Toureyf ne fût incendié. Il fit donc une action héroïque en se décidant à partir pour l'Égypte. Après l'expiration du délai de vingt-quatre heures, il se rendit de nouveau à la tente d'Ibrahim, qui le reçut avec les mêmes égards, et lui demanda quelle résolution il avait prise. Abdallah lui répondit qu'il était décidé à partir, pourvu que sa vie lui fût garantie. Le prince lui dit qu'il ne pouvait disposer de la volonté de son père, ni de celle du sultan, mais qu'il les croyait l'un et l'autre trop généreux pour le faire mourir. Abdallah lui recommanda sa famille. Il le pria de ne point détruire Derreyeh, et de ne causer aucun dommage à ceux qui avaient pris les armes contre les Turcs. Toutes ses demandes lui furent accordées. Il reçut un mouchoir blanc en signe de paix, et retourna à Toureyf prendre des dispositions pour le fatal voyage qu'il allait entreprendre. Plusieurs fois il se rendit au quartier général. Le pacha l'invitait à sa table, et le traitait avec distinction.

Enfin, ce prince trop confiant fit ses derniers adieux à sa famille éplorée. Il quitta ses amis, ses défenseurs avec regret, et sortit de son palais accompagné de Sourry, son khaznadar, et d'Abd-ul-Azis-ben-Selman, son secrétaire, qui furent tous deux associés à son infortune. Sa suite était composée de ses esclaves noirs les plus affidés. Il se rendit avec ses équipages à la tente d'Ibrahim, prit congé de ce prince, reçut ses dépêches pour Méhémet-Ali, et s'achemina à travers le désert sous l'escorte de quatre cents hommes, commandés par Rochouân-Aga, chargé de répondre de lui.

Abdallah arriva au Caire le 17 novembre 1818. Il fut conduit à Chobrâ, et présenté au vice-roi, auquel il baisa la main. Méhémet-Ali le fit asseoir, et ordonna qu'on servît du café. Dans l'entretien qu'il eut avec ce prince, il lui demanda ce qu'il pensait de l'événement qui l'amenait devant lui :

« Tel a été le sort de la guerre, » répondit Abdallah.

Méhémet-Ali désira connaître ses sentiments à l'égard d'Ibrahim-Pacha, et lui demanda son opinion sur son fils.

« Il a fait son devoir, dit Abdallah, et nous avons fait le nôtre : ainsi Dieu l'a voulu ! »

Le vice-roi le fit revêtir d'une pelisse d'honneur, et lui destina la maison d'Ismaïl-Pacha, à Boulâq. Pendant l'entrevue, Abdallah tenait dans sa main une petite boîte d'ivoire en forme d'écrin. Le vice-roi lui demanda ce que c'était. Il lui dit qu'elle contenait ce que Sooud, son père, avait enlevé au tombeau du Prophète. Il l'ouvrit : il y avait trois magnifiques manuscrits du Coran, garnis de rubis au dehors de la couverture, trois cents perles d'une belle dimension et une émeraude à laquelle était attaché un cordon en or. Méhémet-Ali lui fit observer que beaucoup d'autres objets avaient été pris au tombeau.

« Il est vrai, dit Abdallah ; mais mon père n'en a eu qu'une partie. Il y en a eu de vendus à l'encan ; une autre partie a été partagée entre des chérifs de la Mecque, des agas et des cheiks d'Arabes.

« — Il est de fait, répliqua le pacha, que nous avons trouvé de pareils objets chez le chérif Ghaleb. »

En même temps il fit apposer son sceau sur la boîte ; Abdallah y mit aussi le sien. Le vice roi lui dit de la garder soigneusement, et de la remettre à la Sublime Porte lors de son arrivée à Constantinople, où il devait bientôt se rendre.

Après la conférence, le vice-roi descendit dans sa cange, qui l'attendait, et fit voile pour Damiette. Le 19 novembre 1818, Abdallah partit pour Constantinople, accompagné par des Tartares. Il avait à sa suite Sourry, son khaznadar, et Abd-ul-Azis-ben-Selman, son secrétaire. Le vice-roi avait demandé sa grâce ; mais la politique du divan fut implacable. Abdallah fut sacrifié au ressentiment d'un peuple fanatique. Ce prince, après avoir été promené pendant trois jours dans toute la ville, fut décapité sur la place de Sainte-Sophie, avec ses compagnons d'infortune.

Honteuse victoire sur un vaincu qu'une capitulation couvrait contre le supplice ! Les Wahabites moururent non comme secte, mais comme faction armée, avec lui. Leur pur déisme, leur dogme ascétique, leur morale dépouillée de toute ombre de superstition, vivent toujours sous les tentes du Nedjed, dans les profondeurs du désert et sous les ruines de Derreyeh.

XII

La guerre contre les Wahabites, l'extermination des mameluks, l'armée, la flotte, l'administration égyptiennes, égales désormais aux institutions d'un vaste empire, avaient fait du marchand de tabac de la Cavale un prince nominalement soumis au divan, mais en réalité trop puissant pour un vassal. Avec la patience et la longanimité qui semblaient en lui des pressentiments de sa longue carrière, Méhémet temporisait avec son ambition, toujours disposé à prêter son obéissance au sultan, pourvu que le sultan ne lui demandât jamais l'Égypte.

Mahmoud, accoutumé par l'exemple de ses ancêtres à ne pas sonder trop profondément la fidélité de ses pachas, se payait en apparence de ce zèle affecté pour son service et appelait les trésors et les armes de Méhémet-Ali dans toutes les crises de son règne. L'heure approchait où le sultan Mahmoud allait recueillir le fruit de cette politique en se servant du vainqueur des Arabes contre les Grecs.

LIVRE TRENTE-HUITIÈME

—

I

Il y a des mystères en morale comme il y en a en religion. Le droit d'insurrection d'un peuple contre les usurpateurs anciens ou récents de son territoire et de sa nationalité est un de ces mystères. Quel jour est-il un crime? Quel jour est-il une vertu? Y a-t-il une prescription du temps contre la liberté? Y a-t-il une désuétude du droit d'exister ou de revivre? La conscience et la religion scellent-elles à tout jamais la pierre du sépulcre sur une race encore vivante ou déjà ressuscitée? La servitude éternelle est-elle un devoir? La conquête odieuse au commencement devient-elle légitime et sacrée à la fin? Les patriotes qui s'arment contre les conquérants sont-ils des rebelles ou des héros? La conscience doit-elle les condamner ou les absoudre?

Autant de questions mystérieuses répondues contradictoirement par les oppresseurs ou par les opprimés. Le christianisme, il est vrai, par son mot *rendez à César*, semble trancher la question par l'éternelle obéissance à la force légale ou non; mais le christianisme, dans ses pensées surnaturelles, s'occupait du monde invisible et nullement du monde politique; la terre n'existait que pour être méprisée et foulée au pied comme une vile matière rebelle à l'esprit; il donnait le globe à qui voulait le prendre; il n'y avait pour lui que des enfants de Dieu, respirant sur la terre, mais vivant déjà au ciel; toute législation politique lui échappait par le mépris qu'il faisait de la matière et du corps.

Et pourtant, lorsque César lui commandait de lui subordonner sa conscience et de servir le culte des conquérants, le christianisme, rebelle aussi à César, lui refusait l'obéissance et mourait pour sa liberté. S'il désavouait l'insurrection des bras, il professait l'insurrection des âmes; il plaçait de ses propres mains, toutes résignées qu'elles fussent, une borne à la tyrannie, et quand la tyrannie allait jusqu'à la conscience, il se révoltait et proclamait l'indépendance de la mort.

Or, qui peut dire que la possession d'un peuple par un autre peuple n'empiète jamais sur les droits sacrés de la pensée, de l'âme et de la conscience du peuple possédé? Aussi la politique n'a-t-elle jamais admis ni en théorie ni en pratique l'axiome servile sur le droit de résistance à la conquête ou sur le droit de résurrection des peuples. La nature humaine a protesté dans tous les siècles contre cet axiome, et le christianisme, reconnaissant le droit naturel, a béni ce qu'il paraissait avoir condamné. Il a renvoyé à Dieu ce qu'il y avait de criminel ou de saint dans les tentatives faites opportunément ou inopportunément par les patriotes pour affranchir leur pays, et le droit ou le crime d'insurrection a été jugé par les circonstances, par la morale, et non par les casuistes. Inexplicable et inexpliqué, on l'a relégué avec raison au rang des mystères. Nous l'y laissons.

II

On a vu, dans le cours de cette histoire, que les Grecs, possesseurs antiques de la Morée, de l'Archipel, de Constantinople et du littoral de l'Asie Mineure, incapables de défendre leur empire croulant de vices et de vétusté, avaient été conquis et assujettis par les Ottomans.

Dépossédés par les conquérants du droit politique, ils ne l'avaient pas été de ce qui constitue essentiellement l'existence d'un peuple, la religion, la nationalité, la propriété; ils n'étaient plus souverains, ils n'étaient plus citoyens turcs, mais ils étaient encore hommes, peuple et citoyens grecs. Soumis dans leurs villes, dans leurs villages, dans leurs îles, aux proconsuls ottomans dans tout ce qui concerne la vie politique, ils jouissaient dans la vie civile de tout ce qui constitue le droit commun des peuples civilisés. Ils possédaient leurs temples, leur clergé, leurs patriarches, leurs magistrats locaux librement élus, leurs navires, leur commerce, leurs priviléges de chrétiens ou de Grecs, garantis par des protections officieuses des nations étrangères à qui la Porte avait concédé ce patronage sur cette partie de ses sujets.

Malgré les violations et les avanies dont l'iniquité de quelques pachas les rendait de temps en temps et çà et là victimes, leur nombre, leur richesse, leur crédit à Constantinople sur le divan, leur commerce surtout qu'ils exerçaient presque seuls dans l'empire, leur aptitude nationale à la navigation, l'exemption du recrutement et de l'esclavage, les avaient rendus, presque sur toute la surface de la Turquie, les égaux et souvent les maîtres de leurs maîtres. Des princes de leur race étaient choisis par le divan pour gouverner la Transylvanie, la Servie, la Valachie, la Moldavie, les îles. La diplomatie du divan était dans leurs mains; les interprètes grecs de la Porte étaient les véritables ministres des affaires étrangères des Turcs. Les palais du Bosphore attestaient leur opulence : ils étaient pour les Turcs ce que les affranchis étaient aux citoyens romains, la seconde couche du sol de l'empire.

Leur génie naturel, privilége de race, qu'aucune race humaine n'a jamais égalé jusqu'ici, leur activité, leur souplesse, leur insinuation, leur intrigue, leur astuce même, ce génie de l'esclavage, leur âpreté aux places et au gain, leur servilité complaisante envers les vizirs et les pachas dont ils exploitaient la faveur et partageaient les trésors, enfin leur éducation, plus lettrée et plus européenne que celle des Turcs, faisaient des Grecs l'aristocratie intellectuelle de toutes les populations de l'empire. Presque aussi nombreux et bien plus opulents que leurs maîtres, ils couvraient de onze millions d'âmes la surface de l'Asie occidentale, de l'Archipel, du Péloponèse, et des autres provinces de l'Europe ottomane.

La longue compression de la domination des conquérants avait fait fléchir, sans le briser, le ressort toujours subsistant de leur nationalité. Une race, une diction, une religion, une langue communes montraient en eux un esprit de famille qui pouvait facilement se transformer en esprit d'indépendance. L'occasion et l'habitude des armes leur manquaient seules pour revendiquer leur nom et leurs lois.

Leur sol leur était resté, et ce sol s'était même accru, depuis la conquête, par les nombreuses colonies grecques répandues autour de la mer Noire, dans la Macédoine, dans la Bulgarie, dans l'intérieur des terres de l'Asie Mineure et en Syrie. Les Grecs, depuis Trébizonde jusqu'à Jaffa aux portes de l'Égypte, et depuis les îles vénitiennes d'Ionie jusqu'au mont Athos, formaient presque partout la plus nombreuse et la plus active partie de la population des villes et des villages. Ils régnaient encore par l'intelligence là où ils servaient en apparence comme sujets des Turcs. S'ils eussent été aussi belliqueux qu'ils étaient civilisés, ils auraient depuis longtemps reconquis la souveraineté politique, mais l'Archipel et le Péloponèse pouvaient seuls fournir des soldats à la liberté. Le brigandage dans les montagnes de la Morée, la piraterie sur les côtes et dans les îles, avaient maintenu seuls l'esprit militaire dans les clephtes et dans les matelots de ces contrées. Le génie grec était partout, mais l'héroïsme grec n'était que là.

Le nombre de ces populations, belliqueuses par nature et par habitude, n'égalait pas leur courage. C'étaient des peuplades plutôt qu'un peuple, mais ces peuplades de la

Morée et des îles avaient l'âme d'une nation. Les souverains d'une conquête jamais complétement acceptée, la mémoire toujours vivante de trois insurrections mal réprimées, le voisinage de l'Europe occidentale dont l'esprit soufflait de près sur leurs âmes, l'espoir d'être soutenus par la Russie, les agents des Orlof, encore vivants dans les montagnes qu'ils avaient agitées en 1790, les flammes de l'incendie de Tchesmé, les prédications de leur clergé, qui leur montraient des frères dans les Russes, enfin le libéralisme de l'Angleterre, de la France, de l'Espagne, de l'Italie, qui ressuscitait en révolutions ou en institutions populaires partout sur les ruines du despotisme de Napoléon, secouaient jusqu'en Grèce les âmes impatientes de liberté.

Si l'empereur Alexandre, devenu, après l'invasion de la France en 1814, l'Agamemnon des rois de l'Europe, avait eu la perfidie de Catherine II, la Grèce, provoquée ou seulement encouragée par lui, aurait été depuis longtemps en insurrection contre Mahmoud. Mais, il faut le reconnaître, l'empereur Alexandre se refusait obstinément à provoquer et même à tolérer la révolte des Grecs contre le sultan. Ce n'était pas seulement l'incontestable probité de ce prince, c'était aussi sa politique qui s'opposait aux sollicitations des Grecs.

L'Europe occidentale avait eu deux mouvements distincts après la chute de Napoléon : un mouvement de respiration libérale, qui avait fait naître de la servitude, des trônes constitutionnels et des peuples libres, un mouvement de démocratie radicale qui se servait de la liberté représentative et de la liberté de la presse pour conspirer de nouvelles révolutions. Naples, Rome, le Piémont, l'Espagne, l'Angleterre, la Russie, la France elle-même, à peine relevée de ses ruines par la main de la restauration, s'agitaient, menaçaient d'ébranler tous les trônes et de secouer tous les traités pour abuser des libertés monarchiques avant d'en avoir joui. Les souverains menacés s'entendaient, levaient des armées, se concertaient dans les congrès de Troppau, de Laybach, pour aviser au salut des rois. La cause de toutes les monarchies semblait solidaire aux princes.

Susciter une insurrection en Grèce contre le sultan conquérant légitime, sinon maître légitime de ses sujets grecs, ouvrir ce volcan libéral dans le Péloponèse, de la même main qui cherchait à le fermer en Occident, paraissait à Alexandre non-seulement un contre-sens, mais un crime. Ce prince avait sur le trône les scrupules de la conscience; sans doute le démembrement de l'empire ottoman affaiblissait dans Mahmoud un voisin souvent ennemi, mais la révolution grecque affaiblissait sa cause de souverain d'un grand empire et cette cause de la légitimité des trônes dont il s'efforçait sincèrement de faire une religion politique en Europe.

Il écarta donc avec une conscience inflexible toutes les insinuations que les Grecs de son intimité lui adressèrent pour l'incliner à une révolution grecque. Il savait attendre pour son empire les dons futurs d'une destinée inconnue; il ne voulait rien devoir à une déloyauté envers le sultan. Mais s'il était le czar de ses armées, il n'était pas le czar de l'opinion. L'opinion résolut de faire violence à ses scrupules, et les sollicitations se changèrent en conjuration.

Cette conjuration grecque eut son berceau en Russie, mais à l'insu de l'empereur; elle fut couvée par le libéralisme européen dans les armées d'Alexandre, non sur les montagnes de l'Olympe. Il y avait de la vengeance filiale dans son patriotisme. Le prince Ypsilanti, son premier conjuré, était le fils de cet Ypsilanti décapité par le sultan Sélim III pour avoir correspondu avec l'hospodar de Valachie, son frère, soupçonné de connivence avec les Russes. Nous avons raconté précédemment cette conspiration d'un proscrit pour un peuple et d'un peuple pour sa liberté.

III

Ypsilanti, quittant, en 1820, Vienne et l'armée russe, donna le rendez-vous et le signal de l'insurrection aux hétéristes dans la Moldavie et dans la Valachie. L'hospodar de Valachie, Alexandre Soutzo, prince grec du Phanar, gouvernait cette province pour les Turcs. Il laissa travailler sous ses yeux, par les émissaires d'Ypsilanti, les troupes arnautes chargées de maintenir ces principautés dans la dépendance du sultan. Enrichi des trésors amassés pendant deux années de gouvernement, Grec lui-même, craignant également ou de se livrer à la vengeance du divan en rentrant à Constantinople, ou d'encourir la haine de sa race en la combattant, il ferma les yeux sur les manœuvres des hétéristes et se disposa à se retirer en Europe après y avoir fait passer ses richesses. Les Arnautes prêtèrent serment à Ypsilanti, qui prit le titre de représentant de la nation grecque et qui forma sans opposition une armée d'insurrection dans un camp aux environs de Jassy, capitale de la Moldavie. De là ses émissaires, parcourant la Valachie, la Moldavie, la Servie, l'Épire, les provinces chrétiennes et la Morée, appelèrent des millions d'hommes à la liberté.

IV

La situation de l'empire ottoman, depuis le commencement du siècle, et celle du Péloponèse en particulier, donnait les chances les plus favorables à une émancipation des populations chrétiennes et à un démembrement de l'islamisme. Les janissaires, force antique de la monarchie, avaient dégénéré en valeur et en discipline depuis plusieurs règnes. Incapables de défendre l'empire au dehors contre les puissances russe et autrichienne, ils n'étaient plus propres qu'à l'agiter au dedans par des séditions militaires qui déposaient, élevaient ou égorgeaient les sultans au gré de leurs intérêts ou de leurs caprices.

Après la mort tragique du vertueux et infortuné Sélim, deux fois victime de leur soulèvement, le jeune sultan Mahmoud était leur captif plutôt que leur souverain dans son palais. Ce prince, témoin dès le berceau de leur insolence et de leurs crimes, méditait en silence leur extermination ; mais jeune, timide, entouré des bourreaux de son oncle Sélim, n'ayant encore ni la renommée personnelle, ni l'ascendant sur son peuple, ni les instruments de politique et de forces nécessaires à son dessein, il était obligé de dissimuler sa haine et de dépopulariser les janissaires avant de les frapper. Ils n'avaient que trop concouru d'eux-mêmes à cette désaffection des vrais Ottomans par les anarchies, les séditions sous les armes, les lâchetés et les défaites qui avaient signalé les dernières guerres de Mahmoud avec l'Autriche et la Russie. La décadence de cette immense monarchie était écrite, à chaque nouveau traité de paix, dans les démembrements de places fortes et de provinces, et dans les limites de plus en plus étroites dans lesquelles les puissances voisines la resserraient.

V

C'était peu de ces humiliations extérieures, l'intérieur même de l'empire était miné du côté de l'Épire et de la Morée par un nouveau Scanderbeg, sorti des rangs des Ottomans eux-mêmes, Ali, pacha de Janina. Cet homme, un des caractères les plus héroïques et les plus astucieux à la fois des temps modernes, touchait déjà à l'extrême vieillesse, sans que les années, les combats, les ruses, les crimes ou les voluptés de sa longue vie eussent amorti en lui l'ambition, la politique ou l'audace. Du sein d'une vallée de l'Épire et du fond de son sérail, il maniait les fils de mille intrigues diverses avec les Ottomans ou les chrétiens, il balançait la puissance de son maître et tenait l'empire en suspens. On sait que la nature du gouvernement ottoman, exercé par des lieutenants presque indépendants du sultan sur des peuplades diverses de lois, de religions et de mœurs, permet souvent l'existence de ces grands factieux employant contre leur souverain la force qu'ils ont reçue de lui, et faisant trembler le sérail après l'avoir fait triompher. Ces révoltes et ces indépendances éphémères troublent l'empire sans le démembrer. La sédition meurt avec le séditieux ; il n'y a pas d'hérédité dans ces révoltes, toujours marquées de respect et de déférence apparents ou, mieux, simulés pour le sang légitime et sacré d'Othman. Les provinces détachées ainsi et les trésors accumulés par les rebelles rentrent tôt ou tard au sérail. En Turquie, les factions sont viagères, et l'empire est éternel.

VI

Ali-Pacha de Tébélen était né (1765) dans cette petite ville de l'Épire, d'où il prit son nom, d'une famille de cette race albanaise, grecque ou chrétienne d'origine, musulmane d'habitudes et de traditions, comme la plupart des Albanais. Vely-Beg, son père, dépouillé de sa part dans l'héritage de sa maison, par des frères cupides, s'était enrôlé parmi les clephtes, bandes permanentes d'aventuriers nomades qui, semblables aux condottieri du moyen âge ou aux bandits en Corse, sont indigènes en Albanie, école de guerre, de pillage et d'héroïsme, qui forme indifféremment des brigands ou des héros. Rentré à Tébélen avec une poignée de ses compagnons (1760), Vely-Beg avait brûlé ses frères dans la maison qu'ils lui avaient disputée, et reconquis son héritage dans la cendre et sur les cadavres de sa famille. Illustré et redouté pour cet exploit, il avait été nommé aga de Tébélen, et il avait épousé la fille d'un beg nommée Chamco, femme célèbre par sa beauté sauvage et par son énergie antique, et qui portait, dit-on, dans son sang quelques gouttes du sang de Scanderbeg. Ali et une fille nommée Chaïnitza naquirent de cette mère, qui leur transmit l'énergie, les passions et les férocités de sa race.

Vely-Beg mourut jeune (1770). Chamco, encore dans la fleur de ses années et de sa beauté, résolut de conserver à ses enfants, par l'intrigue, par l'amour et par les armes, la puissance que son mari avait conquise sur Tébélen. Elle s'affranchit de la retraite et de la pudeur des femmes, revêtit le costume des guerriers, prit les armes, monta à cheval, fanatisa de son courage, de ses charmes et de son amour les chefs des hautes montagnes de l'Albanie, forma une bande de séides, et livra bataille à leur tête aux ennemis de sa maison qui lui disputaient Tébélen. Vaincue, prisonnière et enchaînée avec ses enfants dans la ville voisine de Cardiki, ses séductions et sa beauté amollirent les vainqueurs ; elle fut rachetée par la générosité d'un Grec qui paya sa rançon, et, rentrée à Tébélen, elle ne s'occupa plus qu'à élever son fils, le jeune Ali, pour la guerre, pour la ruse et pour la vengeance. A peine adolescent, il s'exerça avec ses compagnons au pillage des troupeaux et aux surprises des villages. Sa mère l'encourageait dans ces préludes de l'ambition, et, l'ayant vu revenir un jour sans armes et sans dépouilles d'une de ces expéditions où il avait fui : « Va, lâche ! lui dit-elle en lui présentant une quenouille, va filer avec les femmes, ce métier te convient mieux que celui des armes ! »

VII

Honteux de sa faiblesse, Ali s'enfuit de la maison paternelle, trouva un trésor dans les ruines d'un ancien château en fouillant la terre avec son sabre, enrôla trente Palikares à sa solde, et ravagea la contrée. Surpris par les troupes de Courd, pacha d'Albanie, et conduit à Bérat, résidence de ce pacha, pour y être supplicié, sa jeunesse et sa figure attendrirent Courd, qui le rendit à sa mère. Ali, pardonné et rentré à Tébélen, épousa la fille du pacha de Delvino, Éminé. Cette alliance servit à la fois son amour et son ambition. Confident de son beau-père, il l'engagea à favoriser secrètement les premières tentatives de l'indépendance grecque, fomentée en 1790 par la Russie. Victime de cette politique ambiguë, l'infortuné pacha de Delvino, père d'Éminé, fut étranglé à Monastir par les Turcs. Ali donna sa sœur Chaïnitza en mariage à son successeur, le pacha d'Argyro-Castro. Bientôt humilié du peu d'influence qu'il avait sur ce beau-frère, il encouragea sa sœur Chaïnitza à se délivrer de son mari par le poison, pour épouser Soliman, frère du pacha, qu'elle aimait. Chaïnitza s'étant refusée au crime, Ali fait assassiner son beau-frère, d'un coup de pistolet, par Soliman, et lui livre sa sœur sur le cadavre de son mari.

La Porte, peu de temps après, ayant résolu de frapper le nouveau pacha de Delvino, ami et protecteur du jeune Ali, celui-ci s'insinue de plus en plus dans la confiance du pacha, l'invite à un repas dans sa maison, cache des assassins dans une armoire sans rayons, et, laissant pour signal de meurtre tomber sa tasse de café sur le marbre du divan, voit immoler son ami devant lui, envoie sa tête à Constantinople, et reçoit en récompense le gouvernement de la Thessalie avec le titre de pacha. Enrichi par ses concussions dans ce gouvernement, il achète enfin (1795) le titre de pacha de Janina, une des plus riches et des plus délicieuses vallées de l'Épire.

VIII

Il continua de flatter les Grecs en affectant pour le christianisme une vieille foi qui se réveillait dans son sang pour le culte de ses pères. Il les appelait dans ses conseils et se ménageait entre eux et les Ottomans, nécessaires aux deux partis. Il buvait secrètement avec eux à la santé de la Panagia, ou de la Vierge. Son administration, à la fois intelligente et cupide, lui amassa des trésors immenses enfouis dans un palais bâti sur un écueil au milieu du lac de Janina, et qui ne communiquait à la ville que par une langue de terre. Ces trésors lui servaient à enrôler des troupes. Il conquérait peu à peu les territoires voisins, sous prétexte d'y dompter des rebelles au sultan. Dans une de ces expéditions entreprises pour accomplir la vengeance de la captivité de sa mère, vengeance qu'il avait jurée à Chamco, il fit brûler à petit feu et dépecer avec des tenailles un Épirote qui l'avait outragée dans sa prison. Trouvant plus d'avantage à servir alors les Turcs que les Grecs, il se tourne contre les Souliotes révoltés par les instigations de la Russie et les dépouille de leur territoire. Trente mille mahométans marchent déjà sous ses ordres. Le nom de *Lion de l'Épire* était partout ajouté à son nom. La république française, maîtresse de Corfou (1800), lui envoyait des ambassadeurs et des généraux pour caresser son orgueil et pour l'intéresser à la révolution libératrice des Grecs de l'Adriatique. Il les recevait en politique, il les endormait d'espérances, il les enivrait des délices et des voluptés de Janina, *jardin des belles femmes*. Il laissait chanter dans son palais les chants du Grec Rhigas, ce Tyrtée moderne de sa race ; puis, tout à coup changeant de rôle et d'amis, il marchait à la tête de vingt mille hommes contre Passavan-Oghli, pacha de Widdin, que l'habileté de Rhigas avait fait déclarer pour les Grecs. Rentrant à Janina, il y arrêtait le général français Rose, marié depuis peu par ses soins à la plus belle fille de l'Épire, et l'envoyait, enchaîné, mourir captif aux Sept-Tours.

IX

Tout souriait à sa fortune. Moktar, son fils aîné, chargé du gouvernement pendant son absence, avait éveillé sa colère et ses soupçons par son amour pour une belle jeune Grecque de Janina. Ali éloigne son fils sous prétexte d'une expédition à conduire dans la Thessalie. Il pénètre la nuit, chez la maîtresse de son fils, Euphrosine, l'accable de terreur, la fait conduire, chargée de fers, dans les cachots de son sérail avec quinze jeunes filles des premières familles de la ville, accusées de commerce criminel avec ses enfants, et les précipite le lendemain dans le lac. Le sang des Grecs coule à grands flots dans ses provinces; sa femme, Éminé, se jette à ses pieds pour implorer la grâce des chrétiens innocents; il l'accable de reproches, et, tirant contre la muraille un coup de pistolet, il la frappe d'une telle terreur qu'elle expire dans la nuit. Cette fois, il gémit des suites de sa fureur, et ne se pardonna jamais le meurtre de la mère de ses fils, premier auteur de sa fortune.

X

Balançant politiquement son appui tantôt pour le divan, tantôt pour les janissaires pendant les longues luttes entre ces rebelles et les sultans, il s'avance jusqu'aux portes d'Andrinople avec quatre-vingt mille hommes (1808). Redoutable aux deux partis et les redoutant lui-même, il n'entre jamais à Constantinople, et s'y annonce tous les jours comme un fidèle soutien du trône; il fortifie sa capitale, et règne de là sur la Grèce tour à tour caressée et décimée. A son moindre signe, les chefs du Péloponèse qui lui paraissent trop populaires tombent sous les balles ou sous les yatagans de ses Arnautes.

Saisi d'admiration dans l'incendie d'un village grec pour une jeune enfant de douze ans, nommée Vasiliki, qui le supplie d'épargner sa famille, il la relève, l'emmène à Janina, la fait élever dans son harem et l'épouse.

Agé de près de soixante ans à cette époque (1820), et au sommet de sa fortune, une part de ses trésors, habilement et secrètement distribuée à Constantinople par les agents que les pachas entretiennent à la cour, lui conservait la faveur des vizirs et des sultans. Ses deux fils, Vély et Moktar, étaient investis de gouvernements secondaires dans la Morée, dans la Macédoine et la Thessalie. Tout le Péloponèse était dans les mains d'une famille, dont le chef intrépide, absolu et mystérieux faisait, du haut de ses forteresses et de ses montagnes, espérer ou trembler les deux races, et négociait en outre sur l'Adriatique avec les Français ou les Anglais, empruntant à tous des forces contre tous.

Cependant le sultan Mahmoud, convaincu de la nécessité d'extirper cet appui de l'insurrection que toutes les rumeurs lui présageaient dans ses populations grecques, s'était décidé, avec l'énergie de son caractère, à une guerre ouverte avec Ali-Pacha, moins ruineuse, selon lui, à son empire, que ces ménagements ambigus qui laissaient grandir la rébellion. Ses armées, conduites par ses pachas les plus dévoués et les plus belliqueux, cernaient depuis deux ans Ali-Pacha dans ses montagnes, resserrant toujours davantage le cercle de villes et de forteresses dans lesquelles il était enfermé. Ali, tranquille derrière ses lacs, ses défilés et ses remparts, affectait, même en combattant son maître, le respect d'un esclave fidèle et méconnu, quelquefois vainqueur, quelquefois vaincu, endormant et corrompant toujours les vizirs et les pachas qui lui étaient opposés. Les Grecs, indécis sur le rôle définitif que prendrait enfin cet arbitre de leur liberté, voyaient en lui tantôt l'exterminateur, tantôt le Machabée de leur race.

XI

Les proclamations et les émissaires d'Ypsilanti avaient donné au Péloponèse le signal et l'émulation de l'indépendance. Un chef des premières insurrections avortées, retiré depuis plusieurs années dans l'île de Zante, et chez qui les années et l'exil n'avaient fait que mûrir l'héroïsme, Colocotroni, dont le père, les frères, les proches, avaient péri sous le glaive des Turcs, était descendu de nouveau sur le continent, et avait reformé ses bandes de bannis dans les montagnes. L'archevêque de Patras, Germanos, orateur, pontife et guerrier, avait convoqué (mars 1821), dans les cavernes du mont Érymanthe, tous les chefs du clergé pour concerter avec eux l'insurrection de toutes leurs églises ; il avait sommé les chrétiens de se séparer pour jamais des infidèles, et de se retirer avec leurs prêtres, leurs femmes et leurs enfants dans les montagnes, pour y organiser la guerre sacrée, et pour fondre de là sur les Ottomans. Les villes et les villages, à sa voix, étaient restés déserts ; les Turcs, étonnés de leur solitude, avaient tenté quelques assauts sur ces troupeaux d'hommes qu'ils croyaient ramener aisément à la servitude, ils furent refoulés partout des montagnes, et bientôt chassés à leur tour des villes où ils régnaient la veille.

La Macédoine, la Thessalie, l'Épire, l'Acarnanie, l'Étolie, le Péloponèse, l'Eubée et l'Archipel étaient devenus un champ de bataille sur terre et sur mer, qui dévorait tour à tour les tyrans et les esclaves. Ali-Pacha, heureux de créer des ennemis à ses ennemis, avait adressé lui-même une proclamation aux Souliotes, autrefois expulsés par lui, et leur avait restitué leur territoire et leurs forteresses avec des canons et des munitions, pour se faire des alliés contre les Turcs. A l'approche des paysans descendant par milliers des montagnes, à la suite de leurs prêtres et de leurs chefs, toutes les villes, s'insurgeant et massacrant les Turcs, les avaient refoulés dans les forts d'où les Turcs foudroyaient et incendiaient les édifices. Les massacres et les crimes de la liberté égalaient ceux de la tyrannie. Le Péloponèse n'était que feu et que sang sous la croix comme sous le croissant; trois siècles de servitude accumulée se vengeaient de trois siècles d'oppression. Les deux races et les deux religions comptaient autant de bourreaux, autant de victimes l'une que l'autre. L'Europe frémissait d'horreur au récit de ces flammes et de ces égorgements. Deux races, deux nations, deux cultes sur un même sol s'étreignaient corps à corps, depuis les flots de la mer et les rivages de l'île jusqu'aux sommets du Pinde et de la Thessalie. Patras, Missolonghi s'engloutissaient sous leurs ruines. L'hymne populaire de l'insurrection et du désespoir, cette *Marseillaise* de la croix, écrite par le Thessalien Rhigas, éclatait sur toutes les montagnes avec les psaumes sacrés du clergé hellène :

« Jusques à quand vivrons-nous relégués dans les rochers des montagnes, errants dans les forêts, cachés dans les antres de la terre ?... Levons-nous, et s'il faut mourir, que la patrie meure avec nous ! Levons-nous ! la loi de Dieu, l'égalité sainte entre ses créatures, voilà notre cause, voilà nos chefs ! Jurons sur la croix de briser le joug qui courbe nos têtes !...

» Souliotes! et vous Spartiates! sortez de vos repaires, léopards des montagnes, aigles de l'Olympe, vautours d'Agrapha! Chrétiens de la Save et du Danube, intrépides Macédoniens, aux armes! que votre sang s'allume comme du feu!

» Dauphins des mers! Alcyons d'Hydra, de Psara, des Cyclades, entendez-vous dans vos flots la voix de la patrie? Montez sur vos navires, saisissez la foudre, tonnez, brûlez jusque dans sa racine l'arbre de la tyrannie, déployez vos pavillons, et que la croix triomphante devienne le drapeau de la victoire et de la liberté! »

A ce chant du poëte national, les Turcs, précipités des hauts lieux, s'enfermaient dans les dernières villes du littoral, où les remparts leur assuraient un asile, Tripolizza, Monembasie, Coron, Modon, Navarin. La capitale de la Valachie, Bucharest, tombait au pouvoir de Vladimiresko, tribun d'une démagogie chrétienne, soutenu par une poignée d'Albanais. Ypsilanti, vacillant, temporisateur et irrésolu, campé aux portes de Jassy, capitale de la Moldavie, y consumait le temps en vaines négociations avec les Russes, dont il attendait l'autorisation et les secours. Bientôt attaqué dans son camp par les Turcs, revenus de leur première terreur, il succombait glorieusement avec les hétéristes (juin 1821), et cherchait un refuge sur le territoire autrichien; il y mourait désavoué de l'Europe et suspect d'ambition trompée par ses compatriotes.

Mais ce désaveu de leur cause par l'Autriche et par la Russie et la défaite d'Ypsilanti n'étonnaient pas la valeur désespérée des Grecs du Péloponèse et des îles. En Valachie et en Moldavie, c'étaient la politique, le libéralisme et l'ambition qui avaient armé des révolutionnaires spéculatifs. Dans la Morée, dans les montagnes et dans les îles, c'étaient la religion, la race, la patrie et le fanatisme qui soulevaient le peuple, la mer et le sol. Il n'y avait de repos pour une telle insurrection que dans la victoire ou dans la mort.

XII

Ce fanatisme de la religion, de la race et de la patrie ne brûlait pas avec moins de flamme parmi les Ottomans. C'était pour eux une seconde conquête à faire, île par île, village par village, de la terre conquise par leurs ancêtres et de la souveraineté de l'islamisme. Le sultan, en réprimant la rébellion, aurait voulu préserver les populations rebelles de la ruine et de la mort, car l'anéantissement de six millions de Grecs, sa richesse et sa force, était un suicide pour la Porte. Mais le peuple et les janissaires, irrités et tremblants, ne voyaient de salut que dans l'extermination des chrétiens, et commandaient au gouvernement des exécutions et des barbaries proportionnées à leur terreur. Les supplices décimaient Constantinople (avril 1821). Les janissaires égorgeaient au lieu de combattre. La panique des musulmans animait leur férocité. On ne parlait dans la capitale que de conspiration universelle des chrétiens pour anéantir les Turcs; la crainte entretenait le délire, le délire poussait au crime. Les Valaques et les Moldaves des grandes familles établies à Constantinople étaient décapités sous prétexte de complicité avec leurs coreligionnaires. Les chrétiens grecs, laissant leurs maisons et leurs biens, émigraient à Odessa ; ceux qui ne pouvaient fuir étaient obligés de s'enfermer au fond de leurs demeures, dans la crainte d'exciter par leur costume la fureur du peuple. Ceux de Boyoukdéré, petite ville sur le Bosphore, à quelques lieues de la capitale, étaient massacrés par les troupes envoyées en Valachie contre Ypsilanti, et qui ne voulaient pas laisser d'ennemis derrière elles. C'étaient les massacres de septembre 92, à Paris, renouvelés à Constantinople par le même délire de peur et de vengeance. Les deux climats voyaient les mêmes crimes.

La populace de la capitale immole tous les chrétiens qu'elle rencontre sur les caïques qui portent d'une rive à l'autre les trafiquants des deux populations réunies dans les mêmes murs. Le gouvernement ne rétablit l'ordre qu'en livrant lui-même au glaive des janissaires trois cents têtes suspectes ou innocentes des principales familles grecques de la ville. Les derviches, ces prophètes de la populace, prédisaient la prochaine extermination des musulmans par les infidèles. Le divan ordonnait le supplice du prince Morouzi, drogman du ministre des affaires étrangères, accusé d'avoir reçu une lettre d'Ypsilanti, et sa tête roulait aux pieds du sultan. Le patriarche grec, Grégoire, vieillard de quatre-vingt-quatre ans, était saisi le jour de Pâques, revêtu de ses habits pontificaux, en descendant de l'autel, et pendu à la porte de sa cathédrale. Tous les chefs du clergé grec de la capitale, arrachés la même nuit à leurs autels, étaient immolés sur les marches de leurs églises. Des janissaires, placés auprès de ces monceaux de cadavres, empêchaient les chrétiens de rendre les devoirs funèbres à leurs martyrs. Leurs corps, après avoir été suspendus trois jours aux gibets, étaient remis à des hordes faméliques de juifs qui les traînaient à la mer. Le port de Constantinople et les eaux du Bosphore rejetaient les cadavres sur les quais de la ville. Les familles des suppliciés, les femmes et les filles des proscrits étaient vendues aux enchères dans les bazars. On délibérait dans le divan le massacre général des Grecs. Le sultan s'y refusa et disgracia son grand vizir pour laver aux yeux des puissances chrétiennes son gouvernement des forfaits commis. L'Europe contemplait et frémissait, mais aucune puissance ne prenait encore ouvertement la cause du christianisme, confondue avec la cause de la rébellion dans l'empire. Mahmoud, armant sa flotte, et la confiant à son grand amiral Kara-Ali, fils d'un meunier de Trébizonde, le chargeait de lui *rapporter les cendres du Péloponèse et d'en calciner les montagnes.*

XIII

Aux massacres de Constantinople, aux menaces du désarmement, au départ de la flotte turque, toutes les îles de l'Archipel avaient répondu par un armement général des nombreux navires dont leur commerce couvrait les mers. Hydra, la plus pauvre en sol, mais la plus florissante en trafic et en richesse de ces îles, avait créé à elle seule et par les dons gratuits de ses citoyens une flotte capable de repousser celle de l'empire. « Hydra n'a point de campagnes, chantaient ses matelots, mais elle a des vaisseaux; la mer est son sillon, ses matelots sont ses laboureurs; avec ses voiles rapides, Hydra moissonne en Égypte, récolte la soie en Provence et vendange sur les coteaux de la Grèce. »

Tombasis, marin intrépide, monté sur *le Thémistocle*, avait été nommé grand amiral des insurgés. La flotte de Psara s'unissait à celle de Tombasis. Elles purgeaient la mer des vaisseaux de guerre turcs isolés, et, imitant les atrocités des ottomans, elles immolaient, noyaient ou vendaient à l'encan, comme esclaves, les prisonniers ou les pèlerins turc saisis sur ces vaisseaux. Elles sommaient ensemble l'île opulente et populeuse de Chio de se déclarer pour la cause de la patrie commune. Chio, amollie par sa prospérité et exposée la première par sa situation à la vengeance des Turcs, refusait d'entrer dans la ligue, et envoyait une députation de ses vieillards demander au divan des forces pour la défendre contre ses compatriotes; le divan les retenait en otage, et les punissait de leur fidélité à la tyrannie (1822). Naxos, Andros, Paros, Myconi, et presque toutes les îles répondirent à l'appel de Psara et d'Hydra, et immolèrent les Ottomans.

XIV

Pendant ces combats et ces massacres réciproques sur tous les flots et sur tous les rivages de la mer Égée, Kour-chid-Pacha, à la tête de l'armée ottomane de l'Épire, bloquait, avec une moitié de ses troupes, Ali-Pacha dans sa capitale, pendant qu'il luttait avec l'autre contre l'insurrection du Péloponèse. Dans un assaut désespéré, le vieil Ali, qui se faisait porter en litière sur la brèche, au milieu du feu, avait triomphé et lui avait renvoyé ses prisonniers. « L'ours du Pinde vit encore, avait dit Ali-Pacha à son ennemi, tu peux envoyer prendre tes morts pour les ensevelir. J'en userai toujours de même quand tu me combattras en brave; mais deux hommes perdent la Turquie, c'en est fait de nous ! »

Ali, sûr de la fidélité incorruptible de ses soldats et de la solidité de ses remparts, semblait contempler avec une stoïque indifférence le feu qui dévorait les deux populations, sans l'atteindre lui-même, et attendre le succès de l'une ou de l'autre cause pour se déclarer. Sa sœur Chaïnitza venait de mourir; la jeune et belle Grecque Vasiliki, toute-puissante aujourd'hui sur son cœur, le consolait de la vieillesse et de la tyrannie par cet amour qui survit comme l'héroïsme aux années dans les fortes races de l'Orient. Bientôt, cependant, il fut contraint d'abandonner son palais fortifié et sa capitale devant les assauts renouvelés et devant les forces croissantes des Ottomans, et de se retirer dans son château du lac de Janina. Là, entouré d'une ceinture de flots, de remparts et de canons, inexpugnable, logé dans une casemate à l'abri des bombes, les pieds sur ses trésors entassés dans les caves de son palais, servi par des esclaves fidèles, défendu par des mercenaires dévoués, aimé par une femme vertueuse et tendre, résolu à braver plutôt la mort qu'à capituler avec la fortune, il contemplait ses provinces et sa ville sous les pas de ses ennemis, se croyant sûr de les reconquérir, il foudroyait comme par délassement leurs camps et leurs redoutes, il exerçait encore son cœur et son bras dans des sorties victorieuses sur leurs cadavres, et il s'approchait du terme de sa vie en se cachant à lui-même la mort derrière la fatalité, la gloire et l'amour.

XV

Cependant le nom de la Grèce, sorte de religion de l'imagination chez les lettrés de l'Europe, la conformité du culte, parenté d'âme entre les hommes, les exploits grandis par la renommée de ces dignes descendants des Miltiade, des Léonidas, des Thémistocle, les Botzaris, les Canaris, les Colocotroni, les Mauromichalis, les Tombasis, les odyssées, les combats changés en martyres, les échos sonores de cette terre de mémoire, dont chaque site porte l'immortalité dans son nom, les récits presque fabuleux de ces victoires remportées par des peuplades de pasteurs sur les armées d'un puissant empire, et des flottes du nouveau Xerxès incendiées par des barques de pêcheurs, les dévastations du sol, les migrations en masses, les égorgements de provinces, les incendies de villes, les prodiges de férocité d'une part, d'intrépidité de l'autre, dont les récits apportés par toutes les voiles poétisaient cette lutte désespérée entre les chrétiens et les Ottomans, popularisaient chaque jour davantage la cause de l'indépendance grecque en Europe. Tous les esprits assistaient avec admiration, sympathie et horreur à ce vaste combat de cirque où la liberté et la croix, abattues ou relevées tour à tour, semblaient faire lutter devant un monde chrétien les deux causes et les deux cultes qui se disputaient l'extrémité orientale de l'Europe.

Le sentiment public, qui n'a d'autre politique que son émotion et sa pitié, comme les multitudes, répondait à chaque palpitation de la Grèce par un cri d'indignation contre ses bourreaux, d'enthousiasme pour ses martyrs. Jamais la cause de l'indépendance américaine, en 1785, n'avait autant passionné la France que la cause des Hellènes passionnait en ce moment le continent chrétien. Ce sentiment, pour ainsi dire individuel, échappait aux gouvernements encore neutres et indécis, pour donner aux Grecs des encouragements, des trésors, des munitions, des armes, des auxiliaires. Des comités grecs se formaient dans toutes les capitales, votaient des subsides, armaient des vaisseaux, recrutaient des officiers et des soldats, publiaient des journaux, prononçaient des discours, écrivaient des poëmes, multipliaient jusque dans le peuple des légendes en faveur de la cause populaire. La littérature tout entière, cette expression spontanée et irrésistible de la générosité désintéressée du cœur des peuples, était, par une sorte de tradition filiale pour ces pères de la pensée humaine, du parti des fils d'Homère, de Démosthène, de Platon. De simples citoyens, tels que M. Eynard, de Genève, fiers de consacrer leurs richesses au berceau d'une nation encore indigente et de jeter leur nom dans les fondations de la liberté d'un peuple, prêtaient des millions au gouvernement libérateur. Les aventuriers courageux de la France, de l'Allemagne, de l'Angleterre, las de l'oisiveté d'un continent qui n'offrait plus d'occasion à leur bras, à leur fortune militaire ou à leur gloire, tels que le général Fabvier, se faisaient jeter par des vaisseaux marchands sur la côte de la Morée et se dévouaient à la vie nomade des Maïnotes ou des Palikares, pour enseigner la guerre et la tactique à des pasteurs. Le plus grand des poëtes modernes, lord Byron, sentant dans sa poitrine un cœur aussi héroïque que son imagination, s'arrachait, à la fleur de ses années, à sa gloire, aux délices et aux voluptés de l'Italie et aux larmes d'une femme adorée, pour jeter son nom, son bras, sa fortune, sa mort, dans la cause désintéressée de la Grèce. Il équipait un navire, soldait des troupes, versait des subsides dans le trésor de l'insurrection, s'enfermait dans la ville la plus menacée, s'instruisait aux combats et allait mourir pour le glorieux passé et pour le douteux avenir d'un peuple qui ne savait pas même son nom.

Enfin, l'opposition aux gouvernements, qui dans les pays constitutionnels adopte les causes, non parce qu'elles sont justes, mais parce qu'elles sont populaires et hostiles aux gouvernements, faisait retentir toutes les tribunes d'enthousiasme pour les Grecs, d'imprécations contre les Ottomans, de mépris pour l'indifférence des souverains qui abandonnaient des races chrétiennes au fer et au feu des musulmans. Ces mêmes hommes, qui avaient repoussé avec une si sévère éloquence la doctrine de l'intervention contre-révolutionnaire en Espagne, justifiaient de la même voix l'intervention révolutionnaire en Morée, et M. de Chateaubriand, qui venait d'accomplir lui-même cette intervention d'Espagne (1823), maintenant tombé du ministère, et cherchant partout des griefs à M. de Villèle, faisait à la tribune de la Chambre des pairs des motions pour l'immixtion dans les affaires de la Grèce (1824).

XVI

Mais déjà la France se prononçait d'elle-même avant son gouvernement. Le premier de ses soldats qui porta son nom, sa tactique et son rang parmi les insurgés de l'Achaïe, fut le général Fabvier. Fabvier, à peine échappé de la tentative insurrectionnelle dans laquelle il venait d'échouer à la tête d'une poignée d'émigrés français, sur la Bidassoa, avait passé en Grèce. Son génie aventureux et sans repos lui faisait chercher partout des hasards, des périls, de la gloire. Sa soif de justice le chassait par tout l'univers; il ne haïssait pas les Bourbons, mais il supportait impatiemment en eux le souvenir de sa patrie conquise. Il attribuait aux Bourbons une infortune nationale dont ils étaient innocents.

Dans sa première jeunesse, Fabvier avait suivi notre ambassade en Perse. Favori du schah de Perse et instructeur de ses troupes, il avait résidé plusieurs années dans sa capitale. On se souvenait de lui à Ispahan; il résolut d'aller y retrouver l'hospitalité et la faveur qu'on lui gardait à la cour d'Iran. Le vaisseau qui le portait à Constantinople ayant abordé dans la Morée, Fabvier, séduit par la guerre présente et par l'admiration que lui inspiraient les exploits de ces pauvres bergers de l'Achaïe, avait renoncé à la Perse, et s'était dévoué, sans grade et sans solde, à la cause des faibles. Il avait suivi ces paysans dans leurs montagnes, et les avait disciplinés et aguerris. C'était le moment où, le sultan Mahmoud appelant au secours de l'islamisme en péril le pacha à demi indépendant d'Égypte,

Méhémet-Ali, Ibrahim-Pacha, son fils, avait débarqué en Morée (1825) avec une armée égyptienne, et reconquérait dans le sang et dans le feu la Morée entière au sultan. Napoli de Romanie seule, placée à l'entrée de la plaine d'Argos, au fond du golfe de Nauplie, conservait une ville à l'indépendance et un siége au gouvernement hellénique. Fabvier la défendit avec une poignée de héros, et, après les avoir aguerris, remportait des victoires sous les murs d'Argos. De là, passant à Athènes, il mêlait son sang à Platée et à Marathon au sang des descendants d'Épaminondas. Envoyé en France par ses compagnons d'armes pour solliciter l'intérêt du gouvernement français, au nom de la religion commune et de l'humanité, plus que de la politique, Fabvier revoyait sa patrie. La vieille et naturelle alliance entre la France et les sultans, la politique prévoyante qui défendait aux Bourbons de ruiner eux-mêmes dans Constantinople le seul rempart qui couvrît la Méditerranée et l'Europe orientale contre le débordement; le danger, enfin, de donner au cabinet de Pétersbourg un allié vendu d'avance à toutes ses ambitions dans un royaume ou dans une république grecque, protestaient vainement dans les conseils de la froide diplomatie; déjà le sentiment public l'emportait sur toute prudence humaine. M. de Villèle, sentant l'impossibilité de résister à un entraînement aussi général du cœur de l'Europe, oubliait les torts de Fabvier contre les Bourbons; il comblait le négociateur de la Grèce de félicitations sur son dévouement personnel, et lui laissait entrevoir, sinon un concours armé à l'indépendance de la Grèce, au moins une interposition efficace de la France entre les victimes et les bourreaux.

XVII

Mais déjà l'indépendance de la Grèce recevait en Épire le coup le plus terrible et le plus inattendu. Le gouvernement ottoman, dont le tyran de l'Épire suspendait depuis trois ans l'irruption décisive en Morée et balançait les forces, le faisait assiéger dans Janina; Ali touchait à sa dernière heure. Kourchid-Pacha, à la tête d'une armée de quarante mille Ottomans, le bloquait de jour en jour plus étroitement dans le château de Janina. Ali, sûr de ses murailles, de sa garnison et d'un petit nombre de défenseurs désespérés, tous compromis avec lui dans sa révolte et dans ses crimes, et n'ayant comme lui que le supplice ou la victoire en perspective, regardait avec indifférence les tentes de ses ennemis autour de ses forteresses, et recevait sans y répondre des boulets qui pouvaient à peine ébrécher ses murs. La trahison seule pouvait le vaincre. La Porte l'employa contre lui. Le directeur de son artillerie, Caretto, officier napolitain, dont il avait sauvé les jours du glaive des Turcs au moment où il allait être immolé en expiation d'un commerce amoureux avec une jeune musulmane, lapidée pour lui, déserta une nuit du château du lac, en se laissant glisser au pied des remparts par une corde attachée à l'affût d'un de ses canons, et passa dans le camp de Kourchid.

Cette défection privait Ali de son plus habile ingénieur, et découvrait à Kourchid le secret de sa faiblesse. Une partie de la garnison, mécontentée par l'ingrate avarice d'Ali, se retira des forts. La Porte profita de ce découragement des assiégés pour ouvrir avec le vieux chef une de ces négociations qui ne sont que les préludes de la mort pour les révoltés qui s'y laissent toujours entraîner. Kourchid fit des propositions à Ali; il lui assura, pour prix de sa soumission et de son repentir, la vie, la liberté, ses femmes, ses trésors, son titre de vizir et un exil splendide, avec sa famille, dans une contrée de l'Asie Mineure. Ces propositions, acceptées par Ali, furent envoyées à Constantinople pour être ratifiées par le sultan et renvoyées à Janina dans un traité garant du pardon et des promesses de la Porte.

Kourchid, sous prétexte de remettre solennellement ce traité enfin ratifié à Ali, et de recevoir sa soumission au sultan, leur maître suprême, exigeait d'Ali qu'il sortît du château imprenable de Janina et qu'il se rendît dans une île du lac où il avait une maison de plaisance moins inaccessible et moins fortifiée, et où l'entrevue aurait lieu à forces égales. Ali-Pacha eut l'imprudence d'y consentir; mais il laissa, en quittant le château, dans ses murs, un gage de sécurité ou de sa vengeance. Un de ses séides albanais, nommé Féthim, jeune homme engagé, par les serments les plus redoutables, dans une race où la religion du serment est sacrée, veillait, armé d'une mèche enflammée, à la porte d'un dépôt rempli de deux cent mille quintaux de poudre sur lesquels étaient entassés tous les trésors du vizir, et dont l'explosion, remise aussi à la merci de ce jeune esclave fanatique, engloutirait à la fois, au premier signal, les richesses d'Ali, son harem, la ville de Janina et l'armée turque qui tenterait d'occuper en son absence le château.

XVIII

Garanti ainsi contre toute surprise, Ali se transporta, avec sa jeune épouse Vasiliki, quelques esclaves et une poignée de ses plus intrépides Albanais, dans l'île du lac marquée pour les négociations et pour l'entrevue. Il s'y établit dans un kiosque de plaisir, défendu seulement par le lac et par quelques palissades. Il fit apporter de la poudre et des armes, et il y attendit, dans une demi-sécurité, la visite de Kourchid et la remise du traité, qui était, lui disait-on, arrivé de Constantinople au camp des Turcs. Kourchid affectait une indisposition qui le retenait dans sa tente, usait les jours en messages et en temporisations, qui lui donnaient les occasions de corrompre la garnison du château de Janina, abandonnée à elle-même. Ce n'était pas assez, tant que le fanal de ce château, près duquel veillait l'esclave Féthim, ne serait pas éteint et menacerait d'engloutir les assaillants de cette forteresse d'Ali.

La ruse fit ce que ne pouvait la force. Kourchid et ses généraux jurèrent sur le Coran, à Ali, que son firman de pardon du Grand Seigneur était dans leurs mains, mais qu'avant de le remettre dans les siennes, l'honneur de leur souverain commun exigeait que ce firman, gage spontané de la magnanimité de leur maître, ne parût pas une concession à la peur, et que le feu du fanal confié à Féthim et brûlant à la porte du dépôt des poudres fût éteint. Ali pressentit pour la première fois un piége, et, sous prétexte que son esclave Féthim n'obéirait qu'à sa voix, demanda à rentrer pour lui intimer lui-même ses ordres dans sa forteresse. Il n'était plus temps, les barques turques interceptaient déjà la communication entre l'île et le bord. Ali, forcé de se fier jusqu'à l'imprudence à la parole de ses ennemis, finit par livrer aux officiers de Kourchid un anneau qu'il portait suspendu à son cou, et qui était entre Féthim et lui le signal secret d'une aveugle obéissance. Les officiers de Kourchid, maîtres de cet anneau, regagnent la rive, entrent dans le château, montrent le talisman de son maître à l'esclave. Le jeune fanatique reconnaît l'anneau, s'incline en signe de respect, et éteint à l'instant le fanal. Aussitôt que les Turcs le voient désarmé de sa dernière étincelle, ils le frappent de cent coups de poignard, et laissent son cadavre aux portes du souterrain. Aucun bruit n'avait averti du haut des murs du château. Ali, encore confiant, regardait tranquillement des fenêtres de son divan les flots du lac qui devaient lui apporter bientôt les barques de Kourchid et le pardon du sultan.

XIX

Elles ne parurent qu'au milieu du jour. Les principaux officiers de Kourchid les remplissaient; ils débarquèrent avec des marques de respect, mais couverts de leurs armes, sur la plage où s'élevait le kiosque d'Ali.

Ali les attendait, entouré d'une douzaine de ses plus déterminés séides, sur une plate-forme en planches, portée sur des colonnettes en bois, qui s'élevait, selon l'architecture orientale, devant le kiosque, et derrière laquelle étaient la demeure et le harem du vizir. Hassan-Pacha, Omer-Brionès, Méhémet-Silihdar, porte-glaive de Kourchid, et un groupe de ses principaux lieutenants, débarquèrent seuls avec un visage sombre et montèrent les degrés de la plate-forme. Ali, n'apercevant point Kourchid et soupçonnant à la morne physionomie et aux armes de ses officiers qu'ils lui apportaient la trahison et la mort au lieu du traité, se lève, saisit un de ses pistolets à sa ceinture, et s'adressant d'une voix tonnante à Hassan-Pacha : « Arrêtez! s'écrie-t-il, que m'apportez-vous? — L'ordre du sultan, répond Hassan ; reconnaissez-vous ces augustes caractères? » Puis, déployant sous ses yeux les lettres dorées qui décorent les firmans du Grand Seigneur : « Soumettez-vous au destin, lui dit-il, faites vos ablutions, invoquez Allah et le Prophète! Le sultan vous demande votre tête! — Ma tête, répond Ali, ne se livre pas si facilement! » Et, sans attendre la réponse d'Hassan, il fait feu sur lui et le renverse à ses pieds frappé d'une balle dans la cuisse; il tue du second coup le chef d'état-major de Kourchid. Ses officiers, et à leur tête Constantin Botzaris, chef des Souliotes, en otage dans son palais, et dévoués à sa cause par reconnaissance, font feu à son exemple sur le groupe des Ottomans, et jonchent l'escalier du kiosque de cadavres. Mais Ali se sent frappé lui-même d'une balle dans le flanc. Il retire de sa pelisse sa main rougie de son sang, et, montrant ce sang à Botzaris : « Cours, lui dit-il, et égorge Vasiliki, ma femme, afin qu'elle me suive dans la tombe et que ces traîtres ne souillent pas sa beauté! » Au moment où il achevait de prononcer ces paroles, une balle, traversant par-dessous les planches de l'estrade en bois sur laquelle il combattait, lui perce les reins et le fait chanceler comme un homme ivre. Il se retient aux grillages d'une fenêtre ; ses palikares, le voyant tomber, s'élancent à la nage avec Botzaris dans les flots du lac pour gagner un écueil voisin et se dérober à la vengeance de Kourchid. Les Turcs, sans ennemis, remontent les degrés sanglants de l'estrade, traînent Ali par sa barbe blanche hors du kiosque, appuient son cou contre une marche en pierre de l'escalier, lui tranchent la tête et l'envoient dans un coffre de vermeil au sultan (février 1822).

La jeune Grecque, son épouse, Vasiliki, fut emmenée sans outrage à la tente de Kourchid. Elle pleura en voyant, le lendemain, chargés de chaînes, les ministres et les officiers de son mari, et ses trésors et les décorations de ses palais servant de jouets à la soldatesque turque. Elle demanda à rendre les honneurs funèbres au corps du héros de l'Épire, qu'elle adorait malgré la différence d'âge et de culte. Cette grâce lui fut accordée. Janina et les montagnes voisines du Pinde retentirent des sanglots de Vasiliki et des regrets des populations grecques ou musulmanes de ces contrées sauvages, dont Ali était à la fois le tyran et le héros, la terreur et la gloire. Le sultan relégua Vasiliki dans un village de ces montagnes, les trésors d'Ali soldèrent l'armée de Kourchid, et les Turcs, affranchis désormais de l'obstacle que cette révolte leur opposait depuis trois années, débordèrent en masse de l'Épire dans la Morée. Tout succomba un moment sous le fer et la flamme, et les cris des Grecs retentirent avec plus de désespoir et plus de pitié en Europe.

XX

Mais si les peuples les entendaient, les souverains se refusaient encore à les écouter. L'empereur de Russie, plus loyal que Catherine II, craignant d'encourager en Grèce le génie des révolutions qu'il avait juré d'étouffer en France, en Italie, en Espagne, en Allemagne, ajournait sa politique d'ambition pour obéir à sa politique de principe. M. de Metternich tremblait d'ouvrir sur les frontières de l'Autriche les volcans d'opinion qui grondaient en Allemagne. La Prusse hésitait, comme toujours, entre l'Angleterre, l'Autriche et la Russie. L'Angleterre elle-même voyait avec ombrage la résurrection intempestive pour elle d'une nation dont le démembrement allait affaiblir la Turquie, ouvrir peut-être les Dardanelles aux flottes futures de la Russie, et créer sur la Méditerranée une marine en concurrence à sa navigation commerciale. Enfin, la France, qui ne calcule pas, mais qui sent, flottait, attendrie, mais indécise, entre sa pitié pour une race chrétienne et sa vieille alliance avec les sultans. Le moment approchait où son gouvernement, contraint par l'opinion publique, allait avoir à délibérer sur une seconde intervention, démenti impolitique, mais démenti magnanime à son intervention contre-révolutionnaire en Espagne.

Ypsilanti, entré au sortir de l'enfance à la cour de Russie, où, depuis l'antiquité, les Scythes accueillent les Grecs, s'était élevé par la faveur de cette cour jusqu'au grade de général dans l'armée russe. Il avait perdu un bras dans les combats d'Alexandre contre les Français, en Allemagne. Jeune, brave, ardent, ambitieux autant et plus que patriote, nourri, dans les salons et dans les camps de l'empereur, de cette fraternité traditionnelle des deux peuples qui montre aux Grecs les Russes comme des compatriotes du Nord, aux Russes les Grecs comme une branche de leur famille d'Orient, Ypsilanti, rêvant aussi pour lui-même une couronne tributaire, comme celle que la faveur de Catherine avait décernée à Poniatowski en Pologne, groupait autour de lui, d'abord à Vienne, puis en Bessarabie, toute l'élite de la jeunesse grecque, lettrée, libérale ou héroïque, dont il voulait former le foyer du patriotisme hellénique. Cette jeunesse avait pris dans son association secrète le nom d'*hétéristes* ou des *Amis*. On supposait, non sans vraisemblance, qu'une telle association, qui comptait dans son sein des favoris et jusqu'à des ministres d'Alexandre, n'était pas désavouée au fond par cette cour, et l'envoi d'une flotte russe par la mer Noire à Constantinople (1825), combiné avec un soulèvement du Péloponèse et des îles, ne laissait aux Turcs que la fuite en Asie. Le règne des Russes sur le Bosphore était le règne des Grecs rétablissant l'empire dans sa capitale, si longtemps usurpée.

Cette pensée ou ce rêve entretenait l'espérance dans le Péloponèse et dans les îles. La Grèce allait le tenter, l'Europe allait la servir. Jamais la fatalité, qui pousse les peuples aux résultats qu'ils voient le mieux et qu'ils redoutent le plus, ne se montre avec plus d'évidence dans les événements humains. La Russie, maîtresse du Bosphore, de Constantinople et de la Grèce, c'était la monarchie universelle de l'Europe, de l'Asie, de la Méditerranée.

N'importe, le cri de la liberté retentissait sur les montagnes de l'Épire (1826), l'Europe allait lui faire écho et se précipiter tout entière contre ses propres intérêts sur la pente où penche le monde. La foi allait servir de prétexte à la liberté, et, pendant que la philosophie moderne sapait ou réformait le christianisme en Europe, le libéralisme européen arborait la cause du christianisme en Grèce, et prêchait la croisade au nom de la révolution. Neuf années de guerre acharnée n'avaient lassé ni le patriotisme des Grecs ni la résolution de Mahmoud. L'Europe hésitait à trancher la querelle.

La nouvelle de la bataille navale de Navarin (20 octobre 1827) éclata, en France, au milieu de la conflagration des partis, à la veille de la retraite de M. de Villèle, comme pour illuminer sa décadence d'un dernier rayon de la fortune. L'opinion publique, avec raison, n'en reporta pas autant la gloire au ministre qu'à elle-même. C'était l'opinion en réalité qui avait fait feu dans la rade de Navarin sans ordre, sans prétexte, et, l'histoire doit le dire enfin, puisqu'elle est la conscience des nations sans loyauté, les amiraux européens qui commandaient la flotte anglaise et la flotte russe, combinées avec la flotte française, prirent sur eux cette gloire ou cet attentat. Il est juste de les laisser à leur mémoire ; voici les faits :

Par une convention entre les trois puissances, la Russie, la France, l'Angleterre, avaient pris l'arbitrage armé entre la Grèce et l'empire ottoman. La Grèce en ce moment (1826), après avoir dévoré successivement les armées turques envoyées par le sultan Mahmoud pour la réduire à l'obéissance, succombait enfin sous les armées égyptiennes appelées au secours de l'islamisme, et commandées par Ibrahim-Pacha, vassal du sultan, et fils de Méhémet-Ali, pacha d'Égypte. Ibrahim, maître de la Morée par ses troupes, et maître de la mer par les flottes égyptienne et turque réunies dans la rade de Navarin, attendait, immobile, le résultat des négociations entre les puissances et le sultan, prêt à exécuter les conditions du traité qui interviendrait, et à évacuer ou à retenir le continent grec. Un armistice d'un mois, pour donner du temps aux négociations, avait été conclu entre les parties belligérantes. Cet armistice expirait le 20 octobre 1827. Aucune déclaration de guerre n'avait été adressée à la Porte; une paix tacite existait, au contraire, de fait et de droit, entre les puissances chrétiennes et le généralissime des forces ottomanes. Les trois amiraux, Heyden pour les Russes, Codrington pour les Anglais, de Rigny pour la France, croisaient et stationnaient devant les côtes de la Morée comme des témoins médiateurs, et non comme des ennemis, entretenant des rapports quotidiens avec Ibrahim. Ils lui imposaient seulement une temporisation et une cessation d'hostilités contre les Grecs, dans un intérêt d'humanité qu'Ibrahim comprenait et exécutait lui-même en attendant les résultats de la négociation ouverte à Constantinople.

XXI

Pendant cette espèce de trêve tacite, la flotte égyptienne et turque combinée était à l'ancre; rangée sur trois rangs de poupes, formée en croissant et protégée par les forts de Navarin. Elle se composait de quatre-vingt-dix bâtiments, dont quatre vaisseaux de ligne, seize frégates, trente corvettes, matériel et arsenal immense de tout l'Orient. Tahyr-Pacha la commandait. Seize mille Turcs ou Égyptiens la montaient. Imposante, mais pleine de sécurité, puisque la Turquie et l'Égypte n'étaient en guerre avec aucune des puissances navales de l'Europe, cette flotte s'était accumulée d'un seul côté de la rade de Navarin, comme pour laisser place aux flottes combinées des puissances dans une mer neutre. Cette confiance laissait ainsi toutes les forces navales de l'Égypte et de la Turquie rangées d'elles-mêmes en immense bûcher, pour être allumé et incendié d'un seul coup par le feu de l'Europe. Elle n'était préparée à aucune hostilité. Le généralissime Ibrahim lui-même, soit confiance dans le droit des nations, soit embarras de répondre seul aux sommations impatientes des amiraux, avait quitté pour quelques jours son quartier général de Navarin, pour visiter ses corps d'armée dans le Péloponèse. Le premier délai imposé à la Porte expirait pour les puissances le 20 octobre, mais d'autres délais, nécessités par les distances et par les lenteurs d'une si épineuse médiation, avaient été admis en fait, et rien ne motivait, avant des déclarations formelles et préalables d'hostilités, une agression soudaine et imprévue des amiraux européens.

Leurs trois escadres, entrées depuis quelque temps dans la rade, étaient venues mouiller, comme en pleine paix, en face, bord à bord, avec les vaisseaux ottomans, dont les principaux officiers étaient à terre, en entière sécurité. Les lois de la paix, les lois de la guerre, la neutralité, la loyauté, l'humanité, tout imposait aux commandants de ces trois escadres une attitude digne, conforme sans doute aux intentions de leurs nations, mais inoffensive envers une flotte encore amie. Telles étaient les instructions écrites des trois amiraux; mais, poussés par le souffle de popularité ardente qui se passionnait en ce moment de l'esprit de religion, de liberté et d'humanité pour la Grèce, impatients de se signaler par une apparence d'exploits à tout prix à la tête des forces navales chrétiennes, ces amiraux ne recevaient déjà plus leurs instructions que d'eux-mêmes. Ils comptaient sur la faveur publique pour justifier devant leur gouvernement et devant l'Europe un sang répandu, dont une victoire populaire couvrirait aisément la faute aux yeux de l'opinion. Les instructions verbales ou tacites, reçues au départ par ces amiraux des fanatiques de la cause grecque à Londres, à Saint-Pétersbourg, à Paris, leur donnaient une latitude et un encouragement à tout oser qui dépassaient leurs instructions écrites.

L'esprit public débordait les gouvernements. Les trois puissances avaient formellement interdit aux commandants de leurs escadres tout acte d'agression; mais le duc de Clarence, depuis roi d'Angleterre, et alors grand amiral, en remettant à l'amiral Codrington les ordres de l'amirauté, lui avait dit en appuyant son mot d'un geste militaire : « Allez toujours, et tombez sur eux ! » La Russie avait trop d'avantage à se populariser par une éclatante intervention parmi six millions de ses coreligionnaires grecs en Europe et en Asie, pour afficher plus de scrupules; la France, plus intéressée que les deux autres puissances à ne pas anéantir sur la Méditerranée les forces navales d'une puissance amie, seul contre-poids aux flottes de l'Angleterre ou de la Russie en Orient, avait remis son escadre à un officier jeune, ambitieux et renommé, heureux de l'occasion si rare d'illustrer à la fois son pavillon et son nom dans une cause où l'on pardonnait tout d'avance au courage.

XXII

Un coup de feu de hasard ou prémédité, parti on ne sait de quel bord, au milieu de cette confusion de cinq escadres dans une même rade, donne le prétexte ou le signal de l'engagement. L'amiral anglais commande par droit de l'âge; sûr du concours de ses deux collègues, il foudroie le premier la flotte ottomane; l'amiral de Rigny et l'amiral Heyden ouvrent leur feu sur les vaisseaux encore muets qui sont devant eux. Une explosion continue écrase et démolit un à un les bâtiments turcs sous les bordées des trois escadres. Immobiles à l'ancre, pressés les uns sur les autres, se communiquant bord à bord l'incendie dont ils sont dévorés, les Égyptiens et les Turcs répondent avec l'intrépidité du fatalisme au feu des chrétiens. Leurs batteries, éteintes par les vagues où ils sombrent, tirent jusqu'au dernier canon qui surnage dans leurs sabords; leurs vaisseaux, en éclatant sous l'explosion des soutes, couvrent le ciel de leur fumée, la rade de leurs débris; les cordages coupés par les boulets ou brûlés par les flammes laissent dériver sur les récifs les coques fumantes de leurs navires. En deux heures, huit mille de leurs marins ont jonché les ponts ou les flots de leurs cadavres; à peine quelques centaines d'hommes blessés par les batteries des forts attestent sur les escadres européennes les convulsions de l'agonie de la flotte ottomane. La fumée en se dissipant ne découvre que les restes embrasés de quatre-vingt-dix bâtiments de guerre, dont les flots jettent les débris, comme une expiation, au pied des falaises de la nouvelle Grèce.

Telle fut, non la victoire, mais l'exécution de Navarin. Un cri d'horreur l'apprit à l'Asie, un cri de délivrance la salua en Grèce, un cri d'enthousiasme l'applaudit en Europe. Quand le sang-froid fut revenu, l'Europe hésita sur le nom à donner à cette conflagration des deux flottes ; héroïque pour les uns, elle restait incendiaire pour les autres. On finit par l'éteindre dans le silence, de peur d'en scruter trop avant les mystères et d'y rencontrer quelque iniquité.

On assure que l'amiral de Rigny, enivré d'abord de la popularité que la cause grecque jeta sur sa participation à cet incendie naval de Navarin, finit par se reprocher à lui-même une gloire qui n'était pas complétement justifiée par sa conscience, et que les scrupules de Navarin troublèrent sa vie et hâtèrent sa mort prématurée.

Mais la France, au moment où elle apprit cet événement, n'y vit qu'un triomphe pour la religion, pour la liberté et pour elle, et si quelque chose avait pu rendre au roi de France et à M. de Villèle une popularité perdue, ils l'auraient retrouvée à Navarin, comme ils pensaient déjà à la reconquérir à Alger ; mais les popularités sont fugitives et les impopularités sont implacables. Navarin et Alger devaient le prouver également à Charles X.

XXIII

Les puissances occidentales, réunies par leurs représentants au congrès de Londres, hésitaient néanmoins encore à démembrer l'empire de Mahmoud II. Elles stipulaient que la Grèce reconnaîtrait toujours la suzeraineté du sultan, payerait le tribut, et rappellerait seulement par son gouvernement propre et héréditaire les constitutions de Valachie ou de Moldavie.

Cet acte du 16 novembre 1828 fut répudié avec un cri d'indignation par le dictateur provisoire du Péloponèse, le comte Capo d'Istria, protégé de la Russie, homme d'État autant que patriote. Une conjuration aristocratique des chefs et des clients de la famille Mauromicalis arma le jeune Mauromicalis et son neveu pour assassiner le dictateur. Capo d'Istria tomba sous les balles de ce groupe d'assassins, qui commençaient l'indépendance par le crime (1829). Le chef des meurtriers, saisi dans la maison du ministre de France, fut fusillé au pied d'un platane. Les sauvages clephtes des montagnes pleurèrent le dictateur et comparèrent les assassins à Harmodius et à Aristogiton. Ces fanatiques n'avaient tué dans Capo d'Istria que la lumière et la vertu de leur nouvelle patrie.

La France, la Russie et l'Angleterre proposèrent alors (1830) la couronne indépendante de la Grèce au prince Léopold de Saxe-Cobourg, veuf de la princesse Charlotte d'Angleterre et candidat naturel à tous les trônes secondaires qu'il conviendrait à la diplomatie de créer. La France désigna pour ministre plénipotentiaire auprès de ce roi de la Grèce l'auteur de ce récit. Le prince de Saxe-Cobourg, au moment de partir pour la Grèce, hésita devant les prodigieuses difficultés de la création d'une monarchie constitutionnelle dans une contrée où la civilisation trop antique ou trop récente ne promettait que de longues oscillations au gouvernement. Le jeune prince Othon de Bavière fut proclamé roi des Grecs.

XXIV

Nous avons anticipé ici de quelques années sur les événements, pour raconter d'une seule haleine le démembrement de la Grèce. Remontons à l'année 1826, et racontons l'effort héroïque et désespéré de Mahmoud pour régénérer l'empire ainsi démantelé.

On a vu que la lâcheté, l'insolence et l'indiscipline des janissaires avaient été depuis trois trois règnes la honte et la faiblesse des armées ottomanes. C'est l'institution des janissaires qui avait livré la Crimée, la Bessarabie, la Moldavie, la Valachie aux Russes, et qui livrait en ce moment même le Péloponèse et les îles aux Grecs révoltés. L'opinion publique, soulevée contre une milice qui ne savait que troubler l'empire et non le défendre, secondait le ressentiment de Mahmoud, et lui donnait enfin l'occasion épiée en vain par ses prédécesseurs et par lui-même. Il conspira à son tour contre ces éternels conspirateurs. Le massacre des strélitz n'avait été pour Pierre le Grand qu'une explosion de colère, l'extinction des janissaires fut pour Mahmoud un plan concerté.

XXV

Sûr du grand vizir, dont l'autorité absolue avait décliné sous son règne et dont il supprima bientôt le titre, appuyé sur Husseïn, pacha de Widdin, créateur des troupes disciplinées et prêt à frapper comme à organiser pour le salut de son maître, autorisé par le mufti, oracle vénéré de la loi, ouvertement encouragé par les oulémas, organes de l'opinion religieuse, Mahmoud, avant de frapper, voulut provoquer un flagrant délit de révolte et de crime dans la milice proscrite. Il rassembla en conseil de réforme le mufti, les oulémas, le grand vizir, les vizirs de la coupole, Husseïn-Pacha, Islet-Pacha, Kosrew-Pacha, et, après avoir sondé devant eux le mal, il proposa le remède. C'était un firman de réformation en quarante-six articles, qui organisait et disciplinait le corps des janissaires, sur le modèle des nizams-djérids, troupes régulières tant de fois tentées, tant de fois vaincues par l'obstination des janissaires.

La promulgation de cette réforme par le grand vizir souleya, comme le sultan s'y attendait; la résistance de la milice réformée. Une conjuration d'abord sourde, bientôt tumultueuse, s'organisa dans la nuit du 15 juin 1826.

Cette irrésolution se prolongeait depuis près d'un mois quand tout à coup la sédition éclata. La nuit du 15 juin 1826, les conjurés se rendirent isolément ou deux à deux sur la place de l'Atméidan, qu'ils choisirent pour le centre de leurs opérations. Ils adressèrent à tous les officiers et soldats, excepté à quelques capitaines et ortas sur lesquels ils ne comptaient pas, l'invitation de venir se joindre à eux. Bientôt la place se remplit de rebelles. Les chefs en envoyèrent un détachement attaquer l'aga dans son hôtel, et expédièrent successivement plusieurs messagers à l'intendant général Hassan-Aga, pour tâcher de l'attirer vers eux. Hassan-Aga dit à ces émissaires : « Je ne puis aller seul au rendez-vous ; j'ai fait prévenir tous les commandants des compagnies ; quand ils seront venus, nous irons tous ensemble. » Il se débarrassa d'eux avec cette réponse et échappa au piège qu'on lui tendait. Il demeura chez lui en attendant la venue des capitaines, en proie aux plus vives angoisses, *le dos appuyé contre le mur de la stupéfaction.*

La troupe qui s'était dirigée vers l'hôtel de l'aga y arriva au moment où Djelal-Eddin, revenant de faire une ronde dans le quartier du château des Sept-Tours, se disposait à se mettre au lit. Il était dans un lieu secret lorsqu'on entra, et il dut son salut à cette circonstance. Les soldats, ne le trouvant pas sur-le-champ, supposèrent qu'il n'était pas chez lui, et pressés d'aller se livrer au pillage, but principal de l'insurrection, ils retournèrent précipitamment à l'Atméidan ; mais avant de partir ils se dédommagèrent d'avoir manqué leur entreprise en brisant les portes et les fenêtres de l'hôtel et en mettant le feu en différents endroits. Heureusement ce feu s'éteignit de lui-même.

Dès que l'aurore parut, les conjurés firent sortir les marmites des casernes, et les apportèrent à l'Atméidan ; ils coururent à la caserne des *djebedjis* (armuriers) et des *serradjis* (selliers), pour s'emparer aussi des marmites de ces corps. La compagnie du djebedji-baschi (5ᵉ orta) leur livra les marmites, et par là le brave corps des armuriers se trouva entraîné dans le parti de l'insurrection.

En même temps les chefs envoyaient des sous-officiers dans les quartiers du château des Sept-Tours, d'Asma-Alti, de Cabbani-Dakik, réceptacle de tous les mauvais sujets de la capitale, pour les engager à se joindre à eux. Ils répandirent le bruit que le grand vizir Husseïn-Pacha, l'aga et tous les grands fonctionnaires étaient pris ou tués. Ils cherchaient par ces fausses nouvelles à soulever la populace et à l'exciter au pillage. Bientôt on vit accourir les portefaix, les mercenaires et les gens sans aveu qui remplissent les rues de Constantinople. Les rebelles formaient alors une masse imposante. Une troupe de furieux marche sur l'hôtel du grand vizir, conduite par Mustafa le fruitier. Une autre troupe, ayant à sa tête Mustafa l'ivrogne, va saisir l'instructeur Daoud-Aga, et saccage la maison de l'agent du vice-roi d'Égypte, Nedjib-Effendi, contre lequel les janissaires nourrissaient une haine profonde. Nedjib-Effendi était à sa campagne de Canlidjik ; sa vie ne courut point de danger, mais on enleva de chez lui des dépôts qui lui étaient confiés par divers pachas et dont la somme se montait à plus de huit mille bourses.

Par un heureux hasard, le grand vizir avait aussi passé la nuit à sa maison de Beglerbeg. Ses femmes, en entendant le bruit des factieux qui se précipitaient en foule dans l'hôtel, se réfugièrent effrayées dans un souterrain situé au milieu du jardin. Elles échappèrent ainsi à leurs regards et à leurs violences. Ils pillèrent l'hôtel, s'emparèrent des effets précieux, et d'environ six mille bourses d'argent.

Pendant ce temps, des janissaires se répandaient de tous côtés et parcouraient les rues en criant : « Mort aux donneurs de fetwas, aux écrivains juridiques, à ceux qui nous résistent, à toute personne portant *caouk*[1]! Nous prendrons leurs femmes et leurs enfants ; les garçons et les filles seront vendus dix piastres la pièce, les habits cinq piastres. Que tous les marchands ouvrent leurs boutiques ; si on leur vole un morceau de verre, nous leur rendrons un diamant en échange. Si un des nôtres fait au peuple quelque avanie, nous le hacherons à l'instant ! »

Ces voix tumultueuses, retentissant par toute la ville au point du jour, arrachèrent brusquement les citoyens honnêtes au repos et les *plongèrent dans l'océan de l'inquiétude*.

Un poëte a dit : « O toi qui t'es endormi dans une douce sécurité, la catastrophe t'attend à ton réveil. » C'est ainsi que la nouvelle effrayante de la rébellion interrompit le sommeil des fonctionnaires publics et des grands de l'État. Elle parvint au grand vizir, dans sa maison de Beglerbeg, avec la rapidité de l'éclair. Le grand vizir prit à l'instant toutes les dispositions convenables. Il dépêche son frère et son intendant vers Husseïn-Pacha et Mohammed-Pacha, pour leur dire de se rendre promptement au sérail, au point nommé *yalikeuchk* (kiosque du bord de l'eau), et d'amener leurs troupes avec eux. Il monte dans sa barque, et, se confiant à la Providence, il part seul avec son cafetier Osman-Aga. Arrivé au kiosque, il fait appeler Mohammed-Émin de Chypre, intendant des trésors du palais, qui, selon l'usage des officiers investis de cet emploi, couchait pendant l'été dans le sérail neuf. Il le charge d'aller

---

[1] C'est le bonnet des hommes de plume, des gens de loi et des onctionnaires en costume civil.

porter aux pieds de Sa Hautesse l'annonce des événements qui se passent, de lui demander la permission de faire paraître le drapeau du Prophète, et de la supplier de se montrer aux troupes.

En même temps, il fait avertir le mufti, qui ne tarde pas à venir le joindre. Les pachas Husseïn et Mohammed arrivent aussi au rendez-vous. Alors des messages sont envoyés aux docteurs (*damchmènds*), aux maîtres (*khodjas*) et aux étudiants, pour les appeler tous, dans cette grande crise, à la défense du trône. Le grand vizir fait passer des ordres aux ridjals de la Porte, aux officiers de sa maison, à l'intendant de l'arsenal, au général de l'artillerie (*topdjibaschi*), au commandant des soldats du train, au chef des bombardiers, au chef des mineurs, pour qu'ils s'empressent d'amener leurs troupes au sérail.

Cependant l'intendant général, Hassan-Aga, qui était resté dans sa maison, en proie à l'inquiétude, avait vu successivement arriver près de lui les chefs de compagnie et quelques écrivains, mutevellis et odabaschis restés fidèles au sentiment du devoir.

La plupart avaient passé par la place de l'Atméidan et lui rendaient compte des progrès de l'insurrection. Il se rendit avec eux à l'hôtel de l'aga des janissaires. L'aga Djelal-Eddin avait disparu. L'intendant s'était installé dans l'hôtel et avait député le chef des écrivains, Raschid-Effendi, auprès des rebelles, pour leur dire d'expliquer leurs intentions. Ils s'écrièrent d'une voix unanime : « Nous ne voulons point de l'exercice des infidèles; l'ancien usage des janissaires est de tirer à balle sur des pots de terre et de couper avec le sabre des rouleaux de feutre. Tels sont nos exercices militaires; nous demandons la tête de ceux qui ont conseillé l'ordonnance. » Et ils désignèrent par leurs noms plusieurs grands fonctionnaires, plusieurs officiers de la cour du sultan. Ils renvoyèrent l'écrivain avec cette réponse audacieuse. Hassan-Aga la fit porter aussitôt au kiosque du bord de l'eau, par le même Raschid-Effendi, qui la répéta fidèlement au grand vizir en présence de tous les grands dignitaires. Le grand vizir fut saisi d'indignation : « Le nouveau système militaire que nous avons adopté, dit-il, est conforme à la raison aussi bien qu'à la loi religieuse; il a l'assentiment de tous les oulémas. C'est pour l'honneur et la puissance de la monarchie ottomane que nous voulons le faire exécuter. Nous ne souffrirons pas qu'il soit enlevé une seule pierre de cet édifice sacré. Avec l'assistance de Dieu nous écraserons les rebelles; nous allons tirer contre eux le glaive de la vengeance. Allez leur porter cette réponse. »

Tous les assistants approuvèrent ces paroles énergiques. L'écrivain partit. Le grand vizir et les personnages rassemblés près de lui, quittant le kiosque, se transportèrent dans l'intérieur du sérail, au lieu nommé la Ménagerie, qui était le rendez-vous général indiqué. Bientôt les principaux oulémas, les professeurs et les étudiants accoururent en foule. Le général de l'artillerie (*topdjibaschi*), le commandant des soldats du train (*arabadjibaschi*), le capitaine d'artillerie à cheval, Ibrahim-Aga, célèbre par ses exploits, et surnommé *l'Infernal*, arrivèrent avec des canons. Ahmed-Aga, chef des huissiers de l'arsenal, amena les soldats de marine. Les mineurs parurent conduits par leurs officiers. Tous ces fidèles serviteurs de l'État, réunis dans les vastes cours du sérail, attendirent que Sa Hautesse vînt s'offrir à leurs regards.

L'intendant des trésors du palais, Mohammed-Émin, chargé du message du grand vizir pour le sultan, avait volé à Bechik-Tagh, résidence de Sa Hautesse. Il instruisit le sultan de la révolte des janissaires, et lui dit que tous les amis dévoués de la monarchie, rassemblés au sérail, attendaient ses ordres pour marcher contre les factieux, et espéraient qu'il viendrait leur donner, par sa présence, un gage assuré de la victoire.

Aussitôt le sultan commande de mettre en mer le bateau destiné à ses promenades. Tandis qu'on prépare l'embarcation, il expédie un de ses serviteurs intimes, Aboubekre-Effendi, au grand vizir, pour lui demander quelques détails précis, et lui transmettre quelques ordres dont l'idée venait de surgir à l'instant *dans son esprit éclairé par les lumières célestes.*

Mais, impatient de se présenter aux braves défenseurs du trône, il ne peut attendre le retour d'Aboubekre; il n'écoute que son ardent courage, suspend son sabre à sa ceinture, et monte dans le bateau, où son fidèle secrétaire, Mustafa-Effendi, prend seul place avec lui. Son silihdar (porte-glaive) et les autres officiers de sa cour le suivent dans des barques. On force de rames et l'on aborde bientôt au sérail, à la porte *du Canon.* Traversant ces lieux enchanteurs, véritable paradis terrestre, séjour des monarques ottomans, le sultan se rend à la vaste salle nommée Sunnet-Odacy (chambre de la circoncision). Partout sur son passage il donne une vie nouvelle et répand dans les cœurs le feu sacré de l'enthousiasme et du dévouement. Il fait venir le grand vizir, le mufti, tous les fonctionnaires et les oulémas réunis dans la Ménagerie, et leur adresse la parole en ces termes :

« Vous savez tous combien, depuis le jour de mon avènement au trône, j'ai mis de soin et de zèle à servir les intérêts de la religion et à faire le bien du peuple qui m'est confié par la Providence. Vous savez surtout combien les janissaires, dont les mouvements séditieux ont si souvent porté atteinte à ma couronne, ont trouvé en moi d'indulgence pour des actes bien capables cependant de lasser la patience la plus débonnaire. Pour éviter l'effusion du sang, je leur ai pardonné; j'ai fait plus, je les ai comblés de faveurs. Enfin, sans y être forcés autrement que par des bienfaits, ils ont pris l'engagement de se conformer aux dispositions de l'ordonnance nouvelle. Le refus qu'ils font aujourd'hui d'exécuter leur promesse, la violation du contrat légal signé par eux et sanctionné par toutes les autorités civiles et religieuses, l'exaltation furieuse qu'ils déploient, les prétentions insolentes qu'ils osent manifester, tout cela ne constitue-t-il pas une véritable révolte contre le souverain? Pour repousser ces traîtres, pour étouffer l'insurrection, quelles mesures jugez-vous convenables? Quelle est l'opinion des interprètes de la loi sur l'emploi de la force des armes? »

Les oulémas répondirent unanimement : « La loi ordonne de combattre les factieux. Le Coran a dit : « *Si des hommes* » *injustes et violents attaquent leurs frères, combattez ces* » *agresseurs et renvoyez-les à leur juge naturel.* »

Aussitôt les assistants s'écrièrent tout d'une voix : « Vaincre ou mourir, telle est notre résolution! Dieu sera notre aide, et nous sacrifierons, s'il le faut, notre vie pour le sultan ! »

Au milieu de l'enthousiasme général, le professeur Abderrahman-Effendi, emporté par l'excès de son ardeur guerrière, jeta vivement par terre le chapelet qu'il tenait à la main, en criant : « Qu'attendons-nous? courons tous aux ennemis, écrasons-les, foudroyons-les sous la mitraille! »

Cette troupe de braves, animée de cet esprit d'union qui fait la force, après avoir prié le sultan de faire sortir l'étendard du Prophète, se disposait à marcher vers les rebelles, quand le sultan dit : « Et moi aussi je veux aller combattre au milieu des vrais croyants, et punir les ingrats qui m'offensent. » A ces mots, tous les officiers qui l'entouraient élevèrent leurs voix suppliantes pour le détourner de cette résolution. « Nous conjurons Votre Hautesse, dirent-ils, de ne pas compromettre son auguste personne en se présentant sans nécessité devant un vil ramassis de factieux. Qu'elle déploie l'oriflamme musulmane, et se livre tranquillement au soin de faire des vœux pour le salut de l'empire, pour le triomphe de la bonne cause. Il suffit à ses fidèles serviteurs qu'elle aide leurs efforts de ses puissantes prières. »

Le sultan céda à leurs instances; il ordonna qu'on envoyât des crieurs parcourir les rues de Constantinople et des trois villes (Galata, Péra, Scutari), pour appeler tous les musulmans à venir se ranger sous l'étendard du Prophète, autour du monarque, souverain pontife de la religion. Cet ordre, transmis promptement au tribunal de Constantinople, devait être porté de là aux imans des différents quartiers par les huissiers du *mehkémé* (cour de justice). En même temps, on appela au sérail plusieurs personnages marquants, qui étaient restés chez eux occupés à prier pour le triomphe du droit, et tout prêts à y concourir de tous leurs efforts.

Les crieurs et les huissiers du tribunal, par un effet de

la protection divine, dérobèrent leurs démarches à la connaissance des insurgés, et remplirent heureusement leur mission. A leur voix le peuple se lève. En moins d'une demi-heure, de nouvelles troupes d'étudiants, leurs maîtres en tête, des habitants de tous les quartiers avec leurs imans, les gens de Galata, de Péra et de Scutari, conduits par leurs magistrats, débouchent de tous côtés sur la place du sérail, et y prennent position.

Tandis qu'ils arrivent, le sultan va chercher lui-même, dans la salle où il est conservé, le *cyprès majestueux du jardin de la victoire*, le drapeau vert du prince des prophètes. Il le remet, en invoquant l'assistance céleste, entre les mains du grand vizir et du mufti, qui le confient aux musulmans pressés autour d'eux. Le professeur Ahmed-Effendi d'Akiska adresse à ceux qui le reçoivent une allocution entraînante, qui leur fait verser des larmes d'enthousiasme. On tire des magasins du palais des sabres, des fusils, des cartouches, qu'on distribue à ceux qui n'ont point d'armes; et tous ces champions dévoués de la foi et du trône, poussant les cris terribles de : « Allah ! Allah ! » s'élancent hors de la porte du sérail, courent à la mosquée du sultan Ahmed, et plantent au bout de la chaire le glorieux étendard de Mahomet.

Le sultan, après avoir de nouveau appelé les bénédictions du ciel sur les guerriers auxquels il venait de confier l'oriflamme sacré, monta à cheval escorté de son porteglaive, Ali-Aga, de son premier valet de chambre, Aboubekre-Effendi, de son secrétaire, Mustafa-Effendi, et d'Ahmed-Schakir-Effendi, officier du mabeïn (appartement intérieur attenant au harem). Il alla par les jardins particuliers du sérail s'installer dans le pavillon situé au-dessus de la porte impériale, pour être à portée de recevoir promptement les nouvelles des événements. Il voyait passer sur la place les bons citoyens qui couraient se ranger sous le drapeau du Prophète, et les accompagnait de ses vœux.

XXVI.

Pendant que Mahmoud, âme intrépide, s'indignait d'être retenu par la dignité du pouvoir suprême dans l'immobilité de son kiosque, d'où il dominait les événements dont son trône et sa vie étaient le prix, le véritable chef de l'entreprise, Husseïn-Pacha, Mohammed-Pacha, le grand vizir, les ministres, les oulémas du parti du sultan, se réunissaient à la mosquée voisine d'Ahmed. Là, entourés de minute en minute par la masse croissante des musulmans fidèles au trône et des troupes convoquées par Husseïn, ils délibéraient sur les moyens de pacifier ou d'anéantir la sédition. « Délibérer quand il faut frapper, dit Husseïn-Pacha, c'est se déclarer vaincu d'avance. — Ce n'est pas avec des paroles, c'est avec le sabre qu'on lève les doutes des factieux, » ajouta Mohammed-Pacha. Et, sans attendre la réplique des hommes de loi et des hommes d'Église, Husseïn et Mohammed, revêtant les costumes militaires les moins éclatants, montèrent à cheval, et, entraînant avec eux un régiment d'artillerie avec ses pièces et une poignée de soldats et de marins dévoués, ils montèrent par la rue du Divan à la place de l'Atméidan, où les janissaires, en tumulte, étaient réunis devant leurs casernes. Des groupes armés de fidèles musulmans grossissaient en route cette colonne, pendant que d'autres, guidés à l'Atméidan par d'autres rues, s'avançaient en silence, pour déboucher en même temps sur cette place, champ de bataille ordinaire et champ de victoire habituel des séditieux.

Quelques janissaires indécis s'étaient présentés isolément à la mosquée d'Ahmed, devant le grand vizir et le mufti, pour leur demander ce qu'ils avaient à faire : « Peuple de Mahomet, s'écria le mufti comme inspiré par l'esprit du Prophète, qu'attends-tu? Pour plaire à Dieu et pour obéir au sultan, son ombre, vole au secours de tes frères aux prises déjà avec les impies ! »

A ces mots, la foule qui entourait encore la mosquée pousse une immense acclamation vers le ciel, et se précipite en nouvelles colonnes sur les pas d'Husseïn et des artilleurs.

XXVII

Les janissaires, qui avaient placé des avant-postes dans la grande rue du Divan et dans les cours de la magnifique mosquée de Bajazet, entendant ces cris unanimes du peuple, et apprenant que l'oriflamme, ce signe sacré de la victoire, était sorti du sérail et les dévouait à l'extermination des fidèles croyants, se repliaient sur l'Atméidan. Ils en fermèrent la grande porte et s'y barricadèrent comme dans une forteresse.

Avant de leur donner l'assaut, les généraux s'avancèrent à portée de la voix et les sommèrent de se soumettre au sultan, en leur promettant d'implorer sa clémence en faveur de ces soldats repentants. Une clameur injurieuse fut la seule réponse qui s'éleva de cette multitude tant de fois victorieuse des sultans et du peuple; ces hommes ne pouvaient croire que leur jour suprême était arrivé; ils se croyaient encore prêts à donner eux-mêmes leurs caprices pour lois au sérail et à l'empire.

Husseïn, ayant alors accompli, pour complaire au peuple, cette dernière tentative de conciliation, donna l'ordre aux canonniers de faire feu et d'enfoncer les portes de la place à coups de canon. Le commandant des artilleurs, pour accroître par une ruse meurtrière la sécurité des janissaires massés derrière les portes et pour préparer plus de victimes à sa mitraille, éleva la voix assez haut pour être entendu à l'intérieur de l'Atméidan, et cria à ses canonniers : « Non, ne tirez pas encore, car les poudres que nous attendons ne sont pas arrivées. »

Les janissaires, trompés par ces paroles et croyant qu'ils pouvaient sans danger se grouper en masse derrière les portes d'où ils regardaient les pièces et insultaient les artilleurs, restèrent comme un vil troupeau parqué devant la mitraille. Le canon, en brisant la porte et les barricades, joncha de leurs cadavres la place où ils s'étaient accumulés. Mohammed-Pacha s'élance par cette brèche le premier, avec une poignée d'artilleurs et l'iman ou aumônier du régiment, suivi, malgré le feu des janissaires, par la colonne entière du peuple et des soldats. Les janissaires voyant la place submergée de troupes, de peuple, d'armes et de canons, se replient en désordre sur leurs casernes, situées de l'autre côté de l'Atméidan, en face des portes enfoncées. Entassés au nombre de sept à huit mille dans cette forteresse, mais sans plan, sans chefs, sans munitions, sans écho dans la multitude, ils tirent en vain par les portes et par les fenêtres du vaste édifice; un intrépide canonnier, nommé Mustafâ, brave leur feu pour l'éteindre, et, s'avançant une torche à la main vers une espèce de bazar en planches, qui servait d'étaux aux bouchers des ortas, et qui bordait les casernes, il y allume un foyer immense qui, aidé par le vent, souffle la flamme et la fumée sur les casernes. En un moment les tourbillons de feu enveloppent l'édifice, et s'y communiquent, pendant que des volées de canons chargés à mitraille foudroient les murailles et jonchent de cadavres les fenêtres, les cours, les portes par lesquelles les janissaires tentent d'échapper aux flammes. La fumée de ce vaste bûcher, dont trois mille rebelles aspiraient en hurlant les flammes, s'éleva bientôt au-dessus de l'Atméidan, de la mosquée d'Ahmed, des cyprès des jardins du sérail, et apprit aux Européens de Péra (partie de la ville séparée par un bras de mer du quartier des Turcs) qu'un drame sinistre s'accomplissait sous ce nuage sans qu'ils pussent en comprendre encore la cause, la portée et le résultat. Le canon répondait coup sur coup au cri de la soldatesque immolée dans son repaire. Étaient-ce des cris de victoire ou des cris de mort? Nul ne le savait encore dans l'immense ville. Toute la crise d'où allait dépendre le sort de l'empire était concentrée dans l'étroit espace entre la porte du sérail et les casernes de l'Atméidan.

XXVIII

Les janissaires n'étaient plus; tout ce qui n'avait pas péri dans les flammes ou sous la mitraille se dérobait par la fuite à la vengeance tardive, mais inexorable, du peuple et du sultan. Husseïn et les autres pachas vainqueurs firent dresser une tente sur le champ du carnage, et, à l'exemple de Sylla dans les grandes proscriptions de Rome, ils lancèrent leurs bandes armées dans tous les quartiers de Constantinople à la poursuite des janissaires échappés à l'incendie et à la mitraille; chefs et soldats traînés devant leur tribunal y furent décapités et jetés à la mer. La terreur que ces hordes séditieuses avaient, pendant tant de siècles, répandue dans le sérail, plana à son tour sur tout ce qui avait appartenu au corps des janissaires. Mahmoud avait vengé Sélim, et il put enfin se dire souverain. Il avait joué dans une journée décisive, héroïque, mais lentement préparée, sa vie, le trône, l'empire. Sa volonté avait triomphé; pour régénérer maintenant l'empire, il ne lui fallait que du bonheur. Les réformateurs n'en ont jamais qu'après leur mort.

XXIX

La révolte était anéantie. Un grand nombre de janissaires avaient perdu la vie dans le combat. Ceux qui s'étaient sauvés du carnage et tous leurs partisans, remplis d'inquiétude et d'effroi, se tenaient soigneusement cachés. Cependant la prudence conseillait de prendre des mesures de sûreté et de faire une police exacte. Des postes nombreux furent établis tant à l'intérieur qu'aux portes de Constantinople et dans les villages des environs. On prescrivit des perquisitions sévères et la plus grande vigilance.

Après leur victoire, Hussein-Pacha et Mohammed-Pacha avaient fouillé soigneusement les casernes et les alentours. Tous les janissaires et leurs adhérents, échappés de l'Atméidan, que l'on put saisir là et ailleurs, furent envoyés sous bonne escorte à l'hippodrome.

La nuit suivante, les recherches continuèrent avec activité. Un grand nombre des promoteurs de l'insurrection furent reconnus et saisis sous différents déguisements. Beaucoup d'autres rebelles furent arrachés du fond des cachettes où ils étaient tapis *comme des serpents transis de froid*, dit le récit turc. Amenés successivement au tribunal du grand vizir, ils furent foudroyés par la *vengeance de la loi* et livrés aux *griffes* de la strangulation. Parmi eux se trouvaient tous les officiers, sous-officiers et anciens, dont la pernicieuse influence avait agité *l'écumoire de la chaudière de la sédition*, notamment, l'ancien seymen-baschi Mustafa; le vice-intendant Mustafa; Yousef le Kurde; Mustafa, administrateur du 25ᵉ orta; son frère, Mohammed le pâtissier; le cuisinier-maître du 5ᵉ orta, qui avait fait sortir les marmites du régiment des armuriers; le matelassier Hussein, ancien cuisinier-maître; le chaudronnier Nedjib, homme au teint cuivré, à l'aspect sombre et farouche, sur *l'horrible front duquel semblait gravé le proverbe : Le fils du loup n'est jamais qu'un loup.* Son père, le chaudronnier Mustafa, avait été le plus acharné des factieux, le plus ardent instigateur des troubles dans la catastrophe qui coûta la vie et le trône au sultan Sélim.

Au nombre de ces victimes était encore le commandant des pompiers, qui avait eu une part active dans toutes les séditions. Depuis longtemps il s'enrichissait de rapines et tirait du trésor des sommes considérables, sous prétexte de réparations et renouvellement des pompes. « Aga, lui dit le vizir, toi dont la mission était de courir aux incendies pour les éteindre, pourquoi n'es-tu pas venu offrir tes services quand la caserne était en flammes? » L'aga répondit avec un sourire ironique : « Cet incendie-là était par trop violent pour pouvoir être arrêté! D'ailleurs, le devoir d'un sujet du sultan était plutôt de l'attiser. « Le vizir ajouta : « Si tu avais connu tes devoirs envers le sultan et envers la religion, tu aurais répondu à l'appel de notre monarque dont la voix a retenti aux oreilles de tous les musulmans fidèles; tu aurais marché avec les bons citoyens et combattu sous l'étendard de Mahomet. Quelle est la peine due à la révolte contre le sultan, contre le pontife de l'islamisme? Va le demander au mufti! » A l'instant le commandant des pompiers fut entraîné dans la chambre basse. Les bourreaux lui passèrent autour du cou un lacet de peau de serpent. « Serrez, mes braves! » leur dit-il; et il mourut avec un courage féroce.

Mustafa le fruitier et Mustafa l'ivrogne, chefs des deux bandes qui avaient pillé les hôtels du grand vizir et de Nedjib-Effendi, après bien des recherches inutiles, furent enfin saisis dans des maisons où ils s'étaient cachés. Le fruitier était blotti dans un coffre sur lequel plusieurs femmes étaient assises. Osman-Aga fit porter le coffre même au grand vizir, qui l'envoya au sultan. En présence de Sa Hautesse, le bostandji-baschi tira Mustafa de son étroite prison et lui dit : « La clémence de notre généreux maître vous avait déjà pardonné bien des fautes ; vous étiez comblé de ses grâces, quel motif vous a porté à cette nouvelle révolte? » Le malheureux voulut nier la part qu'il y avait prise, et balbutia une réponse embarrassée. « Les révélations de tes camarades, poursuivit le bostandji-baschi, ont prouvé qu'au jour de l'insurrection, c'est toi qui as envoyé des misérables crier dans les rues qu'on prendrait les femmes des partisans du gouvernement, qu'on vendrait les filles et les jeunes garçons dix piastres, les habits cinq piastres. Peux-tu désavouer ce fait? » Mustafa fut contraint d'avouer qu'il avait employé ce moyen pour réunir du monde. Alors le sultan remercia le ciel d'avoir fait échouer ces odieux projets, et ajouta : « Béni soit le nom du Tout-Puissant qui a resserré dans un coffre étroit cet homme dont l'orgueil se trouvait à la gêne dans la vaste enceinte de Constantinople! »

XXX

Peu de jours après, vingt mille derviches, lèpre de l'empire, furent expulsés de la capitale et renvoyés dans les montagnes du Taurus, qu'ils infectaient, de tout temps, de leurs superstitions, de leur mendicité et de leurs scandales. En quelques mois, une armée régulière attesta par son courage et sa discipline le génie naturel des Ottomans pour la guerre. Mahmoud n'avait pas seulement détruit, il avait créé.

Mais la vertu de l'empereur Alexandre (mort en décembre 1825) ne contenait plus l'ambition russe dans les conseils de Saint-Pétersbourg. La complicité de la France et de l'Angleterre dans le démembrement de la Grèce fit présumer à l'empereur Nicolas que ses alliés lui livreraient sans objection les frontières de l'empire ottoman. Les armées russes, sous de vains prétextes de contraintes sur le divan pour l'amener à ratifier l'émancipation du Péloponèse, franchirent le Danube (en 1828) au nombre de cent vingt mille hommes. Les Russes étaient convaincus que l'empire, énervé par l'extermination et la proscription de quatre cent mille janissaires, fléchirait au premier geste devant eux. Les ambassadeurs de France et d'Angleterre abandonnèrent lâchement Mahmoud à la pression des Russes.

Mahmoud, délaissé par ses alliés naturels, ne se découragea pas. Cent mille hommes, sous le commandement d'Husseïn-Pacha, l'exterminateur des janissaires, se réunirent de Varna et de Schumla à Belgrade pour couvrir et défendre les forteresses de l'empire. L'empereur Nicolas de Russie vint animer ses généraux de sa présence (1828). Ibraïl et Matchin tombèrent au pouvoir des Russes. Varna, où le capitan-pacha Islet s'était renfermé, soutint deux mois d'assauts héroïquement repoussés des Russes. La trahison ou la lâcheté fit ce que les armes n'avaient pu faire. Le pacha de Varna, Yousouf, passa au camp des Russes, déclarant que l'obstination du capitan-pacha sacrifiait en vain les restes d'une ville incapable de se défendre. Les Russes firent un sort splendide à ce transfuge, riche cependant dans sa patrie d'immenses domaines près de Séres en Macédoine. Varna succomba.

Le grand vizir Sélim-Pacha, disgracié par Mahmoud pour son inertie, céda le sceau de l'empire au courageux Islet-Pacha vaincu, mais vaincu par la trahison seule à Varna. Son intrépidité était tout son génie militaire. Impuissant contre les Russes pendant la campagne de 1829 sur le Danube, Islet-Pacha fut remplacé par Reschid-Pacha, qui livra la bataille de Kuletscha, où les Turcs se servirent pour la première fois de la baïonnette contre les Russes. Schumla couvrit la retraite imposante de Reschid; Silistrie cependant tomba sous le canon de Diébisch. Les Balkans, rempart jusque-là infranchissable d'Andrinople, furent franchis; Reschid abandonna précipitamment Schumla pour atteindre les Russes dans leur marche rapide sur Andrinople. Vaincu encore à la bataille de Sélimno, ce revers livra à Diébisch l'entrée de la seconde capitale de l'empire. Rien ne fermait plus la route de Constantinople aux Russes que leur petit nombre et le désespoir des Ottomans.

Mahmoud subit la paix d'Andrinople, peu différente de celle de Bucharest. La Russie semblait se contenter d'imprimer successivement l'empreinte de ses pas sur les provinces de l'Europe ottomane, comme pour les marquer pour l'avenir de son sceau; elle se retirait ensuite avec une apparente modération, afin de ne pas provoquer les clameurs du monde.

XXXI

Toutes les adversités fondaient à la fois sur l'infortuné réformateur de l'empire; vaincu par les Russes, dépossédé par les Grecs, harcelé par les Anglais, abandonné par les Français, il ne lui restait qu'à subir l'agression d'un pacha révolté qui n'avait grandi de ses bienfaits que pour tourner contre son bienfaiteur.

L'indépendance de la Grèce, la prise d'Andrinople, la connivence de l'Angleterre et de la France au partage de la Turquie d'Europe, avaient tenté Méhémet-Ali d'une plus large dépouille de l'empire. L'empire tout entier peut-être n'était pas une perpective au delà de son ambition. La fortude l'avait encouragé à tout espérer. La révolution de 1830 en France avait donné le gouvernement au parti libéral; ce parti, par une coalition étrange, se confondait maintenant avec le parti bonapartiste, son ennemi naturel. Les préjugés soldatesques du parti bonapartiste nourrissaient on ne sait quelles préventions favorables, partiales même, pour Méhémet-Ali, soldat parvenu au faîte du pouvoir comme le maître de la France; on appelait ce pacha le Bonaparte de l'Arabie; on voyait à tort, dans ce souverain du désert de Suez, un ennemi des Anglais capable de leur disputer l'isthme et de les bloquer par la mer Rouge dans l'Inde. C'était un rêve dissipé d'avance par les deux occupations de l'Égypte, par les flottes et par les débarquements britanniques; mais le parti bonapartiste, nourri de ressentiments contre l'Angleterre, nourrissait à son tour de ces chimères diplomatiques l'opinion ignorante du peuple.

Méhémet-Ali connaissait et entretenait habilement sa popularité en France par l'enrôlement des Français, débris des armées de Napoléon, et par les faveurs dont il payait leur service. Ces lieutenants de Napoléon, tombés, lui formaient des instructeurs et des troupes; le génie arabe se plie admirablement au génie des Français. Une flotte et une armée formidables, un trésor accumulé, une diplomatie habile à flatter et à corrompre, une vogue d'opinion spontanée et soldée dans les journaux français à cette époque, enfin un général intrépide et éprouvé dans Ibrahim-Pacha, son fils, enlevaient au vieux Méhémet le seul scrupule dont il fût susceptible : le scrupule de ne pas réussir dans ses usurpations.

XXXII

Toutefois, avec l'astuce grecque qui caractérisait ce fils de l'Épire, il couvrit son invasion soudaine en Syrie (1831) d'un prétexte de querelle purement personnelle à vider entre lui et Abdallah, pacha de Saint-Jean d'Acre. Ibrahim, son fils, assiégea Saint-Jean d'Acre, s'empara militairement de Gaza, de Jaffa, de Caïfa, villes du littoral de la Palestine. Abdallah, enfermé dans Saint-Jean d'Acre, finit, après trois mois de bombardement, par capituler sur des décombres. Ibrahim l'envoya captif à son père (mai 1832).

Osman-Pacha, envoyé par le sultan au secours d'Abdallah, arriva trop tard, n'osa se mesurer avec Ibrahim, se réfugia avec l'armée ottomane dans les murs d'Alep;

les Égyptiens marchèrent sur Damas, capitale de la Syrie. Le pacha de Damas lui abandonna la ville sainte. Ibrahim, suivant les bords de l'Oronte, rencontra, à Hems, le pacha d'Alep à la tête de vingt mille Turcs vaincus d'avance par la terreur du nom d'Ibrahim. La bataille de Hems lui soumit Alep. Husseïn-Pacha, le fléau des janissaires, lui fermait les défilés du Taurus, portes de la Caramanie; Ibrahim remporta la victoire de Beilan, entre Antioche et Alexandrette, contre vingt mille hommes de Husseïn. La Syrie entière appartenait à Ibrahim.

Méhémet ordonna à son fils de passer le Taurus et de poursuivre ses victoires jusqu'à ce qu'il eût obtenu du divan les soumissions qu'un conquérant impose aux vaincus. Reschid-Pacha, accrédité par ses victoires en Albanie et en Grèce, fut nommé grand vizir, et se porta avec soixante mille hommes, dernière force régulière de l'empire, entre Kutaïah et Iconium, sur des collines qui forment les défilés intérieurs de l'ancienne Cappadoce. Harcelé sur les ailes de l'armée d'Ibrahim, et assailli de front par Ibrahim lui-même, il tomba de cheval en combattant pour la vie et non pour la victoire, et fut relevé couvert de blessures par les Égyptiens. La captivité du grand vizir dispersa l'armée et consterna la capitale.

Mahmoud, abandonné par la fortune et par ses propres sujets, se tourna de désespoir vers la Russie, et implora la protection de ses ennemis contre les rebelles. La flotte russe jeta l'ancre, le 20 février 1833, dans le Bosphore, et débarqua trente mille russes auxiliaires sur la rive d'Asie. L'empereur de Russie, favorisé par le crime d'un pacha rebelle, par le découragement des Turcs, par l'inaction impolitique de la France et de l'Angleterre, était maître de la capitale et de l'empire des sultans. Le comte Orlof, aide de camp et favori de l'empereur Nicolas, pouvait dicter des lois au divan.

La France s'émut enfin, mais trop tard. Son ambassadeur, l'amiral Roussin, offrit sa médiation à Méhémet-Ali. Le pacha, enorgueilli par ses victoires, trouva inacceptables toutes conditions qui ne lui assuraient pas la Syrie, l'Arabie et même la province d'Adana, porte de la Caramanie toujours ouverte à ses invasions futures. Le chargé d'affaires de France, M. de Varennes, diplomate actif et expérimenté, se rendit lui-même au camp d'Ibrahim pour adoucir les exigences du rebelle. Ibrahim et son père furent inflexibles. Le sultan céda la Syrie et Adana au pacha d'Égypte, devenu par ce partage de l'empire plus puissant que son maître.

La France, toujours aveuglée par son ministère, expia la folle popularité dont elle avait encouragé l'ambition de l'Égyptien. Une moitié de l'empire tombait sous le protectorat des Russes, l'autre moitié sous le sabre d'un pacha devenu arbitre unique de l'Asie; la France n'avait plus de contre-poids contre la Russie en Europe, contre l'Angleterre en Asie. L'impéritie du cabinet parlementaire des Tuileries livrait la Méditerranée, le Danube, le Pruth, l'Euphrate, l'isthme de Suez, la Grèce, la mer Noire et la mer Rouge à nos ennemis pour caresser l'ignorante partialité de la tribune et de la presse à Paris.

La politique étrangère du ministère de M. Thiers devait aller plus loin encore dans cette voie sans issue ; elle menaçait l'Europe d'une conflagration universelle pour soutenir les intérêts antifrançais de l'aventurier de la Cavale. Un accès de démence semblait avoir saisi l'opinion trompée en

France. Un protectorat européen de l'empire ottoman, distribuant les territoires et les mers à protéger par zones égales aux grandes puissances continentales et maritimes sous la souveraineté nominale des sultans, aurait été moins insensé que ce morcellement en deux parts entre la Russie et l'Égypte.

L'Autriche et l'Angleterre commençaient à le comprendre. La Russie elle-même, moins impatiente de conquérir que de bien mériter en ce moment des Turcs, protestait contre cette politique tout égyptienne du cabinet français; elle se borna à signer avec la Porte le traité secret d'Unkiar-Skelessi (1833). Par ce traité, la Russie s'engageait à secourir le sultan contre ses ennemis intérieurs et extérieurs, à son premier appel, et la Porte, en retour, s'engageait à fermer les Dardanelles aux vaisseaux de guerre des autres puissances. Les Dardanelles devenaient ainsi une porte russe dont le sultan tenait les clefs pour son allié et pour son protecteur.

XXXIII

Méhémet-Ali, maître du Taurus, de la Syrie, de l'Arabie et de l'Égypte par la convention de Kutaïah, négociait maintenant tantôt avec les puissances occidentales, tantôt avec le sultan lui-même, pour obtenir l'investiture souveraine et héréditaire de ce vaste empire arraché par les armes aux Ottomans. L'Autriche, l'Angleterre, la France elle-même, un peu refroidie par tant d'exigences, lui marchandaient ou lui contestaient cette hérédité. Le sultan, sûr de l'appui des Russes, se révoltait contre tant d'humiliations.

Méhémet-Ali employa, pour le séduire, les caresses après les outrages ; il envoya, pour négocier et pour corrompre, la belle veuve de son fils Ismaïl, à Constantinople, auprès de la sultane Validé. La beauté, les trésors, l'éloquence de cette négociatrice, échouèrent dans le harem contre les ressentiments de Mahmoud. Zehra-Cadoun ne rapporta en Égypte que le refus du sultan.

La France, plus heureuse ou plus imprévoyante, arracha à Mahmoud l'hérédité de l'Égypte pour son protégé. Il voulait plus, l'hérédité de la Syrie ; la France la négocia complaisamment, mais en vain pour lui. L'intérêt d'un pacha, parvenu de son échoppe en Épire à la souveraineté du Nil, remua l'Europe pendant neuf années (de 1832 à 1840).

XXXIV

La guerre éclata de nouveau en 1838 entre la Porte et l'Égypte. Reschid-Pacha, redevenu grand vizir et généralissime de l'armée rassemblée à Siwas, mourut dans son camp. Hafiz-Pacha, brave, habile, mais malheureux, lui succéda dans le commandement de l'armée. Cent cinquante mille hommes s'avancèrent sous ses ordres dans la vallée de l'Euphrate. Le ministère français du 12 mai 1839, présidé par le maréchal Soult, ne partageait pas l'infatuation du ministère précédent pour Méhémet-Ali. Il envoya à Ibrahim un de ses aides de camp, M. Callier, officier aussi négociateur que militaire, pour observer et contenir le choc entre les deux armées.

Le 24 juin, Hafiz-Pacha attaqua avec impétuosité l'ennemi. Ibrahim, enfoncé par l'élan des Turcs, chercha vainement à ralentir la fuite qui l'emportait lui-même dans son torrent, quand Soliman-Pacha, son lieutenant, officier français nommé Sève, naturalisé en Égypte, écrasa du feu de ses batteries les masses turques et sauva son général et l'armée. Ibrahim, ralliant ses colonnes éparses, revint au feu avec les Égyptiens contre les masses turques labourées par la mitraille de Soliman-Pacha; les auxiliaires kurdes d'Hafiz décidèrent par leur fuite la déroute des Turcs. Hafiz, à son tour, entraîné malgré sa valeur par les escadrons rompus, abandonna le champ de bataille, ses tentes, deux cents canons, vingt mille fusils jetés sur la plaine pour accélérer la fuite des lâches.

L'aide de camp du maréchal Soult, Callier, arriva au camp des Égyptiens le jour de la bataille (24 juin 1839). Cet officier, admis dans la tente du vainqueur, parvint, à force d'insinuations et de menaces, à arrêter Ibrahim au pied du Taurus. La bataille de Nezib ne fut, grâce à ce négociateur habile du ministère français, qu'un exploit de plus pour Ibrahim, un revers de plus pour les Turcs. L'empire n'en fut pas moins ébranlé jusqu'au centre. La vie du sultan, lasse de tant d'efforts et vaincue par tant de revers, y succomba (1ᵉʳ juillet 1839).

Ses disgrâces auraient épuisé l'énergie vitale de dix réformateurs couronnés; mais son corps seul fléchissait, non son âme. Il soutenait seul depuis trente ans l'écroulement d'un empire qui tombait de vétusté et qu'il s'obstinait à rajeunir. La postérité seule était capable de le juger;

comme les colosses abattus par les pasteurs de Persépolis, on ne devait bien mesurer ses proportions qu'à terre.

Laissons un moment le souverain sur la scène politique pour contempler l'homme dans l'intérieur de son sérail.

XXXV

La Providence avait refusé à Mahmoud un de ces grands ministres comme les Kiuperli qui inspirent ou qui exécutent les pensées d'un règne, qui portent la responsabilité des revers et qui laissent à leur maître la gloire des succès. Après avoir essayé beaucoup d'hommes secondaires, il avait fini par être son propre ministre à lui-même. Ses pensées étaient trop lourdes pour d'autres mains. De là pour lui seul le poids de la plainte, du murmure, de la pusillanimité et de la désaffection de son peuple. Il avait cherché de bonne foi cependant, et d'un cœur disposé à la confiance et à l'amitié, des favoris ou des amis dans ses ministres.

Halet-Effendi avait été le premier et le plus constant de ses attachements. C'est à ce ministre habile d'intrigues, féroce de main, que l'égorgement des Grecs à Constantinople et les premières sévérités contre les janissaires sont attribués par les témoins intimes du règne de Mahmoud. Halet faisait des vizirs et s'en servait comme des instruments dociles de sa puissance.

Un de ces instruments, le grand vizir Deli-Abdallah, se retourna contre la main qui prétendait l'asservir. Un incendie et une révolte des casernes éclatent dans la nuit à son instigation, il se rend au sérail, et déclare au sultan que les soldats demandent à grands cris la tête d'Halet. Mahmoud exile avec douleur son ami à Konïah, pour préserver sa vie en accordant sa disgrâce. Halet s'achemine avant le jour vers le lieu de son exil (1821).

« Marchant à pied, dit le chef de ses gardes, derrière le chariot attelé de bœufs qui portait ses femmes et ses enfants, Halet suivait d'un œil morne les sinuosités de la route de Konïah, prêtant l'oreille au pas de chaque cheval entendu derrière lui du côté de Constantinople, et attendant d'heure en heure un messager de son maître qui le rappellerait à sa haute fortune. » Il arriva lentement à Konïah, sans avoir vu autre chose que la poussière du chemin et les ornières de son char de bœufs.

« Le pouvoir, disait-il à ses gardes, ressemble au sommet d'un minaret où il n'y a de place que pour un seul homme : celui qui y est monté comme moi ne doit y laisser monter personne avec lui, sous peine d'en être précipité comme moi et brisé sur le pavé de la disgrâce; il doit donc être sans pitié pour ceux qui cherchent à atteindre sur ses traces ce faîte culminant! »

Son rival Deli-Abdallah suivit ses maximes. Retiré à Konïah dans un *tékké* (couvent de derviches) où il se croyait inviolable, il y reçut d'un capidji envoyé par le sultan l'ordre de livrer sa tête. Il tira son sabre et la disputa avec désespoir à ses meurtriers; mais sa tête, exposée dans le bassin d'argent à la porte du sérail, réjouit quelques jours après ses rivaux (1825).

XXXVI

Le vizir le plus longtemps cher à Mahmoud après Halet-Effendi, Pertew-Pacha, subit le même sort. Exilé depuis quelques mois à Andrinople, il y attendait dans un studieux et poétique loisir le retour de sa faveur et de sa fortune. Le récit d'un des exécuteurs de son supplice nous révèle sa stoïque agonie.

« Au mois d'octobre 1837, un jour que Pertew sortait du bain, averti qu'Émin, pacha d'Andrinople, avait à lui communiquer des nouvelles de Stamboul, après une heure de repos, il fait seller sa mule et se rend au palais avec un de ses serviteurs. C'était à trois heures après midi. Le pacha se leva et le fit asseoir près de lui sur le divan. On servit la pipe et le café, et à ce cérémonial succéda le silence. Jeune encore, fils généreux de Reschid-Méhémet, le pacha ignorait l'art du bourreau, parfumant longuement la victime de flatteuses paroles. Son respect pour le condamné, son étonnement de la rigueur inusitée du sultan, lui inspiraient une sorte de terreur de sa mission. Pertew le premier rompit le silence.

« — Vous avez, m'a-t-on dit, des nouvelles de Stamboul
» à me communiquer? »

» A ces mots les traits d'Émin révélèrent sa douleur; sa langue balbutia, et, le cœur oppressé, incapable de signifier lui-même la sentence funeste, il lui remit le firman. Après l'avoir porté à sa bouche et à son front, Pertew déplia lentement le rescrit impérial et le lut jusqu'au bout sans changer de visage. Ensuite il le replia, le plaça sous le coussin, et, frappant dans ses mains pour appeler :

« — Qu'on m'apporte une pipe, » dit-il avec calme.

» Le pacha se taisait.

« — Dieu m'est témoin, proféra Pertew en laissant gra-
» vement tomber ses paroles entre les aspirations régulières
» de la pipe, Dieu m'est témoin que j'ai toujours servi avec
» zèle et dévouement le sultan, mon maître. Que son règne
» soit glorieux ! Je n'ai jamais travaillé que pour le bien et
» la prospérité de l'empire. Mon cœur et mes mains sont
» purs ! Qu'Allah pardonne à mes ennemis ! Laissez-moi,
» seigneur, le temps de faire ma prière, » acheva-t-il en s'adressant au pacha, qui se levait pour se soustraire au spectacle de l'exécution de l'ordre de mort qu'il avait donné.

» Pertew étendit un tapis, fit son namaz, et, détaché de tous les souvenirs de sa puissance et de tous les regrets de la vie, n'aspirant plus qu'à l'existence nouvelle qui allait s'ouvrir pour lui, ce fut en vers qu'il exprima sa pieuse exaltation. Le sentiment religieux et l'amour de la poésie, qui avaient fidèlement accompagné le ministre à travers les corruptions et les occupations du pouvoir, survivant à tout le reste, remplissaient son âme tout entière, dont l'inspiration s'exhala mystérieusement dans la langue allégorique des sofis.

« Mon cœur, écrivit-il, est altéré de l'objet de ses dé-
» sirs éternels. La coupe déborde. Hélas ! hélas ! que
» ferai-je ? Puisse bientôt se lever l'aurore sans fin ! Veille-
» rai-je ? Me coucherai-je en attendant la mort qui va me
» rejoindre à mes amis disparus de la terre ? La nuit d'an-
» goisse est trop longue ici-bas ! Viens, ô viens ! soleil vé-

» ritable! et rends un jour plus pur à ces yeux qui vont se
» fermer! »

La nuit était venue, en effet, pendant ces résignations pieuses du ministre poëte et mystique. Inquiets de sa longue absence, ses serviteurs allèrent demander si on l'avait vu entrer au sérail. On leur livra son cadavre; ils l'emportèrent silencieusement à sa demeure. Le lendemain, au lever du jour, des milliers de Turcs accompagnèrent le corps de Pertew-Pacha au champ des morts. La Turquie murmurait *de perdre en lui le dernier des Turcs.*

Cette mort, ignorée de Mahmoud, fut attribuée, par ceux qui l'ordonnèrent, à une mort naturelle et soudaine. Quand Reschid la raconta plus tard au sultan, et lui récita les strophes funèbres du mourant, Mahmoud fondit en larmes et ne se consola jamais de la perte de ce sage, autrefois son ami, aujourd'hui sa victime.

XXXVII

Un troisième favori de Mahmoud, le Circassien Kosrew-Pacha, qui vient de mourir, âgé d'un siècle, dans l'opulente retraite de son palais presque impérial du Bosphore (il était né vers 1754), occupa, perdit, recouvra pendant trois règnes les plus hautes dignités de l'État.

Il était arrivé esclave de Circassie à Constantinople. Sa bravoure, son intelligence supérieure, sa prudence hardie, l'avaient fait traverser impunément ces situations où le sol tremble sous les pas des ambitieux. Gouverneur d'Égypte après l'expédition de Bonaparte, il osa lutter contre Méhémet-Ali, déjà populaire et puissant au Caire. Il eut le pressentiment des calamités que ce futur rebelle préparait à sa patrie. Une inimitié, aussi durable que leur longue vie, éclata entre ces deux rivaux qui se disputaient l'Égypte; Kosrew-Pacha fut vaincu par la ruse et par l'or de Méhémet. Rappelé d'Égypte, il fut tour à tour capitan-pacha, séraskier, ministre de la police de la capitale, président du conseil des vizirs, grand vizir enfin lui-même; il partageait avec Husseïn-Pacha l'horreur des janissaires et la passion des réformes militaires.

Père adoptif des deux jeunes pachas, Khalil et Saïd, qui se disputaient la faveur de Mahmoud dans ses dernières années, il obtint pour chacun de ces favoris la main d'une des jeunes sultanes filles de Mahmoud. Dépouillé à quatre-vingts ans de ses honneurs, que Mahmoud distribua à Khalil et à Saïd, ses gendres, Kosrew se retira sans disgrâce avec un traitement de quatre cent mille francs et une garde d'honneur de quarante hommes d'armes attachés à son palais. Le sultan, chaque fois qu'il reparaissait au sérail, le traitait en père plus qu'en ministre disgracié. Ses conseils gouvernaient encore le divan.

A la mort de son maître (1839), ce fut encore la main octogénaire de Kosrew-Pacha qui ressaisit et qui consolida le règne d'un enfant. Petit de taille, large d'épaules, lourd d'obésité, rude de traits, coloré de visage, pénétrant de regard, éloquent de langage, Kosrew, que nous avons connu nous-même dans son âge avancé, rappelait plutôt l'enfant des neiges du Caucase que l'homme d'État de l'Asie. Son principal moyen de crédit fut de discerner, d'élever, d'adopter, d'associer à ses idées et à sa fortune les jeunes gens désignés par leur intelligence pour être l'espoir de l'empire. C'est l'école de Kosrew-Pacha qui gouverne depuis quinze ans l'empire (de 1839 à 1854).

XXXVIII

Mahmoud n'était point exempt, dans sa jeunesse, des soupçons trop souvent fondés contre les mœurs des princes asiatiques. Son entraînement vers la jeunesse et vers la beauté du visage de ses favoris avait fait calomnier ses plus irréprochables amitiés.

La passion sérieuse et exclusive qu'il nourrit pour une des odalisques de son harem dément ces rumeurs. On voit encore, dans la sombre allée des Eaux-Douces d'Europe, le palais en ruine où il allait tous les jours d'été se délasser, dans l'entretien de cette belle esclave, des soucis et des adversités de son règne. Quand elle y mourut d'une maladie de langueur, le sultan, éperdu de douleur, défendit de réparer jamais ce palais de son bonheur, dont les murs négligés s'écroulent dans les bassins desséchés. Lui-même ne voulut jamais repasser par cette vallée de ses larmes, qui lui rappelait tant d'amour et tant de regrets.

Quelques années plus tard, il conçut une passion romanesque pour la fille d'un cheik, qu'il avait entrevue par hasard dans le jardin de son père. Il se déguisa souvent en derviche pour pénétrer dans la demeure du cheik, et il célébra lui-même, en vers amoureux, la beauté de son amante, la rigueur du père, le subterfuge de ses déguisements et les soupirs de sa passion.

L'excès de ses malheurs à la fin de son règne lui fit seul

chercher quelque oubli momentané de ses peines dans les fumées du vin et dans la débauche avec les filles grecques des îles des Princes, sur la côte d'Asie. Le désespoir lui fit savourer le suicide dans la volupté. Il ne renonçait pas à la réforme, mais à la vie. Le ciel, la terre et son peuple lui-même se déclaraient contre lui; il espérait mieux pour le peuple du règne de son fils innocent, du moins aux yeux des musulmans, des efforts et des revers qui avaient usé son nom et ses forces. Nous l'avons contemplé nous-même à cette époque de sa vie; son visage inspirait à la fois l'admiration et la tristesse. C'était l'héroïsme aux prises avec la fatalité. On y lisait la force de l'homme de génie vaincu par la force supérieure de la Providence; il succombait, mais en regardant en face son malheur. Sa mélancolie virile semblait un dernier défi au sort. Ce sort allait prématurément s'accomplir.

XXXIX

La bataille de Nezib l'avait tué. Il voulut cacher en vain son agonie à son sérail et à son peuple, pour laisser le courage aux troupes qui combattaient encore pour Hafiz-Pacha, et qui pouvaient peut-être couronner sa tombe d'une victoire posthume.

Quittant son sérail et son palais d'été sur la rive asiatique du Bosphore, il s'enferma avec ses confidents les plus intimes, Kosrew-Pacha, Khalil et Saïd, ses deux gendres, dans un kiosque isolé au penchant d'une colline boisée qui domine son palais d'été de la rive d'Asie. Il voyait de ses fenêtres les ruines du château de Mahomet II, sur la rive d'Europe, comme si le destin s'était complu à faire contempler ce monument de la conquête des Turcs, du fond de la décadence actuelle, à un sultan successeur de Mahomet II.

Une fièvre éthique consumait rapidement ses forces, maladie de chagrin moral qu'aucun remède physique ne peut pallier. Il avait interdit la porte de sa chambre à ses fils, à leur mère, à ses vizirs, de peur de s'attendrir dans de trop sinistres adieux. Kosrew, autorisé par son âge, osa seul forcer la consigne ; il s'entretint en secret avec le sultan, et sortit sans espérance d'un lendemain pour le règne.

La gravité de cette heure suprême et l'urgence des périls connus réconcilia tout à coup dans leurs larmes le vieux Kosrew, mécontent de l'ingratitude de ses deux fils adoptifs, et les deux gendres favoris de Mahmoud, rivaux jusque-là l'un de l'autre. Leurs cœurs se brisèrent, et il n'en sortit que la douleur et la fidélité. L'âme tendre et poétique de Khalil surtout était ouverte aux explosions de la nature sous les ambitions de la faveur.

On redoutait un mouvement du vieux parti mal étouffé des janissaires à la nouvelle de la mort de leur exterminateur. Le séraskier, Saïd-Pacha, partit pour Constantinople afin de tenir les troupes sous les armes prêtes à l'événement. La sultane Validé et ses fils furent prévenus de l'extrémité du danger. Kosrew et Khalil voulurent passer la nuit debout dans les jardins, n'osant contrevenir aux ordres absolus de leur maître, qui voulait mourir seul dans le kiosque. L'aurore du 1er juillet 1839 le trouva mort, sans qu'on eût entendu son dernier soupir.

Abd-ul-Medjid, à peine adolescent, éveillé par le message de Khalil, accourut pleurer son père dans le kiosque solitaire encore de Tchamlidji. Bientôt la foule innombrable des bûcherons et des paysans turcs des villages d'Asie remplirent de sanglots les sentiers, les forêts et les jardins du kiosque. Ils sentaient par instinct qu'un grand homme méconnu venait d'expirer. Les troupes, rassemblées à temps par Saïd-Pacha, comprimèrent toute émotion du parti des janissaires, et bordèrent le chemin qui descend du kiosque à la mer. Une barque impériale attendait le nouveau sultan au rivage; et le canon des forts et de la flotte annonça à la capitale l'avénement d'Abd-ul-Medjid.

Mahmoud avait demandé à être enseveli sur le champ de son triomphe, près de l'hippodrome, aux pieds de la colonne brûlée de porphyre, que les janissaires domptés pour jamais avaient arrosée de leur sang. C'est là que les amis de la race ottomane vont pleurer sur son sort et bien espérer de son tombeau. Le gouvernement d'Abd-ul-Medjid devait pleinement justifier ces espérances. Nous n'empiéterons pas sur le récit de son règne. L'histoire vraie ne commence qu'avec la postérité.

NOTE COMPLÉMENTAIRE

LE CAFÉ A CONSTANTINOPLE [1]

On rapporte en général au règne de Soliman II l'ouverture des premiers cafés de Constantinople; mais déjà depuis longtemps on faisait usage du café dans plusieurs provinces de la Turquie.

L'historien Ahmed-Effendy attribue la découverte du café à un derviche de l'ordre des Schazilys, à Moka en Arabie, l'an 656 de l'hégire (1258). Un jour ce solitaire, qui avait été proscrit de son couvent, et exilé sur la montagne Kiouth-Ewsab, se voyant pressé par la faim et privé

[1] Voir tome XXV des *OEuvres complètes*, IIIe de l'*Histoire de la Turquie*, page 362.

de toute ressource dans ce lieu désert, imagina de faire bouillir les grains d'un arbuste dont tous les environs étaient couverts ; il ne subsistait depuis trois jours que de cette boisson, lorsque deux de ses amis, affligés de son sort, allèrent le trouver dans sa retraite, et lui prodiguèrent tous les secours de l'humanité. Ils étaient incommodés l'un et l'autre de la gale. Curieux de connaître la boisson à laquelle le derviche était redevable de la vie, ils en goûtèrent, y trouvèrent un parfum agréable, et continuèrent d'en prendre pendant les huit jours qu'ils passèrent auprès de leur ami ; se voyant alors délivrés de leur indisposition, ils en attribuèrent la cause à cette liqueur salutaire.

Le bruit s'en répandit dans Moka. Les citoyens envoyèrent chercher de ces grains, connus sous le nom de *cahhwé*, et en firent usage avec l'empressement et l'espèce d'enthousiasme qu'inspiraient la nouveauté de cette découverte et les vertus qu'on y attachait. Le prince de Moka rappela alors le derviche, célèbre depuis sous le nom de *Cheikh-Omar*, le combla de bienfaits, et fit construire pour lui, au pied de la même montagne, un couvent qui, à ce que l'on assure, existe encore aujourd'hui. Telle est l'opinion des musulmans sur l'origine d'une boisson qui fait les délices de tout l'Orient.

On lit ce qui suit dans l'*Univers pittoresque* sur l'arbrisseau qui produit le café :

« Le caféier forme à lui seul le plus riche produit du commerce de la mer Rouge. Transporté, à ce qu'il paraît, de l'Abyssinie dans l'Yémen, il y est devenu indigène et s'y reproduit sans culture ; mais il n'acquiert la saveur exquise qui lui a valu sa réputation que par les soins qu'on lui donne.

» Bien que les régions élevées de l'Arabie méridionale conviennent à la nature du caféier, il demande en même temps de l'humidité et de la fraîcheur ; aussi les Arabes plantent-ils d'autres arbres à côté des caféiers, afin de leur procurer de l'ombrage. C'est dans les environs de Sanaâ que cette plante, cultivée avec une grande intelligence, acquiert toute la qualité dont elle est susceptible. Les collines, coupées en terrasses, sont régulièrement arrosées pendant l'été à l'aide de grands réservoirs placés sur les hauteurs. Le caféier est toujours vert, sa hauteur ordinaire est de douze à quinze pieds ; les branches sont élastiques, l'écorce rude et d'une couleur blanchâtre ; les fleurs ressemblent à celles du jasmin et répandent un parfum agréable. A Bulgôse, Niebuhr trouva les arbres en fleur au commencement du mois de mars, et l'air était embaumé de leur délicieuse odeur. Quand la fleur tombe, le fruit la remplace, d'abord vert, puis rouge et ressemblant, quand il est mûr, à une cerise. Deux graines enveloppées d'une fine pelure se trouvent sous la cosse. On fait deux ou trois récoltes par an, et il arrive souvent, pour le caféier comme pour l'oranger, de voir des fleurs et des fruits sur le même arbre. La première récolte, qui se fait ordinairement au mois de mai, produit la meilleure qualité de café. On secoue la fève sur un linge étendu sous l'arbre, on la fait ensuite sécher à l'ardeur du soleil, et, à l'aide d'un rouleau pesant de bois ou de pierre, on sépare la graine de la cosse. Le café est apporté sur le marché de Sanaâ dans les mois de décembre et de janvier. Les différentes espèces de café sont, d'après M. Cruttenden, le schardji, l'habbat, l'ouddeïni, le matari, le harrazi, le haïmi et le schirazi ; les deux premières, dont les graines sont très-petites et presque rondes, se vendent à un prix plus élevé que toutes les autres. »

FIN DU TOME SIXIÈME ET DERNIER DE L'HISTOIRE DE LA TURQUIE.

TABLE

DES MATIÈRES CONTENUES DANS CE VOLUME

		Pages.
Livre XXXII.	— Suite de Mahmoud Ier, 1736	3
	Othman III, 1754	17
	Mustafa III, 1757	21
Livre XXXIII.	— Suite et fin de Mustafa III, de 1760 à 1774	57
Livre XXXIV.	— Abd-ul-Hamid, 1774	111
	Sélim III, 1789	125
Livre XXXV	— Suite de Sélim III, de 1806 à 1807	199
	Mustafa IV, 1807	209
Livre XXXVI.	— Suite de Mustafa IV	231
	Mahmoud II, 1808	263
Livre XXXVII.	— Suite de Mahmoud II, 1808	297
Livre XXXVIII.	— Suite de Mahmoud II, 1820	403
	Fin de Mahmoud II, et avénement d'Abd-ul-Medjid, 1839	415
Note Complémentaire	— Le café à Constantinople	427

FIN DU VINGT-HUITIÈME VOLUME.

PARIS. — TYPOGRAPHIE DE COSSON ET COMP., RUE DU FOUR-ST-GERMAIN, 43.

www.ingramcontent.com/pod-product-compliance
Lightning Source LLC
Chambersburg PA
CBHW050912230426
43666CB00010B/2130